GRILLOT DE GIVRY

Le Christ & la Patrie

> Nul ne peut servir deux maîtres,
> s'il aime l'un il haïra l'autre.
>
> *(St Mathieu IV - 24)*

PARIS
BIBLIOTHÈQUE CHACORNAC
11, QUAI SAINT-MICHEL, 11

MCMXI

LE CHRIST
ET LA PATRIE

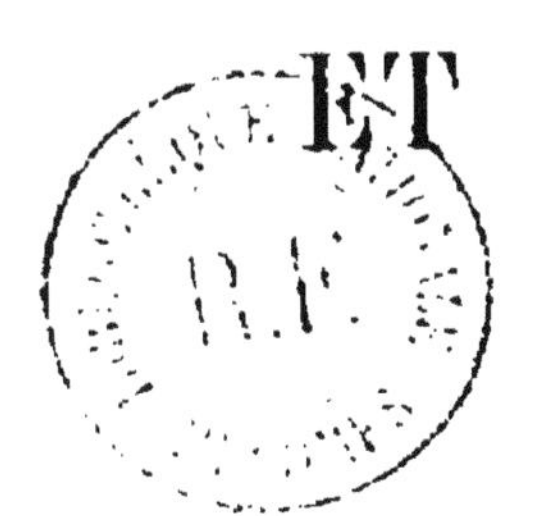

L'ŒUVRE DE GRILLOT DE GIVRY

Textes Hermétiques (*Epuisés*).

Le Grand Œuvre.

Un vol. in-12 jésus, format Eucologe.

Les Villes Initiatiques.

I. *Lourdes*, un vol. in-18.

POUR PARAITRE :

Les Villes Initiatiques.

II. *Paray-le-Monial*.

La Philosophie de l'Avenir.

Le Grimoire.

Introduction a l'Etude de la Kabbale.

Histoire gothique d'Ingeborg, princesse de Danemark puis reine de France.

La Tradition occulte et l'Enseignement symbolique dans l'Architecture.

Essai sur la Préhistoire

GRILLOT DE GIVRY

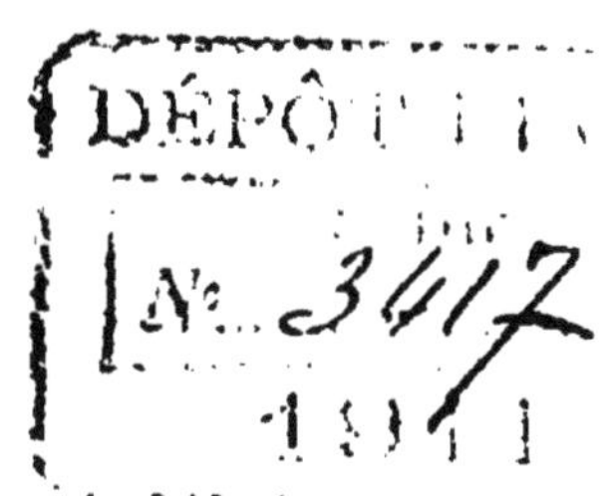

Le Christ et la Patrie

« Nul ne peut servir deux maîtres,
car s'il aime l'un, il haïra l'autre... »
(*S. Matth. VI. 24*)

PARIS
BIBLIOTHÈQUE CHACORNAC
11, QUAI SAINT-MICHEL, 11
MCMXI

Le Christ et la Patrie

I

J'écris ce livre pour les catholiques, avec la certitude qu'ils ne voudront ni le lire ni le comprendre.

Je l'écris, non pour prouver ou convaincre, non pour faire des prosélytes ou prétendre exercer une influence quelconque sur les événements futurs; mais uniquement pour laisser un témoignage de mon opinion.

Ceux auxquels il s'adresse m'accableront, je le sais, d'amers reproches et de protestations indignées; mais qu'importe? Je l'écris pour obéir à la voix de ma conscience; je l'écris par devoir, par amour de la vérité, soucieux de la mémoire que je laisserai, parce que je veux que, dans un temps lointain, après des vicissitudes impossibles à prévoir, l'on puisse dire : « Il en restait un alors, parmi les disciples du Maître, qui avait conservé la vraie tradition. »

Le sort de ce livre m'indiffère donc; et cependant je le crois gros de l'avenir. Je suis certain qu'il vient rigoureusement à son heure.

Le vieux monde se déséquilibre parce que les deux puissances féroces sur lesquelles il s'appuyait : le Militarisme et la Finance, chancellent visiblement, et de façon irréparable. Une lumière point, qui laisse entrevoir, après une laborieuse période de transformation morale, une ère pacifique où les hommes, les yeux enfin dessillés et ouverts à la perception du vrai, jugeront sévèrement notre opiniâtreté à conserver parmi nous des vestiges sauvages de sanguinaire barbarie.

Si les chrétiens veulent opposer une digue à ce flot qui monte chaque jour, ils périront submergés. S'ils se placent hardiment, et au nom de leur doctrine, à la tête de l'opinion nouvelle, alors ils peuvent devenir une seconde fois les maîtres du monde, d'un monde plus vaste que l'ancien et dans lequel il n'est plus de continents à découvrir ni de limites à reculer.

Ils reconnaîtront plus tard — trop tard, hélas ! — que la monition que je leur adresse aujourd'hui, était salutaire. Il ne serait pas indifférent de le reconnaître dès maintenant, pendant qu'ils sont encore le nombre, et qu'ils possèdent une vitalité suffisante pour préparer au Christ une définitive apothéose, comme n'en virent jamais les siècles écoulés.

La suprême erreur des catholiques modernes, à laquelle ils sont encore plus invinciblement attachés qu'à leurs dogmes, c'est d'être patriotes, voire même plus patriotes que catholiques, et de vouloir servir ainsi, contre l'ordre formel du Christ, deux maîtres inconciliables.

Or, l'idée de Patrie, divisant les hommes et les chrétiens eux-mêmes en factions ennemies dont l'honneur, pour chacune, consiste à se proclamer supérieure aux autres, est antichrétienne.

Rien n'est plus apte à retarder la conquête du monde par l'Eglise, que le patriotisme. Autant de frontières, autant de barrières opposées à la marche envahissante de l'apostolat de la charité. La guerre est le contraire de l'Evangile, le contemnement de l'Esprit du Christ. L'armée, où triomphe la force corporelle, argument des temps anciens, est diamétralement opposée à l'Eglise, assemblée pacifique, instituée pour vaincre par la pensée, argument de l'avenir. L'usage de la puissance brutale rabaisse l'homme à l'état sauvage; celui de la puissance intellectuelle l'élève vers l'état parfait auquel il doit tendre, et que tout chrétien doit, sans transaction, désirer.

Dès mes plus tendres années, depuis l'instant où la faculté de penser naquit en moi et me permit d'entrevoir la lumière philosophique, ce me fut un problème insoluble de comprendre et d'expliquer comment les chrétiens pouvaient, en leur conscience, concilier ces deux contraires : le précepte de la douceur évangélique et du pardon des injures d'une part, et de l'autre, les horreurs de la guerre et la bestialité de la vie soldatesque.

Je les voyais aimer la guerre, l'accepter, non comme une calamité, mais comme une occasion sublime d'acquérir de la gloire et de l'honneur, ne faire aucune tentative pour l'éviter, la détourner, l'extirper de nos mœurs, tout en se prétendant frères, et en écoutant comme moi la lecture de l'Evangile.

Je les voyais, exaltant le devoir militaire et l'accomplissant avec fierté, embrasser cette carrière avec délices, comme la plus compatible avec le devoir chrétien et les vertus mystiques, et découvrir de l'héroïsme dans le geste de l'homme qui perce les viscères de son semblable, et fait jaillir dans la boue des champs de bataille, ce sang que le Christ a racheté si précieusement lui-même en mourant sur la Croix!

La guerre! ils la désiraient même comme un trouble salutaire, comme une convulsion libératrice, d'où devait sortir, en une efflorescence de foi nouvelle, une revivification imaginaire et hypothétique du catholicisme, qu'il n'avaient pas le courage de réaliser en se réformant eux-mêmes.

Et en songeant à l'idéal presque impossible à atteindre, que l'Eglise présente à chaque individu; en considérant les règles rigoureuses qu'elle lui impose et qu'elle ne lui permet pas de transgresser sans culpabilité, je ne pouvais expliquer la soudaine élasticité de la conscience des catholiques, la souplesse de leur doctrine, si rigide habituellement, la facilité avec laquelle ils absolvaient le soldat de toutes les ignominies que réprouvent notre délicatesse et notre sensibilité, et lui permettaient de contemner à volonté toutes les lois individuelles, en le couvrant de cette seule excuse : « C'est la guerre, et tout est pardonné au soldat. »

Je me souviens d'avoir lu, fort jeune, contée avec calme et sans la moindre indignation par le Père de Charlevoix, Jésuite, l'anecdote suivante :

Au XVIe siècle, les armées du japonais Voyacata et du roi d'Imory, combattaient pour quelque cause politique sans intérêt, insignifiante pour nous. « Une petite suspension d'armes, dit le disciple de Loyola, qu'il y eut quelques jours avant la bataille, donna lieu à un spectacle qui causa de l'étonnement et fut d'une *grande édification.* Il y avait *dans les deux armées* grand nombre de chrétiens qui se faisaient moins remarquer par les croix qu'ils portaient sur eux et dans leurs drapeaux que par l'*innocence* et la *sainteté* de leurs mœurs. Le P. Froez les ayant fait avertir que la fête de Noël approchait et qu'ils pouvoient profiter de la trêve pour la célébrer tous ensemble, on les vit entrer aussitôt dans la ville et se traiter *avec tant de cordialité qu'on ne distinguait plus de quel parti ils étoient.* Après s'être rassasié du pain qui fait les forts, chacun se retira dans son quartier, *bien résolu de combattre jusqu'à la mort pour la sûreté du souverain.* Enfin le combat se donna ET FUT TRÈS SAN-

GLANT, etc. », conclut agréablement l'excellent Père. (*Histoire du Japon, Livre III,* § X).

Je fus bien loin de ressentir la *grande édification* dont parle le P. Charlevoix. L'*innocence* et la *sainteté* de gens qui s'égorgent après s'être réconciliés, me parurent douteuses. Etait-ce là tout l'effet qu'avait produit dans l'âme de ces chrétiens le merveilleux Pain de Vie, cette synaxie qui devait resserrer plus étroitement entre eux les liens de la tendresse fraternelle et de l'affection en Dieu?

Pour réaliser l'idéal que concevait ma pensée, je les voyais, au contraire, s'enlacer en extase comme autrefois aux Catacombes, s'étreindre comme en une grappe pressée, et formant de leurs corps un mur invincible, refuser l'obéissance et s'écrier : « Non, nous ne combattrons pas, nous ne connaissons plus d'ennemis! Unis désormais irrévocablement, nous sommes la chair, les membres du Christ; nous sommes frères en une même croyance. Un même sang coule en nos veines. La royauté, la patrie, l'honneur militaire? vanité, néant! Le Christ seul resplendit en sa gloire! S'il faut mourir, nous mourrons ensemble, immolés et sans défense, mais nul ne saura nous séparer, et c'est unis également que nous entrerons dans l'Eternité bienheureuse! »

Mais je ne tardai pas à comprendre que les chrétiens de nos jours ne partageaient pas avec moi cette répulsion pour le sang versé, que je croyais fondamentale dans la religion du Christ, pour nous distinguer de ceux qu'on appela autrefois d'un nom générique : les Barbares.

Ce trait me parut si particulièrement odieux qu'il détermina la conduite politique de toute ma vie. Je me promis de m'élever toujours contre une aberration qui transformait les hommes en ennemis factices, se tuant sans haine quelques instants après une réconciliation qui, pour être sincère, eût dû être durable.

Une phrase du grand écrivain catholique Joseph de Maistre, acheva de me révéler l'intensité de cette déformation de la conscience chrétienne, et son oubli profond de ce qui est l'essence même de la doctrine du Sauveur.

« Ce qu'on ne saurait lire sans un sentiment profond de tristesse (!), dit-il (*Du Pape*, livre II, chap. X), c'est l'accusation intentée contre les Papes, d'*avoir provoqué les nations au* MEURTRE. Il falloit au moins dire *à la guerre ;* car il n'y a rien de plus essentiel que de donner à chaque chose le nom qui lui convient. Je savois bien que le soldat *tue*, mais j'ignorois qu'il fût *meurtrier*. On parle beaucoup de la guerre sans savoir qu'elle est NÉCESSAIRE, et que c'est nous qui la rendons telle. »

Ici mon indignation explosa; et je me rappellerai toujours la révolte de tout mon être, qui accueillit l'abominable théorie de ce livre qu'on disait si parfaitement et si éloquemment chrétien.

La guerre nécessaire ! J'eus dès lors la certitude d'avoir retrouvé une des pensées oubliées du Christ, d'avoir déchiffré un sens incompris de l'Evangile, d'avoir rallumé une lumière criminellement éteinte par les hommes.

J'ai cité le passage pur, en conservant les mots sou lignés, respectueux du relief que l'auteur leur a voulu donner. Il nous a développé ici, *usque ad nauseam*, pour parler son langage, l'odieux préjugé grâce auquel les chrétiens prétendent justifier ce qui est injustifiable. Il n'est pas une seule expression, dans chacune de ces quatre phrases, qui ne soit une ignominie, un blasphème, un outrage à l'immarcescible pureté du Christ.

Voici donc un catholique qui, tous les jours, entendit à la messe le vœu sacré et salutaire : *Pax Domini sit semper vobiscum*, et qui enseigna que la guerre est nécessaire, et qu'on peut tuer sans être meurtrier !

Seule, l'unité, suivant lui, rend la tuerie peccamineuse ; c'est un assassinat ; tandis que l'homicide en nombre n'est nullement coupable, précisément parce qu'il est en nombre, et que ceux qui composent ce nombre portent un uniforme, ne se connaissent pas, et souvent ne savent pas pourquoi ils se battent. Cela c'est la guerre ! C'est la valeur, l'honneur, la vaillance, c'est la gloire ! Cela conduit aux triomphes, à l'apothéose, aux décorations rutilantes et aux vêtements chamarrés d'or, au trône ensanglanté et immonde des conquérants et des Césars !

Et lorsqu'on réfléchit que celui qui a commis la phrase citée plus haut est un prince de la littérature chrétienne; qu'il s'est rangé lui aussi, et comme moi, parmi les disciples du doux Sauveur de Galilée, on se demande, dans un accès de soudaine misanthropie, si les hommes ne sont pas de sinistres saltimbanques, si les siècles qui nous ont précédés n'ont pas été qu'une gigantesque parade, exploitant à grand bruit le nom seul et l'effigie du Maître, tandis que le véritable sens de sa pensée restait à découvrir, et si son avènement définitif n'est pas encore à préparer tout entier, dans lequel on reconnaîtra enfin, la perfection et la suavité de son enseignement et de sa doctrine?

II

Lorsque le Christ, après l'heure incomparable de la Cène, dit à ses Apôtres : « Je vous laisse ma paix, je vous donne ma paix! », il posait les bases d'une idéale assemblée dont l'intérêt surpassait, pour chacun de ses membres, tout intérêt humain.

Unis, invinciblement unis désormais dans un même amour, étaient les disciples du Maître. Rien au monde, hormis le Christ, n'existait plus pour eux. Porter un regard ailleurs, c'était se détourner de la Splendeur, de la Lumière.

« Où irions-nous? disaient-ils, ces premiers serviteurs du Verbe; vous avez les paroles de l'Eternelle Vie! »

La Société parfaite était donc créée; elle entraînait la négation absolue de toute agglomération étrangère. Le chrétien n'avait qu'un chef : le Christ; il ne reconnaissait qu'un groupement : celui de ses frères. Les hommes, les nations, le Sénat, la société civile, les armées, rien de tout ceci ne subsistait plus dans sa pensée.

Il devait vivre désormais hors du monde, exalté par le souvenir des préceptes du Sauveur, fortifié par la lecture de l'Evangile, enveloppé dans cette inertie mystique qui rendait les martyrs immobiles et invulnérables, souriants et méprisants devant le proconsul qui, pour eux, n'était qu'un fonctionnaire dans sa nullité, tandis que le Maître était la Voie, la Vérité et la Vie.

Aucune autorité à reconnaître, aucune justice à invoquer, sinon celle du Christ. Le vrai disciple faisait litière de toutes les conventions sociales, de toutes les institutions humaines, de tous les préjugés de nationalité, de race et de terroir, capables d'altérer sa perception de la Lumière, de troubler la sérénité de son ascèse.

« Si votre main droite vous scandalise, coupez-la et jetez-la loin de vous », avait dit le Maître; et le chrétien reniait tout ce qui n'était pas le Sauveur, tout ce qui n'était pas l'assemblée de ses frères.

Les disciples du Christ ne pouvaient exister qu'unis dans la plus étroite fraternité, sans distinction d'origine ni de caste. Toute division parmi eux, toute barrière, génitrice de querelles et de discordes, créait un obstacle à l'idéale réalisation de la charité et de l'amour.

Les chrétiens de toutes les extrémités du monde devaient se reconnaître spontanément, s'unir, s'entr'aider, se prêter mutuellement appui. Nul n'était réputé étranger, nul n'était repoussé comme inconnu.

La concorde la plus parfaite régnait dans leurs rapports. « Soyez indulgents et pleins de mansuétude les uns envers les autres », leur disait Saint Ignace d'Antioche. Entre les individus, les familles ou les villes, nulle rivalité surtout ne devait surgir. Pour garder la parole divine dans les cœurs, pour perpétuer le geste ineffable de la fraction du pain, il fallait faire trêve de toute querelle, de tout ressentiment, de toute haine. « Ceux qui ont soulevé des haines et des luttes, qu'ils soient chassés de l'Eglise », disait l'Apocalypse d'Athanase.

Le chrétien n'avait plus de patrie, ou plutôt la patrie était partout où il y avait des chrétiens. Le pays ne signifiait qu'une indication de résidence; comme prétexte à gloriole belliqueuse, il n'existait pas.

Les Thessaloniciens n'avaient aucune supériorité à prétendre sur les Galates; les chrétiens d'Ephèse n'avaient aucun motif de militer contre ceux d'Antioche. On ne pouvait admettre autant de sectes chrétiennes que de races, que de peuples, que de nations et que de villes, mais une seule, dans laquelle tous les membres étaient frères au même titre, et avaient droit à la même participation à la table eucharistique et aux mystères divins.

Les fidèles des premiers âges le comprirent si bien qu'ils appelèrent leur société d'un nom unique : l'Eglise, *Ecclesia*.

Ce terme grec ne signifie pas autre chose que l'*Assemblée*, l'assemblée par excellence.

Et pour bien préciser qu'un chrétien ne devait pas connaître d'autre assemblée que celle-ci, ils ajoutèrent la seule épithète capable de l'expliquer, sans l'amoindrir; ils l'appelèrent *catholique*, ce qui voulait dire : *universelle*.

Eglise catholique signifie donc très exactement : *Assemblée universelle, assemblée unique* et par conséquent INTERNATIONALE, expression dont on ignore généralement la vaste étendue.

Assemblée universelle! Rien n'égalait la grandeur de ces deux mots. Toute autre qualification ne pouvait que diminuer, restreindre, altérer leur plénitude.

Le dessein qu'avaient formé les premiers fidèles, de marcher à la conquête intellectuelle du monde et de le placer tout entier sous l'égide du Christ, se manifeste dès ce début avec une rare magnificence et un bonheur incontestable d'expressions: leurs successeurs n'avaient donc aucun droit de s'associer et de se subdiviser, comme ils l'ont fait plus tard, en patries.

Il n'est donc pas, il ne peut donc exister d'Eglise nationale. Tout particularisme est nécessairement anticatholique, anti-universel. Aussi le terme d'Eglise Gallicane, dont le XVIIe siècle se montra si fier, était-il une solennelle absurdité, tout comme celui d'Eglise

Anglo-Saxonne que voudraient imposer aujourd'hui quelques novateurs déséquilibrés.

Et je serais même le premier à condamner le terme d'Eglise Romaine, si je ne savais qu'il correspond à une raison mystagogique et n'a rien d'une appellation patriotique.

L'Eglise est appelée Romaine parce qu'elle a supplanté la domination des Césars. Ceux-ci régnaient par le fer. Ils avaient créé une universalité illusoire et maudite qui n'était qu'un patriotisme hypertrophié. L'Eglise doit régner par la douceur et restaurer la véritable notion de l'unité universelle en abolissant les guerres, les armées, les patries.

C'est à dessein que le séjour de Rome lui a été assigné comme point central et culminant, pour attester éternellement l'horreur du Christ pour la puissance militariste que cette ville représenta de formidable sorte, et parce que le nom de *Roma* doit se transmuer mystiquement en *Amor*, lorsque l'Eglise aura réalisé la mission qui lui est dévolue. C'est ainsi le symbole même de l'antimilitarisme dans toute sa clarté, qui se rappelle au souvenir et au devoir des catholiques.

L'Eglise est donc Romaine sans cesser d'être universelle. Rome est une effigie du pacte de douceur, solennellement conclu par l'Eglise, et non pas une patrie pour elle.

C'est encore par suite de la même tendance universalisatrice, que le gouvernement de l'Eglise fut bientôt confié, dès les premiers siècles, à un chef unique, dans le but de mettre fin aux rivalités d'église à église, aux querelles, aux dissensions de races, de nationalités et de patries, que produisait la multiplicité des églises locales, et dont les sièges de Byzance et de Rome donnaient le principal exemple.

Ceux qui ne considèrent que les aspects superficiels de l'histoire sans en discerner les causes cachées et les ressorts invisibles, ne voient dans ce fait que le résultat de l'ambition démesurée des évêques de Rome.

Sans doute, celle-ci y contribua puissamment. Mais elle ne fut que l'instrument fortuit qui servit aux destinées de la catholicité. En détruisant l'autonomie des églises nationales et particulières, l'assemblée des chrétiens, par ce retour à l'unité, retrouvait définitivement son caractère d'universalité. Elle atteignait l'idéale perfection en se groupant de nouveau autour d'un seul chef, vicaire et représentant du Christ, son fondateur.

Que ce Vicaire ait parfois été au-dessous de tout, la question est autre et la gloire du Christ n'en est pas diminuée. Le passé n'incrimine pas l'avenir; et il nous importe de constater seulement le fait du retour à l'unité qui s'imposa de lui-même et fut préparé par tous ceux qui, libérés de préjugés et d'intérêts particuliers, avaient conservé une notion saine de ce que devait être la société chrétienne, c'est-à-dire un lien fraternel entre tous les hommes, leur permettant de se tendre la main par delà les nations, une formule devant laquelle toutes les formules tombaient dans le néant, une société destinée à remplacer toutes les sociétés existantes, particularisations mesquines, basées sur des intérêts accidentels ou des conventions odieuses.

En un mot, l'Eglise primitive était, pour le néophyte qui y prenait place, la grande cause à laquelle il se consacrait uniquement, qu'il s'engageait sous serment à ne jamais trahir; elle devenait pour lui *la seule cause possible*, auprès de laquelle les intérêts et les ambitions des hommes, les lois civiles, les décrets des empereurs et le choc meurtrier des races et des peuples, n'avaient plus raison d'être.

Il suffit de jeter les yeux sur les monuments des premiers siècles, d'ouvrir Tertullien et saint Cyprien, de feuilleter les Actes des Saints et des Martyrs et la Vie des Pères du désert, de comprendre surtout la grande et merveilleuse page vécue des Catacombes, pour se convaincre que, dans le cœur de ces hommes admirables qui furent nos ancêtres en catholicisme, il n'y avait aucune place pour l'amour de la patrie.

Lorsque saint Laurent, sainte Agnès, sainte Blandine affirmaient leur attachement à l'Eglise au milieu des supplices, exhalaient leur âme dans des chants d'allégresse et d'espérance, en voyant *les cieux ouverts*, suivant une expression sublime, ils ne songeaient qu'à la palme à mériter et la place à conquérir parmi les confesseurs. Le service du Christ quand même, *et usque ad mortem,* était le seul sentiment qui survécût à l'annihilation de tous les autres.

Lorsque le jeune saint Tharcisius, l'incomparable enfant, cheminait dans la voie Appienne, portant en son sein la pyxide qui renfermait le pain eucharistique destiné aux mourants, nul doute que, pour lui, Rome pouvait crouler, et ses douze tables, et ses constitutions, et son Capitole. Nul doute que le succès des armées et le gain des batailles et le triomphe des généraux étaient pour lui le néant pur,et que le S. P. Q. R., emblême de la patrie, ne prévalait pas un instant devant le monogramme du Christ et le sévère enseignement de l'Alpha et de l'Oméga.

Le catholicisme, formule nouvelle, définitive et pacifique, triomphait du nationalisme, fauteur éternel de discordes.

Pour le vrai chrétien, la patrie n'existait pas.

III

Pendant tout le Moyen-Age, l'idée d'universalité domina la pensée chrétienne.

L'Eglise acquit une telle homogénéité, que ses membres formèrent bientôt une sorte de race nouvelle et factice : la *Latinité*. Les peuples de l'Europe occidentale, bien que d'origines notoirement différentes,ne tardèrent pas, en effet, à revêtir, sous l'influence du catholicisme, un caractère assez général pour induire en erreur certains ethnographes.

On sait qu'une première souche pélasgique peupla le sud de notre continent, à laquelle vinrent se mêler les Ibères, qui formèrent le fonds de la nation espagnole. Puis les Galls, dont les différentes tribus furent confondues sous le nom de Celtes, laissèrent en Gaule des traces incontestablement profondes, de même que les Etrusques, d'origine grecque, s'implantèrent dans le Latium. L'Italie du Nord elle-même, fut occupée par une horde Kimrique qui refoula les Etrusques.

Il serait absurde, en présence de tant d'éléments différents, de ramener au Latium l'origine des peuples actuels de l'Italie, de la France et de l'Espagne.

Et cependant, en donnant à la langue des Romains, désormais transformée, un essor considérable et une popularité qu'elle n'avait jamais connue, l'Eglise émoussa les caractères ethniques de l'ancienne Europe méridionale, à tel point qu'on crut voir une race spéciale, race à chevelure noire et à teint basané, là où il n'y avait qu'unité de doctrine religieuse; et la puissance de l'habitude est si grande, qu'on oppose toujours les peuples dits *latins*, aux peuples du Nord, d'origine dite Anglo-Saxonne.

L'Eglise fit plus encore; elle réunit bientôt tous les peuples de l'Empire de Charlemagne sous une même croyance; elle parvint à latiniser des pays jusqu'alors réfractaires à la civilisation romaine; elle pénétra parmi les Finnois, les Kymris, les Teutons et les Ases, et poussa des racines profondes dans les mystérieuses peuplades du Nord à mœurs sanguinaires et à coutumes farouches. Et c'est ainsi que la langue anglaise, voire même les langues allemande et scandinave, restent, encore aujourd'hui, fortement teintées de latin.

Dans l'heureuse indécision des frontières qui caractérise les treize premiers siècles de l'Eglise, tout le monde savant et lettré n'écrivit que la seule langue latine, qui prévalut sur la rudesse des racines teutonnes et gothiques. L'Eglise comptait alors pour rien les patries, les nations, les royaumes, les gouvernements. Société libre, elle s'élevait au-dessus de toutes ces divisions arbitraires. Poursuivant son œuvre de catholicisation, d'internationalisme, elle conflait les plus importantes et les plus élevées de ses charges aux sujets les plus dignes, qu'elle avait formés avec soin, sans égard pour leur pays d'origine.

Grâce à cet admirable esprit d'universalisme, que le préjugé national ne faussait pas encore de sa note de partialité, on vit, au XIe siècle, un saint Anselme, né en Italie, s'asseoir sur le siège archiépiscopal de Cantorbéry, sans aucune opposition de la part des Anglais.

Un autre Italien, Pierre Lombard, surnommé le Maître des Sentences, devint évêque de Paris au XIIe siècle. Jean de Salisbury, quoique Anglais, fut évêque de Chartres vers 1150.

Saint Thomas d'Aquin, Italien, Albert le Grand, Allemand, Alexandre de Hales, Anglais, occupaient sans conteste des chaires de théologie à Paris; Gilbert, abbé de Citeaux était Anglais; Richard, abbé de Saint Victor, à Paris, Ecossais, et nombre d'autres dont fastidieuse serait l'énumération.

Edouard le Confesseur, donna aussi à des Français de nombreux évêchés et abbayes britanniques; et saint Colomban, né en Irlande, vint fonder le monastère de Luxeuil, dans les Vosges.

Les Papes étaient également nommés au hasard des nations. On vint quérir un Sylvestre II dans un monastère d'Auvergne; un Urbain II à Cluny, un Adrien IV en Angleterre.

Ces époques nous surpassent. Elles s'élèvent infiniment au-dessus de nos préjugés de frontière.

Que dirait l'Angleterre d'aujourd'hui, en voyant un Français occuper chez elle un trône épiscopal? Que ne vociféraient pas les Parisiens contre un Italien crossé et mitré siégeant dans leur cathédrale? Ils n'admettraient pas ces *étrangers*, et s'affirmeraient ainsi inférieurs aux chrétiens du Moyen-Age.

Ce bel idéal d'unité cosmopolite n'existe plus, même à l'état de souvenir. Le terme: *catholique* s'emploie comme étiquette d'une croyance; il est devenu simple synonyme de disciple du Christ; mais on ne connait plus sa signification véritable, antinationale.

On peut juger de l'état de décadence dans lequel cette idée de catholicisme était déjà tombée sous Louis XIV, par ce passage de Saint-Simon où il est dit que le P. de la Chaise, jésuite et confesseur du roi, s'opposait à ce qu'un religieux, nommé Dom Malachie, devînt abbé de la Trappe « sous prétexte qu'il étoit Savoyard, et qu'il ne convenoit pas à l'HONNEUR DE LA FRANCE qu'un ÉTRANGER fût abbé de la Trappe (1698) ».

L'honneur de la France passant avant l'honneur de l'Eglise dans la pensée d'un chrétien, cela n'est-il pas infiniment pur? Ce moine eût-il possédé les vertus de saint Benoît lui-même, eût-il été l'homme le plus savant et le plus saint de toute la chrétienté, toutes ces qualités s'annihilaient devant ce mot puéril : il était étranger, Savoyard, et par conséquent inapte à diriger un monastère situé en Normandie!

Etait-ce là vraiment la doctrine des grandes et robustes figures du catholicisme, de ces Pères du désert si détachés du monde, de ces évêques d'autrefois, qui dorment du grandiose sommeil des châsses, gemmés sur les sarcophages ou figés dans le byzantinisme d'or des fresques, de ces saints qui bénissent, rigides, et souriants d'un ineffable sourire, aux porches des cathédrales, de ces mystiques si éperdus de contemplation qu'ils ne connaissaient plus rien du monde et de ses vanités terrestres? Etait-ce la doctrine de Synésius, de saint Denis l'Aréopagite, de saint Isidore de Séville, de sainte Catherine de Sienne, de Ruysbrœck et de Tauler?

Que penseraient-ils, ces géants de la tradition chrétienne, semblables aux chênes des forêts druidiques, s'ils nous voyaient peser dans la balance le sentiment patriotique et l'amour du Christ, et préférer odieusement le premier, le temporel, l'éphémère, l'inexistant?

Quel phénomène s'était donc produit pour avoir fait oublier aux catholiques ce qui est l'essence même de la catholicité et leur avoir dicté une conduite politique diamétralement opposée à celle de leurs ancêtres des premiers siècles? Il n'est pas indifférent d'étudier les phases de cette transformation et d'en pénétrer les causes.

Lorsque le colosse Romain s'effondra dans le sang et dans l'ignominie, il entraîna l'idée de patrie dans sa chute. Les chrétiens ne la relevèrent pas, et il y eut un instant où l'Eglise fut la seule puissance ordonnée en Europe. Elle jouissait seule de son autonomie, les divers états européens, à peine ébauchés, ne possédant pas encore la leur. Elle puisait sa force, non dans le militarisme, mais dans sa doctrine intellectuelle.

Pour conserver cette autonomie, cette indépendance et cette liberté, elle eût dû rester une société privée, ne connaissant ni pays, ni gouvernement, ni frontières, et ne jamais revêtir la forme d'une institution de l'Etat, ne jamais devenir un rouage administratif ni surtout un instrument politique.

S'élever au-dessus de toutes les formes de gouvernement et les mépriser toutes; être un Etat dans chacun des Etats, telle était la seule formule d'existence qui pouvait lui assurer la vitalité absolue; mais leur prêter serment et recevoir le leur, faire alliance avec eux ou les combattre, c'étaient autant de déchéances par lesquelles l'Eglise devait aboutir fatalement à l'aliénation de sa liberté.

« Elle est éternelle », a dit son Fondateur. Par conséquent elle ne saurait être unie par aucun contrat aux sociétés temporelles et essentiellement éphémères, établies par les hommes. Lié à l'Etat par une constitution ou un concordat, le prêtre était destiné à devenir inévitablement ce que nous le voyons aujourd'hui : un fonctionnaire.

Les chrétiens des Catacombes furent les seuls qui conservèrent jalousement leur indépendance. Ils n'obéissaient qu'au Christ et ne connaissaient plus César. Ils ne rendaient aucun compte de leurs actes, de leurs assemblées, de leur hiérarchie, de leurs ordinations, de leurs mariages, aux pouvoirs officiels.

Alors ils étaient la société par excellence, *Ecclesia*, la société catholique destinée à remplacer toutes les autres.

Mais, dès qu'ils recherchèrent l'appui de Marcia, cette maîtresse de l'empereur Commode, qui fit cesser pour eux la persécution; dès qu'ils firent alliance avec Constantin; dès qu'ils conclurent des pactes, prêtèrent des serments, firent appel à la protection des puissances de la terre, acceptèrent leurs bienfaits, leurs secours, leurs dignités et leurs distinctions nationales et prirent les armes pour les défendre, ils commencèrent à méconnaître l'esprit même de leur Divin Fondateur.

Peu à peu, les Etats s'affermirent. Les nations modernes, conventions redoutables basées sur le néant philosophique, puissances énormes et impitoyables, se délimitèrent exactement, et s'entourèrent de frontières absurdes et tellement factices, qu'elles ne pouvaient subsister qu'avec le secours des armes.

Par une progression similaire, mais décroissante, l'Eglise cessa insensiblement d'être la société libre, indépendante et universelle, planant au-dessus des nations, pour devenir, dans chacun de ces Etats, une administration, un corps constitué, au même titre que la magistrature et l'armée. Elle se lia par des serments d'obéissance qui annihilèrent sa liberté, et il y eut autant d'Eglises que de cours souveraines.

Aussi faut-il voir, sans doute, dans l'extraordinaire et fougueuse conduite de Grégoire VII, un geste énergique et désespéré pour reconquérir cette unité primordiale de l'Eglise, qu'il voyait se morceler, s'effriter, se disperser en parcelles nationales, en poussière patriotique.

Lorsqu'on parcourt les annales des anciennes églises des Gaules, telles que celles de Reims, dans Frodoard, on voit les évêques les plus saints, les plus éminents par leurs vertus, les plus irréprochables dans leurs mœurs, constamment préoccupés, aux époques Mérovingienne et Karolingienne, d'asseoir solidement le temporel des églises, en acceptant des donations des rois, en leur faisant ratifier la possession d'anciens territoires, en signant des traités dont chacun augmentait la richesse, mais diminuait un peu plus la liberté de la société chrétienne.

Le clergé croyait, par ce moyen, conquérir les nations; c'étaient les nations qui, réellement, s'emparaient de lui, en rabaissant la dignité du pontife, oint par le Christ, au rang subalterne et dérisoire d'un salarié de l'Etat et d'un protégé de l'autorité royale.

Déjà nous avions vu le Pape Pélage soupçonné d'hérésie, envoyer sa profession de foi à Childebert en lui disant : « Nous devons obéir aux Rois auxquels nous sommes soumis selon la doctrine de l'Ecriture ! »

Charles-le-Chauve put écrire : « Au nom de la Sainte et indivisible Trinité, par la grâce de Dieu, Charles, roi, savoir faisons que Hincmar, archevêque de Rheims, s'étant jeté aux pieds (*accidens*) de notre Majesté, et ayant fait connaître à Notre Mansuétude que l'on ne paie point les dîmes dont l'Eglise de Reims a été dépouillée, a supplié Notre Magnificence, etc. »

Tel fut le résultat obtenu, dès le IXe siècle, par les alliances et les transactions de l'Eglise avec les puissances séculières : un roi chrétien pérorant avec outrecuidance au nom de la Trinité, tandis qu'un pontife se jette bassement à ses genoux pour réclamer une dîme !

Et cependant Hincmar était un des prélats les plus dignes, un des plus éminents et des plus éclairés que l'Eglise possédât alors ! Mais combien loin des Apôtres ?

Les rois qui prétendaient tenir leur royaume de Dieu et ne relever que de lui seul, chrétiens de nom, mais donnant publiquement l'exemple de tous les vices, prirent l'habitude de s'immiscer outrageusement dans la direction de l'Eglise. Ils eurent bientôt en leurs mains les consécrations d'évêques et les ordinations; ils s'attribuèrent le *Jus reformandi Ecclesiam* que les évêques gallicans eurent la lâcheté, plus tard, de leur reconnaître.

L'Empereur Valentinien se permit, en un concile, de décider seul de la vérité entre les écrits des Chrétiens et des Ariens, après avoir renvoyé les évêques assemblés sous ses ordres! Louis VII refusa, en 1141, de reconnaitre un archevêque de Bourges, que le pape Innocent II venait de nommer. « Dieu m'a établi évêque extérieur », disait, on ne sait trop pourquoi, Constantin. Le Moine de Saint-Gall appelle Charlemagne l'*Evêque des Evêques;* et d'Aguesseau ne manqua pas de décerner à Louis XIV ce même titre phénoménal d'*Evêque extérieur,* qui marquait la servitude complète de l'Eglise et l'abdication totale de son indépendance.

Que pensez-vous, chrétiens des Catacombes, qui méprisiez tous les royaumes de ce monde pour ne connaitre qu'un roi : Jésus-Christ; que pensez-vous de vos successeurs et de ce qu'ils ont fait de votre Assemblée Universelle?

Du IVe au XIIIe siècle, on perçoit très clairement en Europe la lutte de deux courants opposés qui réagissent l'un contre l'autre. L'idée internationale, venant de Rome chrétienne, véhiculant avec elle tout l'héritage intellectuel de l'Egypte et de la Grèce, se heurte à l'idée guerrière et nationaliste, enfantée par le cerveau rudimentaire des barbares du Nord. Tandis que l'Eglise s'efforce de pacifier et d'unifier tous les hommes, les Franks, les Saxons et les Angles tendent ardemment à former des patries, à s'ériger en métropoles indépendantes, bornées par des frontières destinées à perpétuer les ferments des primitives discordes.

Le patriotisme, forme collective de l'égoïsme, s'allume en intenses foyers en France, en Angleterre, en Allemagne, en Pologne, qui tout en adhérant dogmatiquement à la doctrine de Jésus, repoussent ce qu'elle comporte de fraternisation unitive.

Au XIIIe siècle, les deux puissances, de l'internationalisme, représenté par l'Eglise, et du nationalisme représenté par les Etats Européens, se firent à peu près équilibre. Cette époque est considérée, avec raison, comme l'apogée de la civilisation chrétienne. Ce fut, pour celle-ci, une magnifique et dernière efflorescence. Les nations grandissaient, et l'Eglise leur était étroitement unie, déjà ligottée par les liens qu'elle s'était forgés elle-même.

C'est bien là que tous les historiens modernes, que tous les apôtres des patriotismes officiels, placent la formation de ce qu'ils appellent : les *âmes nationales*, de cette AME FRANÇAISE dont ils ont voulu faire une sorte de palladium, des âmes anglaise, espagnole et autres, qui constituent le fonds politique de l'Europe actuelle. Ils ont bien su discerner, dans leur sectarisme et leur haine de l'œuvre chrétienne, que c'était le moment précis où l'Eglise avait cessé de soutenir la grande doctrine de fraternité internationale, et ils s'applaudissent de la chute de cette magnifique idée, remplacée par l'odieux système des barrières, des frontières et des haines permanentes. Ils célèbrent volontiers l'*accroissement du pouvoir royal*; ils félicitent les monarques d'avoir ainsi préparé la *grandeur de la France moderne;* mais ils oublient d'ajouter que ceux-ci ont également consommé ainsi la ruine de la chrétienté.

La division des hommes en nations obligatoirement ennemies, c'était, en effet, la destruction la plus complète de la doctrine du Christ, et le patriotisme dans toute sa pureté.

La langue latine que l'Eglise avait imposée à l'Europe comme idiome universel et international, commença à sombrer. Ce fait est un caractère évident des progrès du nationalisme. La fixation de la patrie anglaise se place, avec raison, au célèbre décret d'Edouard III, en 1362, qui ordonne que les procès seraient jugés uniquement en langue anglaise, tandis que tous les actes royaux, depuis Edouard le Confesseur, étaient délivrés en latin, en français et en anglais.

Les savants et les lettrés commencèrent à écrire en langage vulgaire, pour leur pays seul, et non plus pour la chrétienté tout entière. Les informes patois francique, germanique et gothique, les sauvages jargons usités par les hordes barbares aux temps mérovingiens, refoulés et comprimés au fond des provinces, comme inaptes à l'expression des idées civilisatrices, et conservés seulement par les paysans et les hommes d'armes, reparurent alors, rénovés, codifiés en une forme définitive, se dressant contre l'envahissement du latin; ils devinrent nos langues modernes, et dès cet instant la perfection de l'Eglise déclina.

Cette formation des *âmes nationales* ne fut, en réalité, qu'une réaction contre les tendances universalisatrices de l'Eglise, et un détachement progressif de chacun des éléments chrétiens se séparant de la catholicité, du centre unique établi à Rome.

L'Angleterre fut la première qui s'éloigna définitivement du pacte d'amour, de fraternité universelle. La scission fut complète. La guerre de Cent-Ans avait montré jusqu'à quel point cette nation était patriote, avide de prouver par la brutalité du geste, sa prétendue supériorité. Aucune n'était mieux désignée pour former la première *Eglise Nationale.*

Désormais, des chrétiens appelaient d'autres chrétiens : *étrangers;* ils restreignaient la pratique de la charité à la frontière. Le catholicisme n'existait plus que de nom.

Le protestantisme détacha également de la confédération universelle quantité de peuples germaniques, ce qui aida puissamment à la formation de la nationalité allemande.

Le schisme grec, qui fut une incommensurable absurdité, enfanta la Sainte Russie, un des plus abominables exemples d'Eglise patriotique.

La France se sépara aussi de la catholicité, mais de façon moins soudaine et moins précise. Elle devint l'Eglise Gallicane, forme hypocrite et travestie du protestantisme, et s'applaudit de sa trouvaille. Elle s'affirma *nationale*, et prétendit cependant rester *catholique*. C'était incompréhensible et inepte. Mais les rois jugèrent cette formule si belle, si parfaitement adaptée aux nécessités du moment, leur permettant de ruiner les derniers vestiges de l'internationalisme chrétien, et d'exalter l'esprit de nationalité tout en ménageant les idées religieuses, trop profondément ancrées dans les esprits pour pouvoir être attaquées de front, qu'ils la soutinrent de toute leur autorité.

Au lieu de maintenir l'universalité de leur Eglise, les chrétiens, désormais, particularisèrent.

On les vit s'attacher préférablement à ces Etats prospères dont la puissance temporelle les émerveillait, et devenir chrétiens divisés, chrétiens patriotes!

Ils oublièrent l'idée primitive d'une société intermondiale gravitant autour de l'hostie, et ils la dégradèrent en morcelant cette société en quantités de sociétés secondaires ayant pour égide, au lieu du monogramme du Christ : le drapeau

Séduits par l'appât des honneurs, des charges, des dignités que distribuaient les monarques, ils préférèrent bientôt le service des rois au service de Dieu, ployèrent volontiers l'échine devant les têtes couronnées, et endossèrent le pourpoint de courtisan.

Ils ne surent plus distinguer que les rois n'étaient, à l'origine, que des particuliers, des chefs de tribus ou de hordes auxquels la fortune avait souri. Ils crurent à la fiction sacrilège de la *royauté de droit divin*, et s'habituèrent à considérer l'Etat comme une chose respectable à l'égal de leur Eglise, sans réfléchir qu'ils travaillaient à établir la prospérité de leur plus mortel ennemi, puisque tout Etat est obligatoirement particulariste.

Dès lors la notion exacte de la mission céleste et pacificatrice de l'Eglise fut perdue. L'Unité fut méconnue. L'obéissance et le dévouement à l'Etat surpassèrent, chez les chrétiens, l'obligation à la fraternité universelle, et ils furent plus volontiers fidèles à leur patrie, qu'à l'humanité régénérée par le Christ.

Le fameux Abbé Grégoire, évêque de Blois, prenant la parole au Concile constitutionnel de 1797, se chargea de définir cette tendance et de l'ériger en dogme : « Français catholiques, s'écria-t-il, souvenez-vous que vous êtes *citoyens avant d'être chrétiens*, et que vous êtes Français avant d'être admis dans l'Eglise Romaine. »

C'était tout dire. L'effort des treize premiers siècles de l'Eglise vers la solidarité internationale ne pouvait être plus nettement désavoué.

IV

De nos jours, les Chrétiens ont ponctuellement suivi l'étrange ligne de conduite que leur a tracée l'Abbé Grégoire.

En toutes circonstances, ils se sont déclarés énergiquement *nationalistes,* c'est-à-dire imbus d'un préjugé qui place le type national au-dessus de tous les hommes, et réserve à l'étranger, fût-il chrétien, une haine éternelle.

Dieu et Patrie! disent-ils! L'Unité catholique est donc désormais brisée. Nul ne songe à continuer la tradition des saint François d'Assise et des sainte Thérèse, qui se donnaient entièrement au Christ sans restriction et sans contrainte? Le Maitre n'a plus le privilège de posséder exclusivement le cœur de ses élus; il le partage, lui, l'Alpha et l'Oméga, la Vie, l'Existence par excellence, avec une notion creuse et une abstraction vide, essentiellement variable, changeante et éphémère: l'idée et l'amour de la nationalité!

Tous les disciples de Jésus affirment hautement cet inexplicable dualisme.

« Catholiques et Français toujours! », se proclament-ils sans cesse en leurs chants. Dans toutes les publications religieuses surgissent des formules inattendues, limitant la solidarité fraternelle au périmètre de la frontière. *Dieu et Patrie! Pour Dieu et pour la France!* sont des devises prétendues parfaites selon l'idéal chrétien, quoiqu'il nous semble que *Dieu seul* et *pour Dieu* eussent dû suffire.

Dieu protège la France! Dieu protège la Belgique! lit-on encore en exergue sur les pièces de monnaie. Ce qui signifie sans doute qu'il ne protège pas les autres nations, ou mieux encore qu'il protège la France ou la Belgique au détriment des autres pays? pensée édifiante et morale s'il en fut jamais!

Quelle misérable idée possèdent donc de la Divinité ceux qui la ployent ainsi au service de leur orgueil et de leurs haines, qui la rendent complice de leurs intérêts et de leurs vengeances, de leurs passions violentes et de leur partialité absurde? Et ces hommes sont les Chrétiens qui prétendent avoir défini, mieux que toutes les philosophies, cette même Divinité!

Que l'on conçoive une fierté souveraine à s'avouer disciple du Christ, nous l'admettons sans peine, puisque nous participons nous-même à cette gloire. Mais qu'on y ajoute un titre de nationalité quelconque, et qu'on le fasse sonner haut comme un thème claironnant d'éclatante supériorité, nous cessons de comprendre. La doctrine et les paroles de Jésus nous ont inspiré des sentiments plus élevés et absolument opposés à ceux-ci.

Pourquoi crier : Catholiques et Français ? Est-ce pour humilier ceux qui ne peuvent que répondre: Catholiques et Espagnols! ou Catholiques et Italiens?

Est-on plus chrétien et mieux chrétien parce qu'on est Français? Est-on plus vertueux? Est-on plus près de la Divinité? Sera-t-on assis à une meilleure place auprès du Rédempteur? Est-il d'autre mérite, aux yeux de la Justice céleste, que celui des actions personnelles?

Vive le Christ, qui aime les Francs! affirme dès son début la loi Salique.

Ce cri, dont Clovis fit une devise politique, est bien celui d'un barbare élevé dans les camps, rompu aux fatigues de la guerre, pour lequel la force corporelle constitue la seule gloire de l'homme, tandis que la lumière philosophique n'a pas paru encore.

Il est naïf et sincère; mais il n'appartient pas à un vrai chrétien. Il indique une conception singulièrement rudimentaire de la Divinité, telle qu'elle pouvait exister dans l'entendement d'un guerrier illettré, adorateur de ces terribles Dieux du Wallhal scandinave, et dont l'idéal était de combattre, de boire l'hydromel dans le crâne des vaincus, et de chanter après boire.

Mais cette conception de la Divinité n'est plus, ne peut plus être la nôtre. Nous sommes heureusement loin de la mentalité de Clovis, que nous révèlent les dialogues, archéologiquement exquis mais d'une puérilité grossière, qu'il tenait avec Clotilde lorsque celle-ci avait entrepris sa conversion, et que Grégoire de Tours nous a minutieusement conservés.

Dans l'âme basse et inculte d'un chef de sauvages, dont le seul souci était de paraitre toujours terrible, de toujours vaincre et d'avoir toujours raison par la force, l'idée qu'un Dieu l'aimait, lui seul, et non les autres, se présentait, agréable et flatteuse. Celui qui l'aidait à vaincre était certainement le vrai Dieu, argument irréfutable pour un homme de cette époque, et de mœurs si primitives.

Aussi commence-t-il à poser au Christ cette condition absolue à sa conversion, bien digne d'un barbare avide de sang et de meurtre : « Christ, si tu me donnes la victoire sur mes ennemis, je croirai en toi et me ferai baptiser en ton nom ! »

Mais nous ne saurions, sans déchéance et sans avilissement, glorifier de tels souvenirs, les agiter comme un trophée national sous prétexte que nous descendons de ces tribus franques, et adopter l'idée de Dieu telle que des hommes dépourvus de toute lumière intellectuelle se l'étaient formée.

Nous n'avons pas lieu d'être fiers de notre origine barbare. Par suite de l'idée de grandeur qu'on a voulu attacher aux exploits de nos pères, il est difficile de se représenter exactement les peuples qui envahissaient l'Europe au moment de la venue du Sauveur. Néanmoins, certaines peuplades restées actuellement sauvages au centre de l'Afrique, qui vont à la guerre en poussant des cris gutturaux et des hurlements féroces, frappent de leurs armes sur leurs boucliers, dansent frénétiquement autour des cadavres des vaincus et se parent d'oripeaux flamboyants, nous donnent une approximation de ce que furent ces hommes que nous appelons les Franks, les Saxons, les Vandales.

L'infériorité des races du Nord à cette époque, est manifeste. Ces nomades, qui mangeaient de la viande faisandée sous la selle de leur cheval, et qui, à la mort de leurs chefs, enterraient vivants avec eux leur monture et leur écuyer, ne peuvent soutenir la comparaison avec les nations qui avaient entendu la voix de Platon et recueilli les sublimes théories de Pythagore, et où florissait encore le culte de la pensée subtile et profonde.

Lire une page de la Bible gothique de l'évêque Ulphilas, écrite au IVe siècle, et comparer cet informe jargon à la langue grecque, c'est mesurer l'abîme qui séparait la Germanie de Byzance.

C'est bien à tort que des écrivains comme Buckle ont attribué à l'Eglise et aux monastères d'Occident la nuit d'ignorance qui envahit l'Europe aux VIe et VIIe siècles.

Cette ignorance est uniquement l'œuvre des barbares; ce sont eux qui ont défiguré le christianisme naissant en l'accommodant à leurs instincts guerriers, tandis que les monastères s'efforçaient de conserver une parcelle de l'héritage de lumières des sociétés anciennes, et d'éclairer quelque peu les ténèbres de l'âme franke.

La fresque mérovingienne que nous a laissée Grégoire de Tours ne possède de grandeur que celle qu'elle a empruntée au christianisme. La morale de ce dernier a ménagé de puissants contrastes dans cette sombre histoire qui, dépouillée de ce qui appartient à l'Evangile, ne constitue plus que des annales innommables, indignes d'être écrites.

Ce n'est donc pas à ces hommes, dont nous devrions renier le nom et la mémoire, que nous demanderons un enseignement religieux et philosophique.

Pouvons-nous, avec Frodoard, admettre l'intervention de la Divinité qui, à la prière ardente de Clovis, fait tomber miraculeusement les murailles d'Angoulême afin qu'il puisse, jusqu'au dernier, massacrer tous les Goths qui s'y trouvaient enfermés?

Un Dieu qui fait un miracle pour permettre d'exterminer beaucoup de ses propres créatures; un Dieu qui aime et protège les Francs, c'est-à-dire un seizième de l'Europe, mais qui n'aime pas les Burgondes, les Alains, les Suèves ou les Hérules, un tel Dieu n'est pas celui de l'Evangile.

La notion d'un Dieu national qui protège et dirige les armées, favorise les expéditions et les carnages, accorde les victoires, s'enivre du sang des cadavres et du fumet des champs de batailles, est incompatible avec une saine philosophie.

Elle nous répugne singulièrement lorsque nous la comparons avec les idées si pures, touchant l'essence divine, qu'avaient possédées les antiques civilisations en des époques raffinées de savoir et de lumières, et que nous ont léguées les sages de l'Egypte et d'Alexandrie, les Pythagore et les Plotin, les Synésius, les saint Denys l'Aréopagite, ou notre incomparable poète Prudence, en ses strophes admirables.

Dieu d'Israël! comme disaient les Juifs; Dieu des Jagellons, de Sobieski et de Kosciusko! comme disaient les Polonais; Dieu de Clovis et des Franks! sont autant de formules blasphématoires qui nient la Divinité puisqu'elles restreignent sa bonté infinie.

En vain enseigne-t-on, au Hiéron catholique de Paray-le-Monial, que ces cris seraient l'expression populaire d'autant de pactes formés par la Divinité avec les diverses nations de l'Univers, lesquels assureraient l'équilibre mondial; et que le Labarum de Constantin, l'oriflamme de saint Denis, l'étendard de Jeanne d'Arc et la chape de Saint-Martin de Tours que les armées karolingiennes portaient processionnellement pour obtenir des victoires, seraient les égides indicatrices de ces pactes. Le Christ ne connait qu'un pacte : le Catholicisme, et qu'une égide : la Croix.

Il n'a pas formé ce pacte avec les seuls Francs, mais avec tous ceux qui le suivent, quels que soient la race à laquelle ils appartiennent et le lieu qu'ils habitent; il l'a formé avec l'Eglise universelle; tous les catholiques l'ont formé avec lui au baptême qui efface les stigmates de toute nationalité; et ce sacrement est semblable en tous pays, qu'il soit conféré par un Français, un Espagnol, un Arménien ou un Mongol.

Le Christ est venu détruire toutes les nations et les niveler en une seule : la nation chrétienne : et tel est le sens de cette merveilleuse *Rédemption* des hommes, encore incomprise, qu'il a désiré accomplir, de ce rachat de toutes les cruautés qui les déshonorent, de cette libération de leurs querelles, de leurs haines et de leurs guerres qui les rendent furieux les uns contre les autres : *homo homini lupus.*

Et ce pacte, il l'a formulé dans ce vœu suprême, d'une précision sans égale et d'une suavité parfaite, que le prêtre nous redit chaque jour à la messe, et que nous ne voulons ni écouter ni comprendre: « La Paix soit avec vous! »

« Dieu et Patrie! » osent répondre les Chrétiens!

Et de toutes parts l'Eglise particularise et se scinde en autant de groupes dissidents qu'il est de nations au monde; et chaque groupe agite un drapeau et se croit égoïstement le centre de la catholicité.

Si la France se proclame la fille ainée de l'Eglise et prétend accomplir seule les gestes de Dieu, les

Catholiques italiens, par contre, ont accaparé la direction de la religion du Christ. Ils ont transformé l'*Eglise Romaine*, symbole splendide dont nous avons donné la clef, en une *Eglise Italienne*, ce qui est peut-être patriotique, mais odieux. Oubliant qu'une raison purement mystique imposait seule le séjour de Rome au chef de l'Eglise, ils ont fait d'une formule rituelle une affaire politique. La résidence du Pontife au Vatican ne leur suffit pas : ils le veulent obligatoirement Italien. Cette qualité est désormais indispensable à un Pape ; tout l'effort du clergé de la Péninsule tend à maintenir dans le Sacré-Collège, un nombre de cardinaux italiens suffisant pour assurer la nationalité duement italienne du futur Pape ; et ils crucifieraient volontiers le Sauveur une seconde fois, plutôt que de renoncer à cet inqualifiable préjugé !

Nous sommes loin de l'époque où un Grégoire XI ne savait même pas parler la langue de Dante ! S'il était jamais un conclave assez hardi pour nommer un Pape français ou anglais, on verrait naitre immédiatement le soulèvement, la révolution, le schisme des catholiques italiens pour une question de nationalité, et l'on entendrait l'énorme protestation contre l'étranger et l'intrus !

Et c'est ainsi que nous avons laissé adultérer, sophistiquer la pensée du Maitre ; que nous avons enchainé à d'absurdes conventions humaines, son Eglise libre, son Eglise antinationale, son Eglise ouverte à tous ceux qui l'aiment et qui le suivent !

Récemment enfin, les évêques anglais et américains se sont groupés secrètement dans le but de soustraire à l'Italie le monopole de la papauté. Mais l'idée qui les dirige est encore une idée patriotique. Ils se soucient peu de restaurer l'universalité de jadis, c'est-à-dire la possibilité de choisir un Pape parmi toutes les nations du monde ; leur désir exclusif est de remplacer la suprématie italienne par la suprématie de la race anglo-saxonne.

Ce n'est donc qu'un nationalisme opposé à un autre nationalisme, et non un geste désintéressé et pur, en vue d'une formule d'avenir. Un écrit publié à l'instigation de l'épiscopat américain : *Vers les Saxons,* résume cette théorie, inférieure à la nôtre, et à laquelle nous ne saurions souscrire. Nous plaçons plus haut les principes régénérateurs de la civilisation chrétienne. Attendre d'une race, qui amoindrira les autres races, le salut universel, ce n'est pas être affranchi du préjugé national ; c'est conserver le germe malfaisant de luttes possibles, de violences et de guerres. Il n'y a pas de race élue ; et nous attendons ce salut de toutes les individualités supérieures réparties en tous les pays du monde ; nous l'attendons de la diffusion de la pensée pure à travers l'univers entier.

On peut donc dire, avec beaucoup d'exactitude, qu'il n'existe plus de catholiques, mais des particularistes, tous patriotes et plus fermement attachés à leur pays qu'à la chrétienté, plus dévoués au principe de la frontière qu'à la théorie généreuse et magnifique ment humaine de l'internationalisme, destructeurs eux-mêmes de l'édifice merveilleux du catholicisme, que les premiers chrétiens avaient construit au prix du sang de leurs martyrs.

Il semble que, depuis plusieurs siècles, incapables de garder cette idée catholique dans son intégrité, ils se soient plu à la dénaturer, à la mixtionner de toutes les formules étrangères qui pouvaient l'amoindrir, la diminuer, la priver de liberté et l'entraver dans sa marche.

On a obligé l'Eglise à trainer des fardeaux temporels sous lesquels elle succombe, comme ces suppliciés d'autrefois auxquels on attachait un cadavre qui anéantissait bientôt leur vitalité. On a fait dégénérer en préceptes canoniques, des usages, des situations éphémères dont la conservation était inutile au royaume de Dieu, voire contraires à l'esprit du Christ.

Pendant longtemps en France, il fut presque dogmatique que l'autel était indissolublement lié au trône. La royauté était considérée comme une colonne sans laquelle l'édifice ecclésiastique ne pouvait subsister.

Il n'était pas admis qu'un Chrétien ne fût pas royaliste. Et comme il fallait, en révérant le trône, accepter quantité de choses antichrétiennes, c'est-à-dire l'énorme machine du pouvoir royal, avec la Cour, et l'Œil-de-Bœuf, et la courtisanerie et l'outrecuidance des grands, et le scepticisme voltairien d'un régime à falbalas, et l'insolence de monarques qui avilissaient le trône et, depuis Charles VII, donnaient publiquement à leurs sujets l'exemple de l'adultère en leur défendant de les imiter, l'Eglise, immobilisée, au lieu de saper vigoureusement dans ces ruines, tentait l'impossible en cherchant à accorder l'Evangile avec les souvenirs d'un régime caduc, absolument contraire à l'Evangile.

Plus d'un demi-siècle a été nécessaire pour que l'on comprit enfin que le Christ, qui existait *in principio*, comme le dit saint Jean, pouvait aisément survivre aux Bourbons ; et que la présence de cette famille n'était pas indispensable pour perpétuer l'œuvre des Apôtres.

Mais comme il est dit que nous ne pouvons obtenir un catholicisme intégral et pur, les Chrétiens, débarrassés de cette lèpre, ont versé aussitôt dans l'ornière nationaliste ; ils ont enveloppé le calice de la transsubstantiation dans les plis du drapeau tricolore, et placé en sautoir la croix processionnelle et le fusil ; ils ont uni la religion patriotique à la religion du Christ,. plus énergiquement que dans les siècles écoulés.

Aimer l'armée, vénérer les officiers, porter l'uniforme avec joie, haïr l'étranger et voter aux élections, tel est le devoir qu'ils se sont tracé et qui a remplacé pour eux l'ancien attachement aux Bourbons ; et ils ont renoncé à cette attitude superbe par laquelle se caractérisaient leurs ancêtres des Catacombes, et qui consistait à attendre, imperturbables dans la méditation et le mépris des contingences nationales, le martyre !

Le chrétien n'a pas, ne doit pas avoir d'opinion politique. Il n'est ni royaliste, ni républicain, ni anarchiste ; il est simplement catholique. Il ne connaît que les lois et la hiérarchie du Christ ; les autres n'existent pas.

Ce sont les nations qui ont tué l'Eglise, tandis que l'Eglise avait pour mission de tuer l'esprit national. Elle devait montrer au monde qu'elle peut vivre sans rois, sans ministères, sans gouvernement civil.

Les Catholiques ont travaillé à édifier la puissance de la Patrie contre leur Eglise ; aujourd'hui c'est la Patrie qui les opprime et leur refuse le droit de s'associer librement ; et ils ne savent pas discerner que cette persécution, dont ils se plaignent, est leur œuvre ; elle est la manifestation de la force ennemie qu'ils ont contribué à former, et qu'ils veulent aimer malgré tout. L'idée de Patrie a remplacé partout l'idée religieuse ; et n'est-il pas extraordinaire de voir les catholiques, tenus en laisse par la Patrie, tondus par la République, obligés au renoncement même du Christ, les catholiques émasculés, dévirilisés, s'incliner devant le drapeau, emblême de tout ce qui les opprime, et s'exclamer quand même, inconsciemment : « Vive la Patrie ! »

Il n'est aucune nation au monde qui puisse valablement se prétendre supérieure aux autres ; et cependant nulle n'est exempte de ce défaut sur lequel est basé le patriotisme. Les Romains se croyaient les premiers des hommes; les Juifs également, ainsi que les Egyptiens, les Khaldéens et les Grecs. De nos jours, chacune des patries européennes se place à la tête des autres.

Il n'y a pas lieu d'être surpris que toute une élite intellectuelle refuse d'adopter une théorie aussi faible. La lumière philosophique, le génie, la loyauté, la délicatesse de pensée et de sentiment sont répartis par toute la terre. De même la canaille est de tous les pays. Il en est dans ma nation, dans ma ville, dans ma rue. Se parer du titre de sa nationalité n'a donc rien de particulièrement honorable puisque le criminel peut le revendiquer avec autant de droit que l'homme d'élite. Je préfère le saint, demeurant au delà de la frontière, au voyou né dans mon pays; et ce n'est pas le titre de concitoyen qui peut me faire un devoir d'aimer et de défendre un homme, tandis que le titre d'étranger m'obligerait à le haïr, quelles que soient ses vertus. L'habitant inconnu de Pont-à-Mousson m'intéresse autant ou aussi peu que l'habitant également inconnu de Posen ou de Quito.

Haïr l'étranger parce qu'il est étranger, parce qu'il a pris naissance à telle distance de telle ville ou de telle autre, et attacher une idée de gloire à l'action de le tuer, est un préjugé, une aberration dont nous devons libérer le monde.

En supposant même qu'une nation possède temporairement quelque supériorité, celle-ci devrait, dans l'esprit d'un vrai Catholique, s'annihiler. S'enorgueillir du lieu qu'on habite est une faiblesse indigne d'une âme chrétienne. Quel mépris ne concevrions-nous pas pour les successeurs des Apôtres, si nous lisions dans les écrits des Pères, que les Chrétiens d'Antioche appelaient les Chrétiens d'Hippone : l'ennemi; et que ceux de Laodicée se croyaient les premiers des Chrétiens parce qu'ils étaient de Laodicée; et que chaque ville se prétendait plus spécialement protégée par le Christ?

Nous ne pourrions comprendre de tels préjugés et nous ne voudrions pas recevoir une doctrine religieuse léguée par de pareils hommes. Cependant ces préjugés sont les nôtres; et c'est le triste spectacle d'un catholicisme diminué, morcelé, fragmenté en fractions ennemies, que nous offrirons à la postérité indignée.

V

Dieu et Patrie! Il est inconcevable que les catholiques aient osé accoler un vocable quelconque au nom de la Divinité, après en avoir élevé l'idée à un degré inouï d'abstraction métaphysique et spéculative, et de sérénité philosophique.

Dieu n'est plus, ainsi que le définissaient les premiers Pères de l'Eglise Grecque, la grande force cosmique, l'énergie primordiale, source de vitalité universelle, génitrice des choses; mais, avec saint Anselme, saint Thomas, Duns Scot et tous les scholastiques du Moyen-Age, l'Etre pur en son essence, l'Etre des êtres, l'Etre synthétisant toutes les qualités possibles, Somme de perfection, Unité, Absolu. C'est l'Etre impérissable, tandis que toutes choses sont périssables, l'Etre vrai, tandis que tout est erreur, sophistication et mensonge, l'Etre bon, tandis que toutes choses sont mauvaises, l'Etre un, stable, immuable et sans limite, tandis que toutes choses sont multiples, instables, changeantes et limitées.

Et, de plus, Dieu devient, pour la créature, la source de lumière intellectuelle, le but de l'appétence inextinguible de son âme, le souverain bien, le repos éternel, l'océan des immortelles béatitudes, de la gloire et des félicités sans fin.

En lui se place toute confiance; vers lui convergent toutes les aspirations humaines. Pour le Chrétien, Dieu est tout; et tout ce qui n'est pas Dieu n'existe pas. Quiconque chemine avec Dieu en son cœur ne craint point les hommes. S'absorber en Dieu en se détachant des choses terrestres; se complaire en sa délectation, en sa contemplation, tel est l'idéal que propose l'Eglise en ses enseignements, et qu'elle nous montre réalisé par les grands mystiques de toutes les époques, par la phalange des bienheureux qu'elle a élevés sur ses autels et qu'elle désigne à notre vénération.

Dans les langues sémitiques, le nom qui exprimait la Divinité dans sa manifestation la plus élevée était si saint, qu'on ne le prononçait même pas. Comment donc un autre nom eût-il pu entrer en rivalité avec celui de l'Unique nécessaire? Et cependant les Chrétiens, qui semblent n'avoir plus conscience de la doctrine qu'ils enseignent, en ont trouvé un qu'ils jugent digne de cet honneur; et c'est celui qui exprime ce qu'il y a de plus éphémère, de plus factice et de plus conventionnel au monde : *la Patrie!*

Qu'est-ce que la Patrie? Il est impossible d'en donner une définition satisfaisante!

Qu'est-ce qui constitue une Nation ? On ne saurait le préciser.

Ce n'est point l'unité de race, car la nation française, entre autres, se compose au moins de cinq éléments ethniques. Les quelques malfaiteurs et brigands échappés de la guerre de Troie, qui se groupèrent pour fonder la nation romaine, n'appartenaient pas non plus à la même race.

Ce n'est point encore l'unité de langage, car la Suisse qui parle trois langues aussi mal l'une que l'autre sans en posséder une, ne forme cependant qu'une seule nation.

Ce n'est pas l'unité de mœurs, car il y a plus d'analogie entre Lille et Bruxelles, quoique de pays actuellement différents, qu'entre Lille et Marseille, soumis au même gouvernement; ni l'unité de climat, car nombre de pays fort étendus présentent, sous ce rapport, le plus grand hétéroclitisme.

Qu'est-ce donc alors? Rien: sinon une limite établie là où il n'y en avait pas à établir, une frontière arbitraire, variable, qui a changé plusieurs fois depuis le Christ, et qui changera encore sans qu'on sache exactement pourquoi, et quel avantage les hommes en peuvent retirer.

Ces fluctuations mêmes nous révèlent le néant du système nationaliste; et nous avons mieux à faire que de sacrifier notre vie et celle d'autrui pour ce qui est vérité aujourd'hui, et ne le sera peut-être plus dans vingt ans.

A la naissance du Sauveur, la Gaule nous apparait comme une colonie romaine. L'acte par lequel elle fut conquise était aussi légitime ou illégitime, que celui par suite duquel la France possède actuellement l'Algérie, et l'Angleterre : les Indes.

Pour les habitants de Lutèce, la patrie était donc alors la métropole: Rome.

Au ve siècle, les Francs s'établissent en Gaule. Remarquons que sainte Geneviève, chrétienne gauloise, peut-être romaine, excita de toutes ses forces les habitants de Lutèce à repousser ces nouveaux conquérants.

Le Christ, qui *aime les Francs*, aimait-il aussi sainte Geneviève, qui combattait ses futurs amis? Question délicate, mais qui n'embarrasse nullement les fauteurs du patriotisme qui, tout en s'enorgueillissant de descendre des Francs, applaudissent en même temps au geste de celle qui les repoussa.

Sous les premiers et problématiques Mérovingiens, la France est imaginaire et se centralise à Tournai. Waramund, le Pharamond des chroniques, Hlodion-le-Chevelu, ni même Merowig, ne vinrent jamais à Lutèce, et ne dominèrent que sur quelques tribus campées dans les Pays-Bas, le Hainaut et le Brabant actuels. Sous leurs successeurs, la nation, qualifiée de royaume, comprend la moitié de la France actuelle et le tiers de l'Allemagne. Les citoyens de Gand, Mayence, Cologne et Augsbourg sont alors français;

par contre, ceux de Bordeaux et de Toulouse sont Wisigoths.

Après la période compliquée des royaumes d'Aquitaine, de Neustrie, d'Austrasie et de Bourgogne, pendant laquelle les historiens les plus patriotes avouent ne pas savoir exactement où est la France, l'Empire de Charlemagne réunit sous le même joug le tiers de l'Espagne, la moitié de l'Italie, la totalité de la France et la presque totalité de l'Allemagne actuelle. Un citoyen de Pampelune devait tendre la main à un citoyen de Tours, de Paris, de Strasbourg, d'Aix-la-Chapelle et de Rome; et cet empereur qu'on appelle grand Français fut en même temps un grand Allemand, deux choses que l'on prétend aujourd'hui incompatibles.

Au XIIe siècle, changement profond. L'Empire est morcelé depuis longtemps.

Le citoyen de Mayence peut, à son aise, haïr le citoyen d'Angoulême; aucun lien n'existe plus entre eux. Avignon, Besançon et Marseille ne font plus partie de la France; et pour le bon patriote bourguignon, Paris c'est l'ennemi.

Sous Philippe VI, Perpignan et Namur sont à l'étranger. Sous Louis XI, Perpignan est en France et Namur également, par fief. Sous la Renaissance, Perpignan n'est plus français, et Besançon se manifeste espagnol. Trévoux n'est pas français sous François Ier; il l'est sous Henri IV.

Au XVIIIe siècle la Savoie n'est pas française, et Bruxelles fait partie des Pays-Bas.

Sous Bonaparte, voici que la France compte 130 départements, dans lesquels se trouvent Hambourg, Trèves, Milan et Rome. Le bourgeois de Bruxelles devient français et ne saurait, sans faillir au patriotisme, se croire flamand.

Mais ceci est de courte durée et bientôt la France est réduite à 89 départements, puis à 86 en 1870. Pendant longtemps on se promit bien de reconquérir à tout prix ces trois derniers; puis on y renonça heureusement, ce qui a épargné des désastres et des vies humaines.

Et voici la solidité, la stabilité de ce qu'on appelle la Patrie, de cette formule inexistante qu'on veut nous faire adorer, vénérer, respecter à l'égal de Dieu, et pour laquelle on s'efforce de créer une religion, un culte plus intolérant, plus sanguinaire que celui de tous les Molochs monstrueux auxquels les Sémites sacrifiaient leur vitalité!

Toutes ces modifications, tous ces changements par suite desquels une ville se trouve rejetée d'une patrie dans une autre, et les citoyens d'un pays se réveillent un jour citoyens du pays voisin, tout ceci ne serait-il pas quelque chose d'outrageusement grotesque, une farce interminable et de goût douteux, si l'on ne réfléchissait pas que tout ceci coûte du sang, que tout ceci est sinistre, cruel, sauvage, barbare, criminel, antichrétien et antidivin?

Voilà donc ce à quoi les hommes ont employé leurs forces vives depuis l'origine du monde; voilà le beau résultat auquel ils sont parvenus: *des dilatations, puis des compressions successives de territoires !*

Voilà ce qu'il nous faut admirer, voilà ce à quoi nous devons obligatoirement participer!

La Pologne, pendant dix siècles, a sacrifié des millions d'hommes, versé des ruisseaux de sang pour se voir finalement effacée de la carte de l'Europe. Une teile conclusion valait-elle l'effort?

Et l'on nous place de force, à nous Chrétiens, une arme sur l'épaule, pour aller reculer une frontière qu'on rapprochera demain, puis qu'on reculera encore pour la rapprocher de nouveau! et nous demeurerions convaincus que c'est intelligent et nécessaire! et nous ne protesterions pas en criant que c'est insensé et inique?

Victor Hugo disait, en inaugurant le monument de Ledru-Rollin: « Il y a en ce moment une bonne façon d'être patriote; c'est, pour un Italien d'aimer la France, et pour un Français d'aimer l'Italie! » Parole asinale! Pourquoi en ce moment et non demain? Que penser d'un sentiment qu'on nous représente comme le plus beau et le plus noble, un sentiment qu'on veut nous imposer de force lorsqu'il n'est pas en notre cœur, et qui est sujet à tant de variations bizarres? Il faut parfois aimer l'Italie; parfois ne la plus aimer! Nous nous refusons à comprendre.

L'idée de Patrie! Mais elle n'existe pas. C'est au contraire l'absence de toute *idée* philosophique et morale; c'est le néant pur.

Les frontières des divers Etats n'expriment même pas la délimitation des races et ne l'ont jamais exprimée; ces barrières factices et vexatoires ne sont que le signe de la cruauté et de l'ambition de certains monarques qui ont grandi au détriment d'autres, moins heureux, qu'ils ont fait disparaître. Hérodote se demandait pourquoi le Nil, en Egypte, et le Phase, en Colchide, étaient considérés comme des frontières, puisque la terre est une?

Les hommes qui appartiennent à une religion, à une école de philosophie, à une société intellectuelle ou moralisatrice, sont réunis *autour d'une pensée*, d'une théorie, d'une doctrine, d'un enseignement, d'un but à atteindre. Une nation est aussi un groupe d'individus; mais réunis autour de quoi? Quelle est la *pensée* qui les guide et préside à leurs actes? Quel est le point commun vers lequel ils gravitent, la formule qui unifie leurs caractères et leurs âmes?

C'est un groupement autour d'une dynastie, souvent méprisable, qui opprime ou exploite ses sujets; ou autour d'un gouvernement que chacun s'efforce de renverser; ou autour de lois caduques auxquelles on s'empresse, si l'on peut, de ne pas obéir. Mais il n'y a pas là d'*idée* véritable; il n'y a qu'un préjugé et qu'une formule d'égoïsme et d'orgueil injustifié.

Quelques occultistes, comme Trithème, n'ont pas craint de recourir, pour légitimer l'idée de Patrie, à l'hypothèse d'entités invisibles, de puissances, de génies, de « causes secondes » veillant sur chaque nation et présidant à sa destinée : et les guerres seraient le signe visible des luttes de ces diverses puissances, et dégageraient la responsabilité humaine. Mais ils oublient que la division actuelle de la terre est toute arbitraire, illogique, antiharmonique et nullement nécessaire ; et que si les reflets que nous recevons du plan astral attestent de l'absurde, il y a indice évident que celui-ci est dans un état d'obscurcissement que nous ne devons pas accepter, mais contre lequel il nous faut, au contraire, réagir. En supposant donc l'existence de tels démiurges nationaux, il y aurait donc évidence, s'ils *luttent* et *combattent*, qu'ils sont de nature pernicieuse, et que notre devoir nous interdit de pactiser avec eux.

Le patriotisme est, d'ailleurs, essentiellement partial. Les Français reprochent volontiers à un czar d'avoir conquis la Pologne ; aux rois d'Espagne d'avoir voulu ajouter le Portugal à leurs Etats ; mais ils louent les rois de France qui ont réuni à leur couronne des provinces et royaumes autrefois autonomes. Ils ont flétri l'odieuse campagne de l'Angleterre contre les Boers sans se souvenir qu'ils venaient d'opprimer les Malgaches de façon identique et pareillement injuste.

Les patries ne furent, dans l'origine, que les souverains eux-mêmes, la royauté, qu'une extension du droit de propriété, et les chefs franks que des aventuriers possédant des armes, des chevaux et des serviteurs de guerre. En traçant sur le sol la limite de leur campement et en s'adjugeant, en colonisateurs, ce territoire, ils n'agissaient, en réalité, ni de droit divin, ni d'après aucun prétendu pouvoir royal; ils ne devevenaient que simples propriétaires. Mais plus tard, sous l'influence de leur vanité et avec l'aide des armes, du geste brutal, et de l'argument imbécile de la force, cette propriété se mua en royaume; les serviteurs et les hommes d'armes se transformèrent en vassaux et en nobles. On ne s'inclina alors devant ces puissants, on ne leur accorda le titre de rois qu'ils revendiquaient, on ne leur parla qu'en pliant le genou, que parce qu'on n'avait pu ni osé les abattre.

Lorsque Clovis, nouveau converti et ami du Christ, fit assassiner tous les autres rois des petites tribus frankes: Ragnacaire à Cambrai, Regnomer, chef des Cénomans, Hhavaric, chef des Morins à Thérouanne, Sigebert et son fils, chefs des Francs Ripuaires à Cologne, afin de rester, lui, seul roi des Francs, il fonda ainsi la Patrie. Ce fut l'*idée* sur laquelle il édifia ce colosse qui, aujourd'hui, nous écrase et nous opprime. Louis XIV s'en souvenait fort bien lorsqu'il disait: « *L'Etat c'est moi!* » Il rappelait ainsi l'acte arbitraire, cruel et antichrétien, et la prétention des obscurs premiers rois Francs auxquels il devait sa royauté.

Au XVIIe siècle, les Jésuites, opposés à cette prétention, étaient les seuls catholiques véritables, les seuls universalistes, nettement antipatriotes et antigallicans, puisqu'ils refusèrent de signer en Parlement, le 16 mars 1626, le fameux article que tout le clergé avait adopté : « Que le Roy ne tient son Estat que de Dieu et de son épée. »

Cet article était le triomphe du nationalisme et du militarisme, et la négation de la société une et catholique que l'Eglise avait voulu établir sur toute la terre. C'était aussi la théorie que Dante avait essayé assez maladroitement de soutenir, dans son livre *De Monarchia.*

Le roi se prétendant en rapport direct avec Dieu, tout chrétien devait obéissance au roi, et non à l'Eglise. C'était la réalisation anticipée du programme tracé plus tard par l'Abbé Grégoire : « Soyez citoyens avant d'être catholiques. »

Les Jésuites le comprirent fort bien ; et leur refus d'adhérer à une absurdité a été la source de cette haine violente avec laquelle on les a poursuivis et persécutés jusqu'à nos jours, de ces accusations noires portées contre eux afin de déverser l'infamie sur leur nom, de le rendre odieux, et d'en faire un synonyme de basse injure.

Les partisans du patriotisme avaient gagné, on le voit, un terrain immense depuis le XIIIe siècle ; et ils ne pardonnèrent jamais à cette congrégation de s'être dressée comme un dernier obstacle devant eux, pour

Nous constatons cependant avec regret que les Jésuites ont, depuis, oublié eux-mêmes la mission que leur avait confiée leur fondateur; qu'ils sont devenus, au XIXe siècle, patriotes comme tant d'autres et se sont appliqués, en formant leurs disciples, à donner à l'Europe ses meilleurs soldats et ses plus ardents nationalistes !

C'est toujours aux époques de décadence que se manifeste cette hypertrophie du sentiment patriotique, lorsque les peuples ne croient plus à leurs dieux, à leurs mystères, à leurs prophéties; lorsqu'ils ont perdu le sens des légendes ancestrales; lorsqu'ils se rient du ciel et que la voix des initiés se perd dans le bruit des négations.

Les nationalistes qui ont dépouillé les textes du Moyen-Age ont constaté que l'idée de Patrie n'apparaît pour la première fois dans la langue française, que dans le poète Le Maire de Belges. C'est bien à l'aube du XVIe siècle, lorsque l'ère des grandes cathédrales est définitivement close, et que le scepticisme et le matérialisme modernes s'annoncent, que la foi patriotique remplace peu à peu dans les âmes, la foi religieuse, vacillante.

De même, chez les Romains, à l'époque blasée et corrompue de Néron, le poète Lucain, dans sa Pharsale n'ose plus mettre en scène, comme Virgile, les anciens dieux homériques devenus surannés; mais ce qu'il fait apparaître devant César prêt à passer le

Rubicon, c'est le *spectre de la* PATRIE *éplorée : Patriæ trepidantis imago!*

Dans ce trait, auquel les universitaires ont tant applaudi, se trouve inauguré un surnaturel d'un genre nouveau, plus acceptable par le bourgeoisisme incrédule, mais déclamatoire, faux et parfaitement ridicule, et donnant libre carrière à l'enflure et à la boursouflure du style, au trémolo littéraire si chers au chauvinisme.

L'idée patriotique vient toujours supplanter l'idée religieuse lorsque celle-ci s'affaiblit, et présente toujours les caractères d'une parodie cultuelle intransigeante et inexorable, qui emprunte aux croyances passées leur vocabulaire, leur phraséologie et leurs formules.

C'est alors que se développe cette religion du drapeau avec ses rites multiples d'un fétichisme puéril; c'est l'emblème national, porté processionnellement au milieu du régiment comme un ostensoir avec rebondissements de grosse caisse, et présenté comme une idole à l'adoration des foules hébétées; ce sont les anniversaires des victoires, célébrés sur l'emplacement des champs de batailles, qui se dénomment chez les militaristes : *pèlerinages patriotiques;* c'est le salut, lorsque passe dans la rue le signe du sang répandu et à répandre, rendu obligatoire pour tous, même pour ceux qui n'ont pas la foi nationaliste; c'est la dévotion émue des officiers qu'on a vus réclamer le drapeau à leur lit de mort, et l'embrasser comme les Chrétiens embrassent le Crucifix.

Et c'est ainsi que des hommes qui se glorifient de s'être vigoureusement dégagés de la servitude religieuse, qui se prétendent libres parce qu'ils ne saluent plus la Croix ni l'Hostie et se révolteraient à l'idée d'y être contraints. se sont transformés en inquisiteurs de la religion patriotique, se sont attachés à des cérémonies visiblement calquées sur des religions abhorrées, et ont voulu en imposer le respect à ceux qui ne partagent pas leur préjugé, et qui ont placé plus haut leur idéal philosophique et social.

C'est l'idée de Patrie qui a produit cette déchristianisation de l'Europe que déplorent les Catholiques. C'est cette adoration du drapeau, ce fanatisme de l'uniforme et de la guerre qui, revêtu de toutes les apparences d'une religion, a tué l'idée catholique. Etre citoyen c'est trahir le Christ. Une telle rivalité suscitée à Jésus par ses disciples eux-mêmes, devait fatalement aboutir à la ruine de l'Eglise.

Aussi est-il douloureux de trouver les Catholiques égarés en ces ténèbres, et de les voir, eux en qui le Christ a effacé le stigmate du terroir et auxquels il a légué la vérité éternelle, devenir les apôtres de cette religion moderne qui parodie la leur et la supplante peu à peu, et s'attacher à cette inévitable compagne de toutes les décadences intellectuelles : l'idée de Patrie!

Quiconque est patriote ne peut l'être qu'aveuglément, contre toute espèce de raisonnement, de réflexion et de logique; sinon il comprendrait de suite qu'il existe, au delà des frontières, des hommes valant ceux de toute autre nation et ralliés aux mêmes croyances. Alors pourquoi les haïr et les combattre?

Le prêtre qui hait l'étranger hait aussi le prêtre étranger. Comment peut-il expliquer alors la Charité chrétienne? N'est-ce pas indigne d'insulter un homme parce que son visage et son parler présentent les caractères d'une autre race? Et ne devons-nous pas combattre ce préjugé populaire par lequel on croit offenser un individu, en lui jetant à la face le nom de sa nation comme une injure?

« Est-il donc si glorieux d'être né Athénien, disait Pétrarque, qu'il ne puisse être d'une égale gloire d'être né ailleurs ? »

C'est encore un préjugé d'attribuer au sol de la nation une sorte de vertu magique. On comprend l'attachement au lieu natal; au village où se sont écoulées les années d'enfance, où l'on a laissé des parents, des amis, où reposent pour l'éternité des êtres chers et bien-aimés; à la ville à laquelle on est lié par d'inoubliables souvenirs.

Mais étendre le prestige du sol natal à une distance de quelques milliers de kilomètres; prétendre qu'un Normand doit se trouver heureux à Menton parce que c'est encore la France, et malheureux à Vintimille parce que ce n'est plus la Patrie, est-ce là une conception philosophique bien sérieuse ?

Nous n'avons jamais éprouvé, comme les disciples de M. Déroulède, cette sensation d'ineffable bonheur qu'ils disent avoir ressentie en rentrant en France, chaque fois qu'ils ont franchi la frontière et revu pour la première fois la Patrie, sous la forme insolente et désobligeante du douanier national.

« *Patria tua est ubicumque vixeris bene* », dit une sentence de Publius Syrus. S'il me fallait choisir un lieu d'exil, je préférerais Florence ou Oxford, quoique à l'étranger, à Châteauroux ou Figeac en France, parce que je trouverais, en des villes savantes, les ressources intellectuelles, les trésors artistiques, les amis éclairés nécessaires à ma vie, et que ces avantages compenseraient largement, pour moi, le plaisir platonique et discutable de fouler le sol de la patrie dans une ville nulle, dans un lieu ingrat et deshérité.

La Patrie serait peut-être estimable si elle nourrissait ses enfants, si elle leur épargnait les heures douloureuses, si elle leur garantissait au moins la vie en son sein ; mais elle apparaît, le plus souvent, [illegible]se et marâtre ; elle offre le spectacle fréquent de l'étranger venant s'y enrichir de spéculations et d'accaparement et pontifier avec outrecuidance, en exploitant l'indigène qui traîne une vie misérable, et végète. Une patrie dans laquelle le citoyen n'est pas à l'abri de la main malpropre de l'huissier qui peut le jeter à tout instant dans la rue, faute de quelques pièces d'or que la chance lui a refusées, une telle patrie doit être, en conscience, haïe, maudite et contemnée ; elle n'a pas le droit de faire usage d'un nom qui semble impliquer — *Vaterland*, comme disent les Allemands, — une idée de paternité et de protection tutélaire, tandis qu'il ne sert qu'à dissimuler, en réalité, l'odieux système de la tyrannie métallique.

L'homme qui s'écrie, en frappant du pied le sol de sa patrie comme un conquérant : « Je suis ici chez moi ! », se trompe grossièrement. Avec de l'or, il peut être chez lui dans tous les pays. L'Univers entier est disposé à l'accueillir si la fortune lui sourit.

Mais s'il est misérable, il s'aperçoit bien vite que sa patrie se soucie peu de lui et se tient prête à réprimer énergiquement les tentatives par lesquelles ils chercherait à donner une réalité au rêve du « chez moi » patriotique. Le propriétaire français expulse avec enthousiasme le Français qui ne le paye pas, et conserve allègrement l'étranger qui le paye. La fraternité patriotique est donc illusoire.

Loin de moi la pensée de réprouver cette lente compénétration des races, ce cosmopolitisme grandissant auquel nous devons, au contraire, applaudir, car il est le prélude de l'unitéisme final. Il y eut un roi d'Arcadie, Lycaon, qui faisait mettre à mort tous les étrangers qui passaient sur ses Etats, comme Sparte bannissait tous ceux qui n'étaient pas du pays ; de telles coutumes méritent une honte éternelle. Mais il est évident que le patriotisme n'est qu'un odieux mensonge bourgeois, une hypocrisie que démentent tous rappeler la doctrine internationaliste des premiers Chrétiens.

Tel fut, en effet, le but réel que poursuivait cette Société, et son fameux secret dont on a tant parlé sans l'avoir jamais nettement défini.

La Société de Jésus fut instituée pour restaurer, comme son nom l'indique, le royaume intégral de Jésus suivant la doctrine de la primitive Eglise, par l'affaiblissement de l'idée de Patrie, et l'union entre tous les Chrétiens. Elle fut, du XVIe au XVIIIe siècle, une vaste conspiration antinationale, s'efforçant de rétablir un idéal que tous les hommes avaient oublié, et qui échoua enfin contre le chauvinisme révolutionnaire.

On sait que saint Ignace de Loyola, qui avait accueilli parmi ses compagnons le célèbre Guillaume Postel, dont les idées étaient également favorables à un nouvel avènement philosophique du Messie, le chassa dès qu'il le vit entaché de patriotisme, et imbu de la supériorité de la Gaule sur tous les pays du monde.

En France, les Jésuites, sauf le P. de la Chaise, furent nettement opposés au pouvoir royal qui représentait l'Etat, la Patrie. Lorsque Stéphane Batory les introduisit en Pologne, ils essayèrent immédiatement de faire triompher la pensée catholique et internationale, sur l'idée restreinte de Patrie qui coûta à ce pays d'inutiles ruisseaux de sang.

les actes de la vie courante, un sentiment que l'on proclame, que l'on crie, que l'on chante dans la rue, sous les plis du drapeau, dans les banquets politiques, entre deux beuveries populaires, mais que l'on se garde bien de mettre pécuniairement en pratique.

« La Patrie, c'est le Ciel ! » disait Anaxagoras.

Pour le chrétien, la Patrie est là partout où est l'Eglise ; et toute parcelle de vitalité et d'énergie donnée à la Patrie est dérobée à la cause universelle. Le grand épisode apostolique de la Pentecôte est assez explicite au point de vue de l'internationalisme de l'Eglise.

Lorsque les catholiques auront le courage de s'écrier de nouveau avec énergie : « Les patries, les nations ne sont rien mais le Maître est tout! », l'Univers leur appartiendra.

Tout catholique qui, politiquement, n'est pas un antipatriote, un sans-patrie, n'est pas un vrai catholique puisqu'il a perdu la signification totalisatrice de ce mot. La seule Patrie possible, c'est le sein de la Divinité, le royaume de Jésus-Christ, l'assemblée des Martyrs, des Confesseurs et des Vierges ; c'est la Jérusalem céleste, l'Absolu.

C'est retarder le triomphe définitif du Christ que de vouloir essayer de « sauver la France ». L'Eglise, qui existait cinq siècles avant elle, subsistera longtemps après elle, et après toutes les nationalités et gouvernements européens dont elle n'a nul besoin.

La culture du sentiment patriotique, en représentant à l'individu que son pays est le centre du monde, en le lui faisant connaître et aimer à l'exclusion de tout autre, lui fausse la notion exacte de l'Univers, lui cache les migrations des tendances civilisatrices, et l'accroissement des populations d'avenir.

Des agglomérations importantes se forment au loin sans qu'il en ait conscience ; le rôle que certaines races sont appelées à jouer lui échappe. Il perd la vision claire des temps futurs et s'illusionne sur la valeur de son pays ; et ce défaut devient particulièrement redoutable chez les Catholiques qui doivent voir ethniquement juste, afin de sauver leur Eglise en faisant bon marché des patries, des gouvernements, des frontières, des dynasties et des couronnes.

Les foyers d'activité du catholicisme, ses points climatériques se sont déplacés, parfois lentement, parfois avec des commotions violentes, sans inconvénients appréciables pour la vitalité générale de l'Eglise.

Chaque fois qu'une contrée, après avoir chanté la gloire du Christ, l'a rejeté, d'autres peuples, nouveaux convertis, se sont levés à l'opposite pour recueillir la tradition abandonnée ; et la doctrine de Jésus circule ainsi à travers le monde, telle une vague continue dont rien ne saurait neutraliser le mouvement.

Byzance fut, aux premiers siècles, le boulevard de la chrétienté, la vraie *fille aînée* de l'Eglise. Lorsque les Gaules, encore à l'état sauvage et couvertes de forêts incultes, n'étaient qu'une colonie romaine préparée au Christ par une évangélisation laborieuse, Byzance resplendissait d'une gloire mystique incomparable, dans tous les raffinements d'une civilisation philosophique et subtile.

Pourtant elle sombra et l'Eglise resta debout. Le centre de la lumière intellectuelle s'était déplacé. La colonie romaine était devenue métropole à son tour ; et au XIIIe siècle, les Gaules, à leur apogée, lançaient dans les airs les voûtes des cathédrales, et écrivaient à la gloire du Christ une page inoubliable.

Actuellement les Gaules déclinent à leur tour, tandis que des contrées que nous considérons comme nos colonies, que nous opprimons sous notre administration et nos armes, seront les métropoles de demain.

Evangélisées actuellement, elles élèveront vers le Ciel l'hymne de louange lorsque nous croulerons comme Byzance a croulé ; elles deviendront le foyer de la civilisation chrétienne jusqu'à ce que d'autres races viennent les supplanter.

C'est la conséquence d'une loi d'évolution qui veut que toute société humaine, nouvellement formée, progresse, atteigne un point culminant, un apogée, puis décline et périclite.

L'Eglise ne peut échapper à cette loi que par son internationalisme, en se revivifiant sans cesse par des hommes nouveaux, en des pays nouveaux.

Lorsqu'une race, après avoir épuisé toute sa vitalité, après avoir déployé toute l'énergie dont elle était capable, tombe aux derniers degrés de la décadence et s'effondre, il est inutile de chercher à la sauver ni d'espérer lui voir recommencer une vie nouvelle. Ceci n'a pas de précédent dans l'histoire. Il faut, au contraire, sans s'attarder aux regrets superflus et aux efforts stériles, rejeter hardiment cette écorce vide, devenue inutile, et s'orienter vers les contrées d'avenir. Que nous importe que la Patrie périsse, puisque nous savons que l'Eglise est éternelle ?

Les Lascaris, les Gemisthus Plethon, les Théodore Gaza, les Georges de Trébizonde qui, fuyant en Italie, pleuraient sur Byzance des larmes de sang, étaient de mauvais chrétiens. Ils sacrifiaient le Sauveur à la vanité patriotique.

En voulant sauver les nations modernes, en voulant servir deux maitres, le Christ et la Patrie, les chrétiens perdront l'Eglise. Enseigner que la France est l'*âme du monde* et que sa chûte entraînerait la ruine de l'univers, est un préjugé aussi ridicule que celui d'Epicure, qui prétendait que, seuls, les Grecs pouvaient s'adonner à la philosophie.

Nous ne pouvons, sans danger, conserver une notion surannée que tous les esprits éclairés, doux, sensibles et humains, commencent à rejeter avec horreur.

Le patriotisme serait volontiers toléré s'il n'était qu'une forme bénigne de la vanité humaine, s'il ne consistait qu'à sonner des trompettes, agiter des drapeaux, se parer de rutilants uniformes et passer des revues. Le philosophe aurait pour lui un sourire d'indulgence et de bienveillante pitié s'il ne s'appuyait pas sur une chose terrible et féroce, impie et infâme, et qu'on veut rendre obligatoire ; une chose qui nous répugne et dont NOUS NE VOULONS PLUS : la Guerre !

VI

La Guerre !

Telle est la chose maudite que nous haïssons de toutes nos forces, parce qu'elle est la cause et le but principal du nationalisme. C'est l'idée de Patrie qui provoque la Guerre, et c'est sur la Guerre que s'appuye l'idée de Patrie.

Et lorsque nous attaquons cette idée de Patrie, que nul ne s'illusionne, ce ne sont pas les légendes nationales, ni les frontières, ni le système de division du monde en contrées et en provinces, ni la manie des uniformes, des galons et des grades que nous cherchons à détruire ; si ces vétilles suffisaient à amuser pacifiquement les hommes, nous leur en laisserions la possession tranquille et indiscutée. Non ; c'est le principe seul de la guerre, de l'assassinat en nombre, que nous voulons atteindre et ruiner définitivement.

La guerre est le plus redoutable fléau qui afflige l'humanité. Celle-ci était déjà désolée de plaies assez douloureuses, de cataclysmes, d'épidémies dont elle est irresponsable et auxquelles elle ne peut se soustraire; le calice de ses souffrances quotidiennes était suffisamment plein, sans qu'il parût nécessaire de le faire déborder davantage. Cependant elle a tenu à ajouter à ses propres maux ce fléau supplémentaire qui surpasse tous les autres en cruauté et en absurdité, et qu'il ne tiendrait qu'à elle de faire disparaître, car il est *son œuvre,* le fruit de sa volonté ou plutôt, comme nous le dirons plus loin, de la volonté de quelques-uns qui ont intérêt à provoquer ces luttes fratricides.

Pour tout homme libéré de préjugés, dont l'esprit est droit et la conscience saine, la guerre est le reliquat le plus odieux de la barbarie qui subsiste dans le monde.

Elle paraîtra aux générations futures, dont les yeux s'ouvriront enfin à la vérité, ce que nous paraît l'anthropophagie : une coutume hideuse, repoussante, heureusement abolie ou à peu près, et à l'existence de laquelle on a peine à croire.

La guerre est le triomphe du geste brutal, l'apothéose de la bestialité. C'est la gloire ! disaient les grognards de l'Empire. C'est la gloire! disent aussi MM. Déroulède et Maurice Barrès. Triste gloire! que nous ne songeons guère à leur disputer, et que nous sommes heureux et fier, personnellement, de ne pas connaître.

Aucun phénomène n'est aussi déconcertant, aussi inexplicable pour le penseur, le philosophe et le moraliste. Les hommes sont si enthousiasmés d'avoir créé la guerre, que, pour justifier son existence, pour la légitimer, la rendre admirable et respectable, ils n'ont pas hésité à renier les préceptes qu'ils enseignaient eux-mêmes, à désavouer la conviction intime de leur conscience et de leur cœur.

La plupart conservent heureusement une notion à peu près saine du respect de la vie, de la morale relative à l'homicide, et l'assassinat fait communément horreur.

Or voici qu'en présence de la guerre, une transformation subite s'accomplit dans toutes les consciences. Ce qui était un crime, commis individuellement, devient soudain une action d'éclat, glorieuse et méritoire, pourvu qu'elle ait lieu en *nombre* et sur un champ de bataille.

La notion de la justice qui devrait être rigoureusement impartiale, souverainement rigide, immuable, se transforme avec une facilité, une souplesse extraordinaire. On pleure d'amères larmes lorsqu'on apprend qu'un vaisseau a sombré, engloutissant des centaines de victimes; mais si nous exterminons au loin quelques milliers d'étrangers, la nouvelle en est accueillie avec allégresse.

L'homme s'accorde, pour ses crimes collectifs, l'indulgence la plus illimitée et la plus complète absolution, en attachant à ces crimes des idées factices de gloire, de valeur, d'héroïsme, en décorant, galonnant, chamarrant ceux qui les ont commis, et en les présentant à l'admiration publique. Et cette dépravation de la conscience collective est si complète, que les quelques voix qui ont osé protester se sont trouvées rapidement étouffées par la puissance de l'opinion contraire.

Depuis les origines de l'histoire, depuis les Pharaons jusqu'aux Aztèques, depuis les premières pages Védiques jusqu'à nos jours, on ne peut feuilleter les annales d'aucune époque sans trouver, à chaque ligne, ce mot épouvantable : la guerre.

On ne saurait exprimer le dégoût, la nausée de cette perpétuelle boucherie, de cette ignominie continue, de tout ce sang répandu pour d'ineptes causes, de ce carnage célébré avec ostentation comme la plus parfaite démonstration de la puissance virile!

On se prend à détester l'homme, à le maudire, à désirer vivre au fond des forêts, en misanthrope et en ermite, en doutant presque de l'éternelle Justice qui doit rétablir un jour l'équilibre de toutes choses.

La guerre, que l'on nous a appris à considérer comme la grande école de l'honneur, est, strictement, le déshonneur de l'humanité.

Une approximation du nombre de ses victimes, depuis les premiers âges du monde, est impossible à établir ; l'énormité de l'addition déconcerte. Un holocauste d'innombrables milliards d'hommes, de consciences et de volontés,a été immolé à l'idole insatiable de la Patrie, l'idole aux pieds d'argile qui reste aussi chancelante, aussi incertaine qu'autrefois ; et de nombreux milliards lui seront encore offerts aussi inutilement, avant que les hommes réfléchissent, et s'aperçoivent de leur phénoménale et criminelle niaiserie.

S'il est une œuvre de folie ténébreuse, une œuvre attestant une puissance malfaisante et un souffle mauvais se propageant aux extrémités du monde; s'il est une œuvre satanique, pour parler le langage ecclésiastique, c'est bien la guerre; et l'on se demande comment les Chrétiens, qui sont portés à voir l'influence diabolique partout, ne la voient pas dans la guerre, et peuvent, sans remords, y participer.

Toute l'antiquité classique qui, à tant d'égards, nous apparait admirable, fut pourtant continuellement souillée du sang des hommes ; nos pères furent décidément de sinistres bandits, qu'il serait temps enfin, de ne plus imiter. La fierté d'avoir beaucoup tué s'est affirmée, outrecuidante, avec un aplomb qui déconcerte ceux qui, à l'imitation du Sauveur, cherchent à jeter des semences de bien parmi les hommes.

A Sparte et en Crète, les lois et l'éducation tendaient uniquement à former des guerriers.

Chez les Perses, les Thraces, les Celtes et tous les barbares en général, les hommes qui s'adonnaient à la guerre étaient considérés comme les plus nobles de tous. C'est dans cette idée de *noblesse*, attachée à la guerre, qu'il faut uniquement chercher l'origine du pouvoir royal que détiennent, actuellement encore, tous les souverains de l'Europe, et que l'Eglise, par la plus honteuse des condescendances, a permis d'appeler un dioit *divin!*

A Carthage, on portait avec fierté autant d'anneaux au doigt qu'on avait fait de campagnes.

En Macédoine, un soldat qui n'avait pas tué d'ennemis portait un licou en guise de ceinture. Le Scythe qui n'avait pas tué au moins un ennemi ne devait pas boire à la coupe avec tous les convives.

Les Ibères plantaient sur la tombe des guerriers autant de tiges de fer qu'ils avaient tué d'ennemis ; et les Alains, autres barbares de Scythie, adoraient leur épée, symbole énergique du culte le plus blasphématoire qui ait existé, le culte de la mort, de la lame acérée, de l'objet qui tue!

Tacite rapporte que chez les Germains, l'excès du déshonneur était de laisser son bouclier ; on était exclu des sacrifices et de l'assemblée. Plusieurs s'étranglèrent pour ne pas survivre à ce déshonneur.

La guerre était officiellement enseignée dès l'enfance, de peur que cette précieuse coutume ne vint, sans doute, à disparaître.

D'après les lois des Crétois, mentionnées par Strabon, les enfants, dès le bas-âge, étaient divisés en chambrées, et l'on faisait battre ceux d'une chambrée contre les autres, afin de les habituer à la guerre.

Les habitants de Césarée se séparaient chaque année en deux camps et se lapidaient réciproquement pour s'exercer aux combats. Ce fut saint Augustin qui les débarrassa de cette coutume qui persista, comme on le voit, jusque dans les premiers siècles de l'Eglise.

Le plus pur, en ce genre, appartient aux Odryses, barbares du Pont-Euxin, qui étaient tellement portés à la férocité que lorsqu'ils manquaient d'ennemis, dit Ammien Marcellin, ils se déchiraient eux-mêmes le corps dans leurs festins.

Ce préjugé odieux, qui fait une obligation de haïr l'habitant du pays voisin et une gloire de le tuer, était partagé, en certaines nations, par les femmes. Chez les Sarmates et les peuples qui se trouvaient entre le Pont-Euxin, le Bosphore et le Tanaïs, les filles, dit Pomponius Méla, ne pouvaient se marier qu'après avoit tué un ennemi!

Chez les Auses, en Libye, tous les ans, suivant Hérodote, le jour de la fête de Pallas Athènè, les vierges se divisaient en deux camps et combattaient à coups de pierres et de bâtons.

La fureur sanguinaire s'emparait des mères elles-mêmes, qui étouffaient en leur cœur le sentiment le plus délicat de la nature.

« Elles étaient *heureuses*, s'écrie Ælien, quand leurs fils avaient été blessés par devant ! »

Comment qualifier cette avidité d'offrir le fruit de leur sein au monstre national ? Etait-ce vraiment la peine d'enfanter dans la douleur, d'engendrer, avec angoisse, de la vie, pour la sacrifier aussi joyeusement à la grande déesse de la mort, à la macabre et grimaçante idole de la Patrie?

Avec quel mépris Cornelius Nepos lance sa phrase célèbre : « *Matrem timidi flere non solere;* la mère d'un homme timide n'a pas coutume de verser des larmes ! »

Heureuse mère, cependant, dont le fils est un de ceux qui ont mérité l'approbation du Sauveur, et auxquels il promet formellement son royaume.

« Bienheureux ceux qui sont doux!... » O combien lumineuse est la parole du Maître ! Comme elle anéantit d'un trait formel le préjugé de la gloire militaire, et met en relief irrévocablement son infamie !

Comme elle écrase de sa splendeur cette théorie féroce d'Euripides dont l'orateur Lycurgues nous a conservé ce triste fragment : « Je ne puis souffrir ces femmes qui préfèrent la vie de leurs enfants à l'*honneur*, et qui aiment mieux les voir déshonorés que de les voir périr heureusement dans la mêlée... » Et il ajoute cette réflexion qu'on croirait empruntée au répertoire grotesque de Joseph Prud'homme : « *Nous ne mettons des enfants au monde que pour la défense de la Patrie !* »

Triste idéal qui se complaît dans la délectation du mal, s'applaudit des divisions humaines, et considère les guerres futures comme le but essentiel de toute génération. S'il fut celui de nos pères, dans la sérénité de notre philosophie, avec joie aujourd'hui, nous le renions.

L'Histoire Romaine débute par un épisode répugnant devant lequel s'ébroue l'Université radieuse : le fameux duel des Horaces et des Curiaces, histoire immorale et sauvage dont on a fait la première page des études classiques, pour déformer plus sûrement la conscience juvénile.

Ce père qui, apprenant que le dernier de ses fils s'est trouvé seul devant les trois Curiaces, préfère la chimère patriotique à la vie de son enfant, semble avoir abdiqué tout sentiment humain.

Que vouliez-vous qu'il fit contre trois ?
Qu'il mourût !

lui fait répondre Corneille. « A ce trait, la plume tombe des mains », s'écrie Voltaire en commentant. Oui, de dégoût ; et le suffrage du railleur de Ferney eût manqué, en effet, à ce trait emphatique, à peine digne d'un cannibale.

Et cet Horace lui-même, ce jeune vainqueur qui, rencontrant sa sœur, fiancée à l'un des Curiaces qu'il a tués, et, entendant le cri douloureusement humain qu'elle profère comme un reproche au nom de la raison, de la famille et de la vie, lui plonge son poignard dans la gorge et l'assassine, comment le qualifierons-nous ?

Nous cherchons une expression et nous ne trouvons pas d'épithète assez flétrissante dans aucune langue du monde.

« Et le crime fut effacé par la *gloire !* » délire imbécilement Florus : *Et facinus intra gloriam fuit !*

La gloire ! toujours la gloire, refrain absurde, abrutissant et vide de sens, qui résonne comme un leit-motive sanguinaire à travers l'histoire !

Et le roi Tullus Hostilius, jugeant l'action d'Horace méritoire, s'empressa de le déclarer absous du crime d'homicide parce qu'il avait *sauvé la patrie !*

Les anciens paraissaient d'ailleurs chérir ce conte cruel ; on le retrouve dans Plutarque sous forme d'une dispute survenue en Arcadie entre les Tégéens et les Phénéens ; les trois fils de Reximachos combattent contre les trois fils de Damostrates, et le vainqueur Critolaüs égorge également sa sœur Demodica. Le parallélisme étrange de cette histoire peu connue, avec celle des Horaces, semble indiquer qu'il s'agit ici d'une légende ethnique destinée à entretenir parmi les peuples les idées patriotiques, et répandue dans toutes les nations comme le furent au Moyen-Age les exploits de Roland, de Huon de Bordeaux et de Tirant-le-Blanc.

Mais de toute l'antiquité, la nation la plus ignoble, la nation d'invétérés sauvages et de brutes fieffées chez laquelle la préparation à la guerre prit des proportions scandaleuses, la nation qui usurpa le plus cette fausse gloire attachée au militarisme, ce fut Sparte.

Sparte ! ô ordure classique ! répugnant souvenir dans les annales du monde !

Avec quelle persévérante habileté n'a-t-on pas empoisonné, pollué, putréfié notre jeunesse en nos *humanités,* — ô dérision amère des mots — en te présentant sans cesse comme l'incomparable modèle des peuples, Sparte! déshonneur de l'Hellade! Mes maitres et ceux des deux siècles qui les avaient précédés, étaient béants d'admiration devant tes mœurs de cannibales, qu'ils appelaient vertu, héroïsme, simplicité laconienne. Mais je sus me soustraire à leur pernicieuse influence sans laisser jamais fausser ainsi la rectitude de mon jugement, et je suis heureux de contribuer à détruire le préjugé qui a attaché un enthousiasme malsain, à ta législation d'ignominie.

Pour les Lacédémoniens, la guerre était le propre de l'homme.

Rien n'existait ; ni la famille, ni les mœurs, ni les lettres, ni les arts. La guerre, la guerre seule triomphait. Les forces entières de la République avaient été concentrées vers la guerre : elle n'était plus même un redoutable et féroce moyen de protection, mais la raison d'existence de chaque citoyen. On devait vivre pour faire la guerre, et tout autre but, tout autre idéal, toute autre aspiration étaient rigoureusement proscrits.

Les arts étaient interdits. On chassait les philosophes, les rhétoriciens et les poètes, pour ne conserver que les brutes armées; aussi, dit Ælien, le mot Lacédémonien était-il synonyme d'ignorant.

Les mères Spartiates armaient elles-mêmes leurs fils pour la guerre. Pausanias cite un exercice des adolescents qui se faisait dans le Phoibaion en mémoire de la déesse Enodia ; ils entraient par deux points différents dans le Platanistas, puis combattaient violemment à coups de pied et de poings, cherchant à se mordre et à s'entre-déchirer ; chacun prenait son adversaire par le corps et s'efforçait de le pousser dans la rivière.

Lycurgue condamnait, d'ailleurs, à l'infamie, tout citoyen qui, dans une sédition, n'aurait pris aucun parti. C'était la guerre, la rixe, le pugilat obligatoire ; c'était l'interdiction de tout geste pacifique, de toute tentative conciliatrice ; c'était l'opposé diamétral de la doctrine de Jésus.

Enfin, pour achever cette belle civilisation guerrière, une loi fameuse, la Xénélasie, bannissait du territoire *tous ceux qui n'étaient pas du pays* ; loi éminemment patriotique, fraternelle et humaine, intelligente surtout, par laquelle le peuple s'entretenait dans ce préjugé criminel qui fait considérer l'homme habitant au delà de la frontière, comme un inférieur et un ennemi.

Telle était cette nation sans âme, ridicule avec sa monnaie de fer et son inévitable brouet noir, indigeste souvenir de nos études classiques ; tel était ce peuple esclave, dont on nous a conservé si pieusement, avec un soin incomparable, de stupides puérilités, ineptes à faire pleurer, comme l'aventure si souvent ressassée de ce triste gamin spartiate qui, ayant volé un renard et l'ayant caché sous sa robe, aima mieux se laisser ronger les entrailles que d'avouer son larcin, anecdote que des maîtres chrétiens osaient nous conter quelques instants après la lecture de l'Evangile !

Un trait suffit pour caractériser l'absurde nationalisme guerrier des Lacédémoniens.

Ils entreprirent contre les Messéniens une campagne qui dura dix ans, pour se venger de ceux-ci qui avaient *violé les filles Spartiates*. Or, la guerre se prolongeant, les chefs craignant que leur précieuse ville ne vint à se dépeupler, ordonnèrent aux jeunes soldats Spartiates de revenir, et de *violer indistinctement toutes les filles* qu'ils y trouveraient, et de commettre ainsi le même acte qu'avaient commis les Messéniens, et pour lequel il les exterminaient. Les enfants qui naquirent ainsi se nommèrent Parthéniens.

Cette histoire que nous ont contée Strabon, Justin et Polybe, donne une exacte idée de la moralité des guerres. C'est un étiage sûr, que doivent essentiellement considérer les derniers partisans du militarisme, afin d'y mesurer le niveau de leur état mental.

Jamais peuple aussi nul n'a laissé une réputation aussi surfaite.

Il semble qu'un vent de folie ait fait divaguer les hommes dès qu'ils ont parlé de Sparte. La plus élémentaire lueur de raison leur a fait soudain défaut. On croirait qu'ils ont ressenti une sorte de joie démoniaque à fouler aux pieds les arts et les sciences, à polluer ces rayons de la Divinité, à salir la lumière philosophique qui est la grande consolation humaine, à cracher sur le Logos qui leur a donné la vie, pour se faire les apologistes bas du geste brutal, pour exalter la gloire du coup de poing, chanter l'hymne de la bestialité avérée, pour chanter Sparte!

Polybe s'écrie : « En considérant les lois de Sparte, je me sens porté à croire qu'elles viennent plutôt d'un DIEU que d'un homme !

Velléius Paterculus admire Lycurgue comme le plus grand génie de la Grèce, et considère les lois Spartiates comme les seules propres à former des *hommes !*

Des brutes guerrières, c'est possible ; mais des hommes, des penseurs, des êtres intelligents et éclairés méritant ce nom, jamais. Et je comprends peu l'exclamation du délicat poète Properce : « Si tu imitais les lois et les jeux de Laconie, combien tu me serais plus chère, ô Rome! »

Quod si jura fores pugnasque imitata Laconum
Carior hoc esse tu mihi, Roma, bono!

Le XVIIe et le XVIIIe siècles ne comprirent, de l'antiquité, que Sparte.

Montesquieu délire d'enthousiasme chaque fois qu'il nomme cette odieuse cité.

L'abbé de Mably, qui perdit rarement l'occasion d'écrire une ineptie, burine cette phrase : « C'est un spectacle *admirable* que présentait l'ancienne Lacédémone : Des hommes toujours occupés des exercices de la chasse, du disque, de la course, du *pugilat*, de la lutte...! »

Ce singulier chrétien, Joseph de Maistre, qui, déjà, nous a enseigné la nécessité de la guerre, n'admire que médiocrement la politique des Grecs « si l'on excepte, dit-il, *Lacédémone*, qui fut un très beau point dans un point du globe: » C'était inévitable. Comment eût-il pu manquer de manifester sa prédilection pour les hommes dont la profession était de tuer ?

Il n'est pas jusqu'à Fabre d'Olivet, lui, le commentateur savant des Vers Dorés, qui compare — qui le croirait ? — Lycurgue à Pythagore, et le félicite d'avoir fondé pour la liberté un *couvent de soldats*.

Au milieu de ce dithyrambe unanime et officiel chanté à la gloire infâme de Sparte, je ne vois que Grotius qui ait osé, au nom de la pensée chrétienne, désapprouver les mœurs si vantées de Lacédémone, qui ne reposaient que sur la violence.

Et lorsque j'ai lu dans Chateaubriand cette scène extraordinaire où, cherchant Sparte en Laconie, il ne la trouve plus et ne découvre à sa place que la misérable bourgade de Palæochôri, et que les larmes lui vinrent aux yeux en voyant tant d'oubli et tant de grandeur déchue, j'ai ressenti en mon cœur un soulagement immense. Tant de bestialité décorée du nom de vertu et de simplicité, célébrée par plusieurs siècles chrétiens avec un engouement injustifiable, méritait à bon droit un tel châtiment.

La Providence s'est manifestée ici. Rien n'est resté de cette funeste cité; elle n'a pas laissé de traces; pas un monument, pas un Parthénon qui atteste qu'elle ait connu la lumière céleste ; elle est morte sur son fumier, dans la nullité intellectuelle qui lui fut chère.

Puisse cet anéantissement être d'un heureux augure pour l'avenir!

VII

Ce fut un préjugé presque général de considérer toujours la guerre comme une chose grandiose, saine et salutaire, indispensable à l'homme.

Cyrus la croyait aussi nécessaire que l'agriculture.

Les mœurs militaires étaient agréées comme les seules parfaites pour un peuple, tandis que l'étude des arts, des lettres, de l'éloquence était synonyme de mollesse et de décadence.

Telle fut la thèse des Romains, thèse reprise plus tard par leurs fanatiques admirateurs, les Montesquieu et les Mably, et clairement énoncée par Virgile :

Excudent alii spirantia mollius æra :
Tu regere imperio populos Romane memento.

L'abbé Fleury a répété cette absurdité dans une tirade qu'il eût pu se dispenser d'écrire : « Tout le reste des Grecs étoit possédé de la *curiosité* et de l'amour des beaux-arts : l'un s'appliquoit à la rhétorique, l'autre à la poésie, l'autre à la musique ; les peintres, les sculpteurs, les architectes étoient fort considérés. D'autres s'appliquoient à la géométrie, à l'astronomie, à la physique; ce n'étoient que sçavans, que beaux-esprits, que curieux et *fainéans* de toutes sortes. *Les mœurs des Romains étoient alors bien plus solides ;* ils ne s'appliquoient qu'à l'agriculture, à la *jurisprudence* et *à la guerre*, et laissoient volontiers aux Grecs la gloire de réussir dans les beaux-arts et les sciences curieuses, pour s'attacher à faire des conquêtes. »

Il semble qu'on touche ici du doigt la force démoniaque qui a pu porter un prêtre du Christ à parler de telle sorte. Et pour que l'ignominie fût bien complète, il a voulu ajouter à la guerre, la *jurisprudence, la chicane*, cette autre immoralité sociale, cette autre formule cauteleuse et anti-chrétienne, fomentatrice de dissensions et de discordes.

Voilà donc ce qui, pour un peuple, représente des mœurs solides : manger, se battre et intenter des procès! Ceci surpasse les lettres, les sciences et les arts qui ne sont que fainéantise ! Telle fut l'opinion de nos pères, tel est l'enseignement qu'ils nous ont légué !

Les hommes ont tenu incroyablement à s'illusionner eux-mêmes sur la guerre, à se représenter comme splendide ce qui n'est, en réalité, qu'un tissu de crimes, de forfaits et de bassesses, à dissimuler l'ignominie du soldat sous un masque de gloire.

La Gloire, la Gloire! tel est l'éternel refrain des militaristes! Quelle gloire? La gloire de verser le sang, d'égorger des hommes, de violer des femmes, de décapiter des enfants, d'incendier des maisons, de détruire des palais et des œuvres d'art, de piller des églises; voilà la gloire militaire! Mais cette gloire, les sauvages eux-mêmes peuvent la conquérir!

Et sous la plume des écrivains militaristes, il est vraiment édifiant de constater combien la vie des hommes leur coûte peu, avec quelle facilité ils jonglent avec les existences pour conserver et perpétuer parmi nous cette gloire sanguinaire!

A Rome, on estimait dix as par jour la vie d'un citoyen ; mais combien moins les détenteurs du pouvoir évaluent-ils aujourd'hui la vie de leurs soldats!

« Pour les hécatombes des premières batailles, il faut des hommes jeunes », déclare cyniquement le général von der Goltz.

Tous les officiers français et tous les gradés européens pensent comme cette brute ; et voilà comment ces gens disposent de la vie des hommes, de notre vie, de la mienne !

Et il ne me serait pas permis de protester, de dire violemment mon dégoût à ces virtuoses du canon et de la mitrailleuse? Et je devrais m'incliner dévotieusement devant la coutume barbare, devant l'usage sanguinaire ? Et l'on traitera ma parole de criminelle, tandis que celle de von der Goltz sera considérée comme une parole *saine, une parole de soldat!*

Lorsqu'un de Maistre affirme que la guerre est nécessaire ; lorsqu'au nom du Christ il la justifie et s'empresse de déclarer qu'elle *n'est pas un meurtre*, la critique littéraire et religieuse a, pour de telles affirmations, des trésors d'indulgence et de vastes excuses. Mais quelle sévérité n'aura-t-elle pas pour les miennes? On n'hésite pas à qualifier de *monstre* celui qui cherche à répandre le moins de sang possible, qui veut supprimer les guerres, et qui dénonce le système patriotique des frontières comme une source de discordes et de haines.

« Il n'y a pas de gloire achevée sans la gloire des armes », dit Vauvenargues. Inepties traditionnelles qu'on s'accoutume à applaudir sans les comprendre ni les discuter, et au moyen desquelles on fait la nuit dans les meilleures intelligences. On parle d'obscurantisme; le voilà! Si les hommes sont encore réduits à régler leurs différends par les armes, c'est tout à leur honte, et non pas à leur gloire. Le militaire qui revient d'une campagne devrait porter la tête basse, comme quelqu'un auquel on a fait accomplir une triste besogne.

Benvenuto Cellini a-t-il acquis plus de gloire pour avoir tué le connétable de Bourbon? saint Germain d'Auxerre pour avoir été général d'armée ? S'il est vrai que Plotin a été soldat dans l'expédition de l'empereur Gordien contre les Perses, ceci n'ajoute rien à la magnificence philosophique de ses Ennéades; et nous nous soucions peu, en lisant Prométhée ou le Phaidon, de savoir qu'Eschyle a combattu à Salamine, et Socrate à Potidée.

Ce qui rend l'Allemagne grande à nos yeux, c'est Gœthe, c'est Wagner, c'est Hegel, c'est Schiller, c'est Bach, c'est Albrecht Dürer, c'est Michel Wœgelmuth et non pas son usine Krupp, ses casernes, ni la sauvage maëstria avec laquelle elle a dirigé la campagne de 1870.

La gloire militaire, essentiellement envahissante et usurpatrice, n'a cessé d'empiéter sur la pensée, de l'adultérer, de détourner celle-ci de son but moralisateur et pacifiste. La poésie s'est prostituée de tout temps à chanter la mort et le carnage. Les plus grands génies humains, séduits, envoûtés par le prestige du geste violent, ont célébré les guerriers, les héros, les hommes qui tuent.

C'est pour perpétuer les exploits d'un Achille, d'un Enée, d'un Rama, d'un Sésostris, d'un Roland, qu'Homère, Virgile, Valmiki, Pentaour et Turoldus ont déployé leurs plus grandes magnificences littéraires. Seuls, les poètes du cycle chrétien, de Prudence à Dante et à sainte Thérèse ont consacré leurs vers à la gloire véritable et pure du Verbe, du divin Consolateur qui a promis aux hommes la vie éternelle.

L'éducation de l'enfant est pervertie par l'exemple des grands capitaines. Ceux-ci tiennent la première place dans l'histoire, tandis que les grands penseurs, les philosophes, les saints y sont nommés à peine.

Ælien rapporte un fait, honteux pour la Grèce, qui nous dévoile l'importance considérable que prend l'idée patriotique dans l'esprit public, au détriment de toutes les autres idées morales et intellectuelles. Eschyle, le patriarche du théâtre grec, l'admirable mythologue de Prométhée, étant accusé d'avoir écrit une tragédie séditieuse, ne fut sauvé de la mort que par le geste de son frère qui, devant le tribunal, lui releva son manteau, et montra sa main coupée à Salamine. Aussitôt le peuple et les juges le déclarèrent absous.

Le patriotisme est là tout entier, avec sa partialité brutale et son matérialisme grossier. Le respect qu'on n'avait su accorder au génie, était soudain prodigué pour une blessure que tout homme hardi eût pu recevoir. L'Œuvre, magnifique fleuron du génie grec, comptait pour rien dans l'esprit du peuple qui, sans regret, voyait tomber la tête qui avait pensé tant de choses, tandis que le fait d'avoir participé à un égorgement célèbre suffisait pour mériter un pardon universel !

Il n'est qu'une seule gloire vraie : c'est la sainteté, l'élévation de l'âme, la subtilité de la pensée et de l'expression ; c'est la cordialité et l'exquisité du geste.

Lorsque M. de Montesquieu a écrit que le plus beau spectacle qu'ait offert l'antiquité est la seconde guerre Punique, il a perdu une excellente occasion de poser la plume. Le plus petit effort de l'homme pour s'élever vers l'infini, la plus minuscule école de philosophie, le plus petit groupement de penseurs en vue de l'idéalité pure, ne nous offrent-ils pas un plus beau spectacle qu'une tuerie ou une écorcherie savamment conduites?

De Maistre, énumérant les gloires de l'Hellade : Je sais, dit-il, qu'elle a écrit l'Iliade, qu'elle a bâti le Pécile, qu'elle a sculpté l'Apollon du Belvédère *qu'elle a gagné la bataille de Platée!...* Parole misérable, qui ose comparer des œuvres d'art d'ordre éternel, à quelques heures d'éphémère carnage dont les motifs ne nous intéressent même plus aujourd'hui.

Honorer la pensée et mépriser les armes, telle est la formule de l'avenir, contre laquelle la barbarie des anciens se fût révoltée, et que nos contemporains se refusent encore à comprendre.

Le grand capitaine, l'homme de guerre est un sauvage qui n'a plus sa place dans notre civilisation. L'admiration malsaine pour les combats, les batailles et les conquêtes, doit être rayée de l'éducation de nos fils.

Les Arcadiens qui, les premiers, portèrent en Italie, sans le secours des armes, les lettres grecques, la musique et les sciences, se *couvrirent de gloire* à meilleur titre qu'aucun conquérant de l'antiquité.

Nous apprécions peu le triste talent d'un Ménélaüs qui, d'une seule détente d'arc, lançait trois flèches et tuait trois personnes ; mais un Platon, un

Aristote, un Zénon, ont laissé d'impérissables souvenirs. La gloire solide est dans le développement intense de la puissance intellectuelle.

On ne peut comprendre que des chrétiens aient pu inscrire, en 1543, sur le tombeau de Guillaume du Bellay

Et duquel au trespas
Gecterent pleurs et larmes,
Les lettres et les armes.

Ces deux mots hurlent ensemble. La même main ne peut *honorablement* tenir le fer qui tue, dernier reste de barbarie, et le calame qui vivifie, premier instrument de civilisation. On ne peut révérer également la torche de l'incendiaire et le ciseau du sculpteur. L'homme qui édifie, en réalisant son concept suivant une formule harmonique, et l'homme qui détruit, qu'il soit revêtu ou non d'un uniforme, ne peuvent participer à la même gloire, et mériter l'un et l'autre le titre de génie.

Lorsque Archimède se servait de sa science pour établir des machines de guerre; lorsque Lionardo da Vinci offrait à Ludovic le More de lui construire des canons, des mortiers, des catapultes et de lancer des bombes, ces deux admirables penseurs se déshonoraient en oubliant le respect primordial que tout homme éclairé doit à la vie de ses semblables.

Epanimondas était versé dans les belles-lettres et la philosophie; Annibal était, dit-on, fort savant; ces deux guerriers ne furent que plus coupables de n'avoir su, avec de telles lumières, enseigner le néant de la gloire militaire qu'ils recherchaient.

« Un royaume se gouverne bien plus par le calame que par le glaive, attendu que le calame peut faire tout ce que fait le glaive, et que celui-ci ne peut faire tout ce que fait le calame », est-il dit au livre El-Ensân, transcrit dans le Makota Radjah-Radjah, qui est le livre sacré de la Malaisie. C'est ainsi que les chrétiens militaristes reçoivent d'un mahométan une leçon de civilisation et de douceur!

Il y a dix-huit siècles, trois cents mille hommes se firent égorger pour avoir le droit de porter le titre de citoyens d'Asculum au lieu de celui de citoyens de Rome! Qui donc s'en souvient aujourd'hui? Un Montesquieu trouverait ceci sublime; tandis que nous restons plutôt indifférents en lisant ce fait dans Velleius Paterculus, car nous ne saisissons plus quel avantage on pouvait trouver alors, à revendiquer aussi énergiquement le nom de citoyen d'Asculum. Cette cause ne nous intéresse plus, et nous jugeons les hommes insensés de s'être fait tuer pour de si puériles raisons.

Or, les querelles qui agitent actuellement l'Europe et le monde sont aussi vaines. Les grandes dislocations de territoires du XIXe siècle laisseront un souvenir aussi nul. La Pologne est déjà oubliée; et dans cent ans la question d'Alsace-Lorraine intéressera autant les hommes que la question d'Asculum intéresse aujourd'hui mes lecteurs.

Le Chili a enlevé au Pérou, il y a quelque vingt-cinq ans, les provinces de Tacna et d'Arica. Les habitants de ces deux provinces, et principalement les catholiques, ne cessent de se révolter afin de provoquer une nouvelle guerre pour reconquérir leur nationalité primitive. Or, nous ne comprenons pas bien, nous autres Européens, quel peut être l'avantage d'être Péruvien plutôt que Chilien : aussi cette querelle nous laisse-t-elle absolument froids.

Nous devons donc habituer les jeunes générations à considérer le présent comme on le considérera après une reculée de plusieurs siècles ; c'est le seul moyen d'apprécier les événements à leur juste valeur, sans rien accorder aux passions du moment qui aveuglent toujours et font dévier la rectitude du jugement.

Lorsqu'on ouvre les in-folio poudreux de l'histoire, on comprend alors le néant des querelles et des dissensions humaines. Quel souvenir reste-t-il aujourd'hui des fameuses guerres Puniques, de la guerre de Macédoine, de la guerre de Syrie, de la guerre des Romains contre les Thraces, contre les Cimbres, contre Jugurtha ? Qui saurait exhumer les raisons pour lesquelles elles furent déclarées ? Ces grandes luttes qui occupèrent tant les hommes, où tant de sang fut répandu, nous paraissent puériles et vaines, comme un bruit dont l'écho s'affaiblit de jour en jour.

Nous avons tous encore présentes à la mémoire les atrocités du dernier siège de Paris. Les obus éventraient les maisons, éclataient au milieu des familles terrifiées. On se réfugia dans les caves; on mangea des rats à la broche; on fit frire des araignées; on s'empoisonna d'un pain dont les chiens ne voudraient pas. Ensuite les voyous pétrolèrent.

Or, quelle est la signification de ce siège, de ce bombardement, de ces incendies? Quelle en est la portée philosophique? l'utilité? L'humanité a-t-elle progressé, fait un pas en avant, démontré une vérité inconnue? Rien. Ce fut une cruauté absurde; et c'est tout.

Et cependant nous sommes prêts à aller renouveler ailleurs, partout où le voudra la volonté d'un ministre, de semblables cruautés absurdes et nauséabondes, qui ne prouveront rien non plus et ne rendront pas les hommes meilleurs ni plus heureux. Que signifierait le siège de Berlin, ce fameux siège qu'on disait autrefois nécessaire pour la revanche, et auquel on paraît avoir prudemment renoncé? Il démontrerait uniquement la supériorité des appareils de destruction fabriqués par MM. Schneider, industriels au Creusot, et rien de plus. Est-il vraiment indispensable de vérifier cette supériorité que nul ne met en doute, sur des millions d'individus, en s'absolvant par cette circonstance qu'ils sont de nationalité étrangère, et que le résultat produit serait *de la gloire?*

Ne devrions-nous pas songer enfin à supprimer ces plaisanteries horribles, qu'on décore des noms fastueux d'honneur, d'héroïsme?

Au fameux siège de Sienne, dont nul ne se souvient aujourd'hui, et dans lequel « ung rat se vendoit ung escu », Montluc, cerné dans la ville, fit une action épouvantable pour sacrifier au faux point d'honneur militaire, au lieu de se rendre humblement, ce qui eût été chrétien et humain.

Il créa six commissaires pour « faire le roolle des bousches inutiles, qui se monta à quatre mil et quatre cens ou plus » et *qu'il fit chasser hors des murs de Sienne, pour ne plus être obligé de les nourrir!*

« Le maistre falloit qu'il abandonnast son serviteur qui l'avoit servy long temps; la maistresse sa chambrière, et un monde de pauvres gens, et par trois jours ceste desolation et pleurs dura. Ces pauvres gens s'en alloient à travers des ennemis les quels les rechassoient vers la cité. Ils ne mangeoient que des herbes, et en mourut plus de la moitié, car les ennemis les tuoient et peu s'en sauva. *Il y avoit un grand nombre de filles et belles femmes; celles-la avoient passage: car la nuit les Espaignols en retiroient quelques-unes de celles là pour leur provision* (nations chrétiennes!). Mais tout cela ne venoit pas à la quarte part; car le demeurant mourut. *Ce sont des loix de la guerre,* ajoute philosophiquement Montluc; il faut estre cruel bien souvent pour venir à bout de son ennemy. Dieu doit estre bien miséricordieux en nostre endroict qui faisons tant de maux », conclut-il avec aplomb.

Ce fait n'est pas unique dans l'histoire; lorsque les habitants de Rouen furent assiégés par les Anglais en 1418, ils firent de même et chassèrent douze mille vieillards, femmes et enfants hors de la ville, comme « bousches inutiles ».

En guerre, la férocité devient une vertu, une action d'éclat. De Maistre nous l'a dit : le soldat tue sans être meurtrier!

En 1792, on vit l'archiduchesse Christine, gouvernante des Pays-Bas, diriger elle-même le siège de Lille, et s'y livrer à de cruelles plaisanteries contre les assiégés. Pouvons-nous continuer à accorder notre admiration à une gloire qui s'élève sur de si misérables actions.

Lucain, le monstrueux Lucain, fait parler à Lælius, centurion de César, le vrai langage du soldat : « Je jure que si tu ordonnes de plonger le glaive dans la poitrine de mon frère, ou dans la gorge de mon père, ou dans le sein de mon épouse prête à engendrer, j'obéirai; s'il faut dépouiller les dieux, mettre le feu aux temples, je le ferai! » C'est le thème de l'obéissance passive, toujours obligatoire dans nos armées. Je ne me souviens pas que ce langage ait jamais scandalisé aucun professeur d'humanités.

C'est un devoir, pour le moraliste et le chrétien, d'exalter la pensée et de déprécier aux yeux des hommes la force brutale.

Nul ne peut être Chrétien s'il n'est pacifique.

En temps de guerre, une capitulation est un vrai titre de gloire, parce qu'elle épargne la vie d'une quantité d'hommes. Dans un combat, les Chrétiens, s'il s'en trouve, doivent se rendre; toutes les générations qui nous ont enseigné le contraire étaient antichrétiennes.

L'acte d'Eustache de Saint-Pierre, livrant à genoux à Edouard III les clefs de la ville de Calais, pour épargner le peuple qui succombait à la famine, est bien autrement glorieux qu'une résistance désespérée qui n'aurait eu pour résultat que la mort d'un plus grand nombre d'hommes.

Lorsque Charles-le-Gros parut, en 886, sur les hauteurs de Montmartre pour défendre Lutèce assiégée, et préféra acheter la paix aux Normands, pour sept cent livres d'argent, cette conduite si blâmée, qu'on qualifia de honteuse, et qui lui valut une déposition. était celle d'un Chrétien qui voulait épargner des vies humaines.

Foulques, évêque de Reims, qui le menaça d'excommunication s'il traitait, était plus Français et plus patriote que catholique.

Aujourd'hui que les Normands font partie de la nation française, sans grand inconvénient pour celle-ci, il est étrange de trouver, dans nos historiens, ce regret, nettement manifesté, que la formidable armée de Charles-le-Gros n'ait pas écrasé les quarante mille Normands qui se pressaient devant Paris; et les amateurs d'hécatombes ressentiront évidemment toujours une sorte de tristesse à la de Maistre, en pensant qu'une si belle occasion d'augmenter les annales nécrologiques de l'univers ait pu être manquée.

Parfois des consciences se révoltèrent devant le militarisme et ses obligations monstrueuses.

A Rome, des jeunes gens se coupaient le pouce pour se soustraire au service militaire.

Archilochus se vanta, dans une de ses poésies, d'avoir jeté son bouclier dans une bataille et d'avoir pris la fuite.

Plutarque osait cependant dire que les lettres étaient infiniment supérieures à l'art de la guerre, car celui-ci peut parfois protéger les hommes mais non les rendre meilleurs; et la philosophie d'Epictète n'est qu'un long réquisitoire contre la force brutale.

Il y eut, parmi les hommes de guerre eux-mêmes, un dégoût, quelquefois, de l'action militaire.

« J'ai assez de soldats, disait Léonidas, puisque je les conduis à la mort! » Cette parole n'est-elle pas plus humaine que celle du fameux Agis, qui ne demandait jamais si les ennemis étaient nombreux mais où ils étaient?

Philippicus, général de l'empereur Maurice, se mit à pleurer en considérant le grand nombre d'hommes qui allaient être tués dans la bataille qu'il fallait engager. Ceci dénote une certaine grandeur d'âme. Ce soldat n'était pas absolument un sauvage. Aussi Montesquieu s'empresse-t-il naturellement de l'insulter, en l'accusant, pour ce fait, de mollesse, paresse et lâcheté.

Lorsqu'on vint annoncer à l'empereur Gallien que l'Egypte était perdue comme colonie romaine : « Nous nous passerons désormais du lin d'Egypte », répondit-il en vrai philosophe.

Les habitants de la ville de Séra détestaient la guerre. Pline cite une peuplade d'Afrique, les Gamphasantes, qui ignoraient ce qu'était un combat, et s'enfuyaient devant les étrangers.

Chez les Esséniens, dit Philon le Juif, il n'y avait pas d'homme sachant fabriquer des flèches, des lances, des casques, des cuirasses, des boucliers et autres machines de guerre.

Mais ces faits n'étaient que des manifestations isolées, sans cohésion et sans portée. La plus grande partie de l'humanité préférait, de beaucoup, une coutume par le moyen de laquelle il était si facile de s'enrichir et de mettre à couvert tous les crimes individuels, et dont certains peuples avaient même fait l'unique but de leur vie, et leur condition essentielle d'existence.

Il fallait que le Christ vînt, pour révéler entièrement aux hommes la théorie glorieuse et inconnue de la Douceur, de la Paix et du Pardon :

« Aimez-vous les uns les autres ! »

« La Paix soit avec vous ! »

« Celui qui se sert de l'épée périra par l'épée ! »

« C'est à Moi seul qu'appartient la vengeance ! »

Mais ces admirables paroles, comprises des Chrétiens de la première heure, ne le furent pas des atroces et ignorants barbares qui vinrent ensuite à lui. Ceux-ci ne voulurent adhérer à l'Evangile qu'à la condition qu'ils continueraient à faire la guerre ; ils crurent pouvoir allier ce qui était inconciliable, et ne craignirent pas de puiser dans la communion un réconfort pour manier plus violemment l'épée.

Le Christ était donc trahi par ses tenants eux-mêmes ; d'où vingt siècles d'incohérence, de confusion et de désordre, pendant lesquels les peuples chrétiens jurèrent par l'Evangile en pratiquant le contraire de l'Evangile, pour le rejeter enfin, de nos jours, incompris et irréalisé.

VIII

Répugnante chez les peuples anciens, la guerre, entre Chrétiens, atteint un degré effarant d'absurde incohérence. Ici, plus de justification possible ; l'ignominie est complète, absolue.

Clovis avait supplié le Christ de devenir le soutien de son ambition, et lui avait promis de se faire chrétien s'il lui accordait la victoire ; Constantin avait vu le Labarum cruciforme avec l'inscription : *In hoc signo vinces ;* fictions pieuses ou plutôt sacrilèges, par lesquelles ces guerriers rejetaient toute entière sur l'approbation du Christ, la responsabilité de tailler en pièces des milliers d'hommes.

Mais lorsque les trois fils de Constantin, au lendemain de la mort de leur père, entreprirent les uns contre les autres une guerre dans laquelle Constantin II trouva la mort à Aquilée, en combattant contre son frère Constant, il n'y avait plus ici de conversion à promettre, ni le fallacieux prétexte des barbares à écraser et du royaume de Jésus à étendre.

Aucun d'eux ne pouvait supplier celui-ci de lui accorder la victoire sur les autres; tous les trois étaient chrétiens. Comment jugerons-nous, et ces trois frères s'égorgeant en vrais disciples du Sauveur, et la coutume barbare qui leur permettait de faire servir des armées entières à l'assouvissement de leurs haines? Les théoriciens du militarisme absoudront-ils le fratricide, oseront-ils parler de patrie, d'honneur et de gloire, et s'aider de cette simple raison : « *C'est la guerre?* »

On ne peut lire sans un dégoût profond le récit des guerres, fratricides également, que se firent toute leur vie les quatre fils de Clotaire, héritiers du royaume de Clovis, chrétiens tous les quatre, et dont l'un d'eux, Gontran, est élevé sur les autels de l'Eglise; et il est certain que les Catholiques qui s'enorgueillissent des origines de la patrie française et de la souche royale, ne connaissent guère ces honteuses pages mérovingiennes de Grégoire de Tours et des Chroniques de Saint-Denis, où les quatre barbares franks se partagent l'Occident comme une propriété, se volent l'un l'autre leur part, manquent à leur parole, se parjurent, pillent, tuent, incendient, supplicient les innocents, se vautrent dans le sein des concubines, et cela toujours au nom du Christ, et en se proclamant sans cesse ses disciples!

Pour les barbares d'Occident, la guerre n'était pas seulement un moyen de défense, elle était un métier, un but d'existence.

Les Franks, les Saxons, les Vandales, les Huns, les Goths, les Hérules, ne vivaient que de la guerre, et pour la guerre. Tous les chefs tenaient la guerre en très haut honneur. Chlovis veut dire *redoutable guerrier;* Childéric, *fort au combat;* Childebert, *guerrier brillant;* Dagobert, *grand homme d'armes.*

Aujourd'hui où l'on clame démesurément les miracles de la civilisation et du progrès, et que nos conditions d'existence ont incontestablement changé depuis les Mérovingiens, il est singulier de constater que ceux qui parlent avec le plus d'ardeur de cette évolution, s'obstinent à conserver parmi nous la barbare coutume de la guerre.

Lorsqu'on émet l'idée d'un désarmement possible, les sarcasmes et les rires ironiques éclatent.

« On attendra longtemps », ricanent les militaristes, « *heureusement* », ajoutent-ils, féroces !

Pour eux, la vision d'une paix universelle est un cauchemar atroce : ils ne veulent pas qu'il en soit ainsi. « Cela ne peut être », décident-ils ; par conséquent ne cherchons pas à atteindre cet idéal ; efforçons-nous de raviver les vieilles et absurdes querelles politiques, et surtout de déshonorer et flétrir ceux qui prêchent la pacification, afin que nous puissions susciter de nouvelles pages de sang, dans les annales de l'histoire.

Les Chrétiens, de nos jours, partagent cette aberration et ne songent plus à prêcher la doctrine divine du respect de la vie.

L'ordre du Christ est cependant formel; s'ils lisaient encore l'Evangile ils auraient été frappés de cette extraordinaire parole: « *Dans toute maison où vous entrerez dites d'abord: Paix à cette maison!* » (Luc. cap. x, 5.)

Ceci dépasse en splendeur tout ce qu'une lèvre humaine a jamais proféré. Qu'en pensent les soldats chrétiens qui ont participé à des campagnes où l'on assiégeait les villes, où l'on bombardait les maisons et où l'on molestait et rançonnait chez eux les habitants terrorisés, sans que la conscience se trouvât chargée de ces crimes, puisque *c'était la guerre,* et que les victimes étaient des étrangers?

Ont-ils dit : « Paix à cette maison! », les chrétiens qui sont allés se « couvrir de gloire » au Tonkin, à Madagascar, au Dahomey, au Transvaal? N'est-ce pas leur propre condamnation qui existe là, en toutes lettres, dans le livre incomparable du Catholicisme?

« Remettez votre épée dans le fourreau. Celui qui se sert de l'épée périra par l'épée! »

Parole claire, précise, inexorable!

Un chrétien ne doit pas porter les armes; il ne doit pas verser le sang ni souiller sa main d'un homicide; il ne doit sous aucun prétexte frapper un chrétien, puisque tout chrétien est son frère, ni aucun autre homme, puisqu'il est tenu de donner aux ennemis du Christ l'exemple des vertus que ceux-ci n'ont pas.

La loi de Moïse avait dit : « Tu ne tueras pas » ; et ce commandement, que n'obscurcit aucune restriction, n'a cessé d'être obligatoire.

Les Chrétiens ont toujours manifesté, doctrinalement du moins, une horreur profonde pour l'homicide individuel.

Comment ont-ils donc pu être conduits à se créer une casuistique spéciale qui les absout de l'homicide collectif, pourvu que celui-ci soit officiel, qu'il ait lieu sous la protection de la patrie et sous le couvert d'uniformes réglementaires ?

Comment Grotius a-t-il pu écrire un immense livre pédant sur le droit de la guerre, après avoir démontré la vérité de la religion chrétienne ?

Les théologiens ont inventé les termes de *guerre juste* et de *guerre injuste*, en spécifiant qu'on peut, sans péché, participer à la première. C'est ainsi que s'exprime le décret de Gratien, publié vers 1151.

Or le Christ ne connaît pas de guerre juste ; et je regrette pour les catholiques patriotes, qui portent si allègrement le sac du soldat, qui plongent avec tant de désinvolture leur baïonnette dans la poitrine d'un homme et se disculpent en disant : « Ce n'est qu'un Marocain, qu'un Malgache ou qu'un Tonkinois, et c'est de la gloire ! », je regrette pour eux, dis-je, que les premiers Pères aient pensé exactement comme moi à ce sujet, et aient considéré la guerre comme antichrétienne.

« Tu apprendras dans la loi de Dieu, disait saint Eucher, évêque de Lyon au ve siècle, qu'il n'y a aucune raison assez élevée (*nullam causam tam dignam*) pour justifier la mort d'un homme. »

Saint Augustin, au livre I, chapitre 21 de la *Cité de Dieu*, formule la même pensée; il admet toutefois une exception pour ceux qui ont fait la guerre par *ordre de Dieu, qui Deo auctore bella gesserunt!*

Restriction digne d'une époque barbare. Un Mérovingien seul pouvait dire avec naïveté qu'il tenait son épée du Christ lui-même, qu'il avait reçu de lui l'ordre de combattre. La férocité juive pouvait seule prétendre que Dieu ordonnait d'exterminer des Amalécites ou des Philistins prévaricateurs, tandis qu'il pouvait fort bien punir ceux-ci sans obliger à l'homicide le peuple auquel il l'avait formellement défendu.

Les monstrueux Sargonides, les sinistres égorgeurs ninivites qui, aux confins de l'animalité, ont chanté eux-mêmes leurs exploits sur les briques d'Assour, se croyaient aussi « aimés des Dieux, et protégés par eux ».

La vraie philosophie nous a libérés de cette grossière conception d'une divinité patriotique ordonnant de tuer; elle nous a présenté un idéal si élevé et si pur, qu'il est déshonorant, pour la pensée chrétienne, de prétendre que Dieu veuille préférer tel ou tel côté d'une frontière, ou servir d'auxiliaire à nos intrigues diplomatiques.

Une ancienne épître canonique de saint Basile enseigne que celui qui a commis l'homicide en guerre n'a pas les mains pures, et doit s'abstenir pendant trois ans de la communion.

De nombreux conciles défendirent formellement aux clercs de porter les armes, et interdirent l'accès des ordres à ceux qui avaient participé à une guerre; tels : le concile de Rome en 386, celui de Chalcédoine en 451, VIIIe canon; ceux d'Angers en 453 et de Meaux en 582.

Le concile de Lérida (*Ilerdense*) en Espagne, tenu en 524, interdit à tous ceux qui s'approchent de l'autel, de répandre le sang pour quelque raison que ce soit, même pour la défense d'une ville assiégée, sous peine de deux ans de pénitence et de l'incapacité de jamais parvenir aux ordres supérieurs.

Le clergé français actuel est donc totalement impur puisqu'il a foulé aux pieds l'ancienne discipline de l'Eglise, en acceptant, sans presque protester, le service militaire. Il n'est plus aujourd'hui un prêtre qui n'ait porté les armes et sacrifié au Moloch patriotique.

S'ils avaient refusé en masse l'obéissance à la loi civile pour demeurer fidèles à la loi canonique; s'ils étaient restés réfractaires jusqu'à la mort, comme jadis les martyrs, la révolution salutaire que tous souhaitent sans oser l'accom[illegible]r eût enfin été p[illegible]voquée.

Le concile de Reims de 923 ordonna que tous ceux qui s'étaient trouvés à la bataille de Soissons, devaient faire pénitence pendant trois carêmes, durant trois années. Or les pénitences ne sont imposées que pour le rachat des fautes. Il y a donc culpabilité évidente suivant l'esprit même de l'Eglise. Un chrétien ne peut participer à aucune guerre sans commettre essentiellement une faute; et le clergé moderne, en prêchant le patriotisme et l'obéissance au devoir militaire, encoure une responsabilité dont il oublie l'étendue.

Le plus explicite enfin, fut le concile anglais de Winton, tenu en 1076 sous la présidence de Lanfranc, archevêque de Cantorbery, assisté de Wulstan, évêque de Wigorn, et autres prélats de diverses provinces, et qui traite, en ces termes de la pénitence à imposer aux guerriers :

« Celui qui saura avoir tué à la guerre (*in magno prælio*), fera une année de pénitence pour chaque homme tué.

« Celui qui aura frappé sans savoir s'il y a eu homicide fera quarante jours de pénitence pour chaque coup porté, s'il en connait le nombre. S'il ignore s'il a frappé ou tué, il s'en rapportera à la décision de l'évêque, qui lui imposera une pénitence d'un jour par semaine ou bien lui ordonnera de se racheter par des aumônes perpétuelles.

« Celui qui n'aura frappé personne, quoiqu'ayant eu la volonté de frapper, fera pénitence pendant trois jours.

« Ceux qui auront été conduits au combat par l'attrait d'une somme d'argent (*præmio*) sauront qu'ils doivent faire pénitence comme l'homicide.

« Les archers (*sagittarii*) qui auront tué sans le savoir ou qui auront blessé sans provoquer la mort, feront pénitence pendant trois quarantaines. »

On voit que ce concile ne parle pas de « se couvrir de gloire » et qu'il n'est guère en rapport avec les théories actuellement adoptées par les chrétiens.

La casuistique catholique est déconcertante lorsque, traitant de l'homicide, elle l'absout par le *nombre*, qui devrait, au contraire, aggraver la faute. En ne consultant que la rectitude de mon jugement, j'éprouve cependant moins d'horreur à la nouvelle de l'assassinat d'une seule personne, qu'en apprenant le massacre de dix mille.

Comment approuver saint Thomas lorsqu'il dit que la guerre peut avoir lieu quelquefois sans péché, tandis que la rixe (*rixa*) est TOUJOURS un péché?

Qu'est-ce qu'une rixe? Un conflit entre quelques personnes, pour des raisons futiles. Une guerre? Un conflit entre un grand nombre de personnes, souvent entre plusieurs nations, pour des motifs plus futiles encore. Dans la guerre, les hommes sont, il est vrai, mieux rangés et munis d'armes plus perfectionnées. Pourquoi donc la première serait-elle un péché et non la seconde? Si la rixe est une faute, la guerre n'est-elle pas cette même faute, aggravée, poussée à l'énormité?

D'où vient cette incompréhensible distinction? Pourquoi interdire au petit nombre ce qu'on permet au grand? Si un homicide ne peut être légitime, comment plusieurs le seront-ils?

Bonaparte fronçait le sourcil en apprenant qu'une vendetta avait eu lieu en Corse. Il punissait impitoyablement les auteurs de ces petites guerres, afin d'extirper ce qu'il appelait des mœurs de sauvages. Etrange aberration d'un homme qui conduisait des centaines de milliers d'hommes à la mort, et qui pensait que la vendetta, pratiquée sur cette immense échelle, n'était plus un crime, mais *de la gloire!*

On objectera l'intérêt supérieur des nations. Mais l'intérêt des particuliers n'existe-t-il pas également? Si les nations peuvent combattre, se disputer une province par la force, laver leurs outrages dans le sang, et que ceci soit tenu pour héroïque et beau, pourquoi les familles ne pourraient-elles, avec le même bénéfice d'héroïsme et de beauté, se disputer par les armes une maison, un héritage, ou se venger d'une injure? Cependant une telle lutte, loin de rapporter à leurs auteurs des décorations et des grades, les conduirait, selon nos lois actuelles, aux travaux forcés ou à la peine de mort!

On ridiculise le patriotisme restreint: on désapprouve les querelles de village à village; on ne peut comprendre pourquoi les Bourguignons haïssent sans merci les habitants de la Bresse, pourquoi ceux de Lourdes cherchent toujours querelle à ceux de Saint-Pé, et ceux de Ploërmel à leurs voisins de Josselin, en souvenir de l'abominable sauvagerie du combat des Trente ; on déplore la guerre civile comme la plus affreuse calamité qui puisse sévir sur un peuple : mais on perd le sens exact de la justice et de la morale dès qu'il s'agit de querelles entre les grandes nations, la plupart nées d'hier, la plupart composées d'éléments hétérogènes qui se combattaient eux-mêmes il y a quelques centaines d'années.

Les patries d'aujourd'hui ne sont que les provinces d'une immense et unique nation future ; elles n'ont pas plus de raison de lutter entre elles que les familles ou les individus ; et la doctrine de saint Thomas qui absout les grandes querelles et condamne les petites est insoutenable, et se trouve en désaccord avec toute l'ancienne discipline de l'Eglise.

On constate avec une douloureuse tristesse que, du sein du catholicisme, pas une voix ne s'est élevée de nos jours pour protester énergiquement contre la guerre, contre le sentiment patriotique, exclusiviste et impie.

Les femmes qui, en temps de paix, s'organisent pour aller soigner et secourir les blessés sur les champs de batailles, devraient plutôt s'efforcer de supprimer les guerres, en inculquant à leur progéniture le dégoût des combats et le refus du service militaire. Si elles avaient, unanimement, depuis de longs siècles, prêché la douceur et la mansuétude aux enfants qu'elles ont bercés sur leurs genoux; si elles avaient dénoncé l'iniquité des hécatombes où agonisent, en râlant, les victimes des causes imbéciles de la politique patriotique, elles n'auraient plus de blessures à panser ni de morts à ensevelir.

J'ai parfois honte moi-même, en écrivant ce livre, d'être obligé de rappeler à des chrétiens que catholique veut dire *universel*, que le Christ a interdit de porter les armes, que le sang de l'Agneau a été versé pour que celui des hommes ne le fût jamais plus ; j'ai honte de leur démontrer puérilement ce qui est l'évidence même, ce qu'ils auraient dû toujours comprendre en leur cœur! Et cependant c'est nécessaire, puisqu'ils se sont nationalisés, puisqu'ils se font une gloire d'obéir à la patrie plutôt qu'au Christ, et n'ont aucun scrupule de tirer sur les ennemis, dans les rangs desquels se trouvent des chrétiens comme eux! Ils peuvent tuer sans être meurtriers; Joseph de Maistre le leur a appris! Et ils vivent, tranquilles, sur cette absolution!

La négligence que l'Eglise apporte à condamner la guerre est d'autant plus impardonnable, qu'elle a entouré toujours le pouvoir royal de la plus grande sollicitude, et n'a pas craint de déclarer énergiquement son horreur profonde pour le meurtre d'un seul homme portant la couronne.

En la XVe session du Concile de Constance, qui eut lieu de 1414 à 1418, les Pères ne trouvaient pas d'expressions assez fortes pour flétrir et réprouver comme *hérétique, scandaleuse, séditieuse* et *abominable*, la motion de Jean Petit, qui disait : « Qu'un tyran peut être tué licitement et d'une façon méritoire par l'un quelconque de ses vassaux et sujets. »

Quel souci maternel de préserver la vie d'un homme souvent méprisable, et incarnant toujours l'esprit national en opposition avec l'esprit d'internationalisme !

Mais que ce tyran envoie à la mort cinquante mille de ses sujets, ce n'est nullement hérétique, scandaleux, abominable ni séditieux. Pour les masses, l'Eglise n'a point eu ces tendresses. Le prince peut exposer ses armées aux plus grands périls ; nous devons nous taire, subir le joug et la tyrannie, obéir en silence contre nos sentiments, contre nos lois, contre la parole même du Christ, obéir sans raisonner, faire abstraction de notre science, de notre philosophie, de notre intelligence, devenir semblables à des brutes, nous annihiler dans l'imbécilité pure !

Comme le dit Montluc : « Ce n'est pas à nous de demander à nostre roy si sa querelle est bonne ou mauvoise, mais seulement d'obeyr ! »

C'est la brutalité officiellement élevée à l'état de vertu passive. Le roy dit de cogner, on cogne !

Merveilleux chrétiens !

Plus de justice, plus d'équité, plus de pardon des injures, plus de conscience individuelle. Le Roy et la Patrie avant tout, et surtout avant le Christ, dont la parole est restée ainsi non avenue!

L'outrecuidance du pouvoir royal dépassa, en ce sens, toutes les bornes. « Nous tenons notre royaume directement de Dieu lui-même, disaient les souverains; par conséquent, nos sujets doivent nous obéir sans consulter leur conscience; et la responsabilité des guerres tombe entièrement sur nous. » Et l'Eglise, l'Eglise du Christ se fit l'adulatrice de ce pouvoir qui blasphémait! Au lieu de répéter le cri des barons d'Aquitaine contre Hugues-Capet: « *Christo regnante, rege nullo!* », elle excommunia ses fidèles pour le crime de lèse-majesté! Au lieu de prêcher au peuple l'horreur du sang, de régénérer le monde en créant la fraternité mystique entre tous les hommes, elle fit une obligation d'exécuter passivement les ordres des souverains; elle détourna le sens du quatrième commandement du Décalogue, et étendit jusqu'aux supérieurs temporels, aux usurpateurs du pouvoir, le privilège d'être obéis sans discussion.

Suivant ses modernes docteurs, refuser de participer à une guerre commandée c'est être criminel, puisque c'est manquer à l'obéissance.

En obéissant, au contraire, on plaît à Dieu; on imite et *on honore le Christ*. On peut donc, en parfaite quiétude de conscience, satisfaire amplement ses goûts d'homicide sur les champs de bataille, sans transgresser l'ordre du Christ, sans cesser d'être excellent catholique, puisque, seule, la responsabilité du gouvernement se trouve engagée !

Cette méprisable théorie a perverti entièrement les voies de l'Eglise, et a conduit au résultat suivant, vraiment extraordinaire, que tout homme qui n'aime pas la guerre, qui refuse le service militaire, qui rêve de l'abolition des patries, est honni des chrétiens !

Il y eut un abbé de Saint-Pierre qui, au XVIIe siècle, écrivit un *Projet de Paix Universelle.* L'idée était trop hardie pour l'époque, et l'auteur fut disgrâcié par Louis XIV. Pacifier les hommes ! ceci sonnait évidemment mal aux oreilles d'un monarque chrétien.

A la seule pensée qu'on eût pu, au nom du Christ, prêcher la douceur, entraver une guerre, troubler le plaisir sacro-saint du monarque, l'avocat Omer Talon pâlissait d'indignation !

« *Quel désordre,* dit-il dans son Traité de l'Autorité des Rois, *quel désordre* ne serait-ce point par exemple, si un Prince étant *obligé* de prendre les armes... la Puissance spirituelle, *sous prétexte de l'interest que l'Eglise prend toujours à la paix* et à la tranquillité des peuples, avoit droit d'enjoindre aux monarques de mettre les armes bas, etc. »

Quel désordre, en effet ! Eviter la mort de quelques milliers d'hommes par un appel à la paix, à la douceur, à la conciliation ! C'eût été, en vérité, intolérable !

C'est au sein du catholicisme que la théorie du désarmement est le plus défavorablement accueillie.

Les chrétiens d'aujourd'hui ont applaudi à toutes les entreprises nationales, à tous les massacres coloniaux. Au Maroc, au Dahomey, au Tonkin, les feuilles catholiques répétaient l'éternelle phrase: nos soldats se sont couverts de gloire!

J'ai vu Mgr Richard célébrer pontificalement à Notre-Dame une messe pour le succès des troupes françaises à Madagascar, c'est-à-dire offrir l'oblation du corps du Christ afin que Dieu nous accorde le massacre de beaucoup de nègres; et cependant la plupart de ceux-ci avaient été évangélisés par les missionnaires, quelques années auparavant. Et dans un discours, le prélat déclarait que l'Eglise devait se féliciter de ces entreprises militaires qui permettaient d'apporter aux nations lointaines, les lumières du *catholicisme* sous l'égide de la *Patrie!*

L'Evangile annoncé par voie de conquête! voilà ce que le Christ n'a certainement jamais rêvé!

Bacon disait:« Les rois n'ont aucune excuse de ne pas propager la religion chrétienne à l'aide de leurs *armes* et de *leurs richesses* (*De Bello Sacro*). »

Incroyable perversion du sens évangélique! Le Militarisme et la Finance, les deux forces monstrueuses du bourgeoisisme moderne devenant les deux colonnes de l'Eglise du Christ, n'est-ce pas admirablement pur? et ne faut-il pas désespérer à tout jamais du salut du monde, renoncer au triomphe de la vérité en voyant combien l'idée chrétienne a été incomprise, combien le Sauveur a été bafoué par ceux qui se disaient effrontément ses disciples, et qui enseignaient le contraire de sa pensée?

Les Catholiques se sont souvent rencontrés avec Mahomet qui voulait qu'on propageât sa religion par les armes, ce qui les honore médiocrement.

Louis XIV désirait donner à Fénelon des troupes pour seconder ses prédications en Sologne; celui-ci, en refusant énergiquement, fit preuve de grandeur d'âme et d'une parfaite compréhension de la doctrine du Rédempteur. Il savait que l'amour du Christ ne s'enseigne pas à la pointe de l'épée, et que les conversions arrachées par la violence n'ajoutent pas à la gloire de l'Eglise.

Lorsque Nestorius, le jour de sa nomination au patriarchat de Constantinople, offrit à Théodose le Jeune de l'aider à exterminer les Perses si celui-ci voulait exterminer avec lui les hérétiques, il blasphémait déjà, et plus encore que lorsqu'il nia, plus tard, la participation de la Vierge au plan divin de la Rédemption.

La lettre des évêques des provinces de Rouen et de Reims, qui compose le XXIIIe Capitulaire de Charles-le-Chauve, renferme ces admirables paroles, entièrement conformes aux idées de la primitive Eglise :

« Nous ne sommes pas de ces hommes qui veulent imposer par la force la volonté de Dieu que nous connaissons; nous ne devons susciter ni provoquer aucunes de ces rixes, dissensions, séditions que le vulgaire appelle guerres, *quas vulgus* WERRAS *nominat;* car nous sommes ceux que Dieu a voulu ordonner comme les *prédicateurs et les sectateurs de la paix!* »

Il est de toute impossibilité d'expliquer comment les chrétiens peuvent allier avec tant de facile désinvolture les choses de la guerre et de la religion. Les moines d'aujourd'hui, les fils de saint Benoît, de saint François, de saint Dominique sont tous d'ardents militaristes. Un franciscain célèbre, chassé de France, m'exposait un jour son humiliation de manger le pain de l'étranger, de l'ennemi! L'ennemi, c'étaient des franciscains comme lui, ses frères, soumis comme lui à la règle de l'Ange d'Assise, mais dans une autre nation! Le pays qui l'avait accueilli charitablement restait l'ennemi; le pays qui l'avait chassé comme une bête malfaisante, c'était la Patrie!

« Comment n'aimerait-on pas un homme qui, sous l'habit de soldat, mène une vie de prophète? » écrivait saint Jérôme. On l'eût encore mieux aimé sans cet habit.

« De toutes les analogies morales, nulle n'est plus frappante que l'analogie du religieux et du soldat », dit aussi Lacordaire. Ce parti pris d'établir des comparaisons entre la science de la prière et l'art du meurtre, de vouloir concilier ce qui est inconciliable, a quelque chose de vraiment ténébreux. Les meilleurs esprits consentent à toutes les divagations plutôt que de séparer hardiment la guerre de la religion.

J'ai cherché bien souvent, sans y parvenir, à pénétrer l'état mental de l'officier qui va à la messe. Lorsque le prêtre, s'adressant à la totalité des chrétiens, leur dit : « la Paix du Seigneur soit toujours parmi vous, » n'est-ce pas un reproche solennel que reçoit, directement en sa conscience, l'homme au côté duquel pend un sabre?

Quantité de gens sont bonapartistes et chrétiens. Or, révérer la mémoire de Napoléon et de Jésus-Christ, admirer l'un et l'autre et se dire disciple de tous les deux ensemble, ceci surpasse ma compréhension. J'avoue ma totale incapacité à adopter un semblable éclectisme; il m'est impossible d'adorer à la fois l'Eucharistie et le drapeau, et de saluer le bandit corse après le Divin Maître.

Il est singulier que la plupart de ceux qui ont exercé le métier de la guerre aient voulu se réclamer de Jésus-Christ, en unissant ainsi, au geste ignoble et brutal, le raffinement du blasphème. Cette coutume est un triste legs que nous ont fait les barbares, nos ancêtres, dont on n'a jamais remarqué l'influence néfaste sur le Catholicisme. Seuls les chrétiens des Catacombes, d'origine romaine, avaient compris l'esprit même de Jésus, en s'abandonnant passivement à toute manifestation du pouvoir et de la violence.

Les hardis chevaucheurs du Rhin, les hommes farouches des tribus germaniques, voulant conserver quand même leurs mœurs sauvages et leur vie de sanglantes aventures, transformèrent plus tard notre religion en une chose hybride, à la fois mystique et militaire, un non-sens.

Après avoir longtemps opprimé l'Idée par la Force, ils crurent progresser en mettant la Force au service de l'Idée. Désormais les chrétiens prirent l'habitude de défendre leurs droits et d'appuyer leurs revendications par les armes; ils perdirent la notion du pardon des offenses; ils ne surent plus souffrir, sans récalcitrer, la persécution en silence, ni accepter les opprobres en vue de la gloire future; ils devinrent semblables aux autres hommes, remirent insensiblement en vigueur le talion aboli de Moïse, abdiquèrent, de fait, la supériorité à laquelle ils prétendaient toujours dans leurs enseignements.

Quelques phrases, glanées au hasard dans Guillaume Calculus, de Jumièges, attestent cette incroyable perversion du sens moral, par laquelle tous les hommes du Moyen-Age couvrirent du nom du Christ la honte de leurs mœurs guerrières.

« Dès que la nation des Francs, ayant recueilli ses forces, eut secoué le joug de la servitude romaine et courbé sa tête sous la domination des rois, l'Eglise du Christ, se développant rapidement et portant des fruits odoriférants, poussa ses conquêtes jusqu'aux limites de l'Occident. Car en ce temps, les rois eux-mêmes, *vaillants dans les exercices de la guerre*, et s'appuyant de toute la *vigueur de la foi chrétienne*, remportaient fréquemment de très grands triomphes sur les ennemis. »

Ailleurs, c'est Guillaume, fils de Rollon « faisant tous ses efforts pour conserver en son cœur une fidélité inaltérable au Christ son roi ; il était plein de douceur pour les hommes de bonne volonté, *terrible comme un lion pour ses ennemis*, et ne cessait d'étendre autour de lui les limites de son duché. »

Enfin le duc de Normandie, Richard II, « très précieuse perle du Christ (*pretiosissima Christi gemma*) admirable défenseur de la foi catholique », comme l'appelle notre auteur, faisait couper les pieds et les mains à des paysans dont le crime était... de discuter les lois qui pesaient sur eux !

Le Moyen-Age donna naissance à quantité d'ordres *religieux* et *militaires*, tels que les ordres de Calatrava, des Hospitaliers, des Templiers, dont les membres surent, à la fois, vénérer la Croix et manier l'épée.

Les chevaliers de l'ordre Teutonique évangélisèrent la Prusse et la Lithuanie au moyen de cruelles guerres entreprises au nom du Christ. Tous les peuples scandinaves devinrent chrétiens par les armes ; et il convient de remarquer que ce qui a été conquis à l'Eglise par le moyen du sang, ne lui est jamais resté fidèle ; la lèpre luthérienne a envahi, quelques siècles plus tard, les pays dont la conversion avait coûté tant de criminelles violences.

A chaque page de l'histoire, le nom du Sauveur apparait sans cesse, inattendu, accolé sans vergogne aux pires ignominies.

En 1779, parut à Munster un *Traité des mines*, dans lequel l'art de fabriquer les explosifs, jeter les bombes, faire sauter les villes et pulvériser leurs habitants, est enseigné par un certain J.-D. Etienne, qui s'intitule encore: « chevalier de l'Ordre royal et militaire de *Notre-Seigneur Jésus-Christ!* »

A travers les siècles, on perçoit l'action lente et néfaste de cette puissance occulte et ténébreuse qui suscite les guerres, excite l'esprit nationaliste, et envoûte, peu à peu, le catholicisme.

Ce fut encore cette conception barbare de l'esprit religieux, qui inspira à ceux qui devaient livrer bataille, d'assister auparavant avec dévotion au sacrifice de la Messe, afin d'y puiser la force de mieux frapper, de faire de plus larges blessures!

Le Concile de Mérida, en Espagne (*Emeritenses*), tenu en 666, ordonne que lorsque le roi sera à la guerre, on offrira tous les jours le saint sacrifice pour lui et son armée!

Un autre concile de Germanie, tenu probablement à Ratisbonne en 742, décide que tout chef d'armée doit être accompagné, pendant la guerre, de deux évêques et d'un certain nombre de prêtres.

A la bataille de Bouvines, ce fut Guillaume-le-Breton, chapelain de Philippe-Auguste, qui entonna le psaume: *Dominus meus qui docet.*

9

Voici un autre exemple d'une prière militaire blasphématoire, empruntée à Muratori, et qui fut dite dans un combat contre les Vandales :

« Alors le roi, voyant l'aurore, clama à haute voix aux adorateurs du Christ : Faisons avec nos Francs les guerres du Seigneur. Car déjà en moi je sens que Dieu m'aide et combat avec moi. Clamons donc tous unanimement vers le Seigneur ! » Alors, tous ensemble, commencèrent à mugir (*barritonare*) : « *Deus, adjuva nos !* » Au son de cette voix, tous les Vandales, stupéfaits et devenus comme à demi-morts, étaient égorgés comme un troupeau de moutons, de telle sorte qu'il n'en resta aucun d'eux. »

A Rome, lorsque les persécutions cessèrent, le Christianisme, en devenant officiel, se militarisa. L'horrible mixture de la discipline militaire et de l'initiation religieuse se manifeste au chapitre de Végèce sur la formation des légions : « Les soldats jurent par Dieu, par le Christ, par le Saint-Esprit et par la Majesté Impériale, laquelle, selon Dieu, doit être honorée et aimée du genre humain. Ils jurent d'accomplir strictement ce que leur ordonnera l'Empereur ; de ne jamais déserter la milice, ni de se soustraire à la mort pour la République Romaine ! »

A ces profanateurs de l'idée chrétienne, nous préférons vraiment ces grognards de la Grande Armée qui furent terriblement athées, tels que Barbey d'Aurevilly nous les a décrits de sa plume magistrale.

Eux, du moins, ne croyaient à rien ; en tuant ils étaient logiques. S'ils sabraient énergiquement l'étranger, ils ne se réclamaient point du Christ qu'ils insultaient ; ils restaient raisonnables dans leur férocité.

Mais connaitre la parole : « Remettez l'épée au fourreau », et tirer celle-ci quand même et se prétendre le disciple et le serviteur de Jésus, voilà contre quoi je protesterai toujours.

« *Instaurare omnia in Christo* », a dit saint Paul. Oui, tout, mais l'art de la guerre jamais. « La science militaire appartient de droit aux Romains », disait Onosander avec une certaine fierté. Soit, mais elle ne saurait appartenir aux chrétiens.

C'est un crime de prier pour le succès des armées. Les *Te Deum* chantés après une victoire, lorsque les cadavres fument encore, insultent à la Divinité, et sont indignes de la religion d'amour que nous avons formée pour imiter le Christ, et honorer le souvenir incomparable qu'il nous a laissé.

La seule prière que pourrait dire l'Eglise, pendant une campagne, serait pour la cessation de la guerre et non pour la victoire ; mais a-t-elle jamais eu cette pensée charitable ?

Le mystique Eckartshausen avait quelque notion du christianisme intégral quand il indiquait, dans son petit traité : *Dieu est l'amour le plus pur*, la prière suivante à réciter après une bataille gagnée :

« Mon Dieu ! nous avons remporté la victoire sur nos ennemis ; tout retentit de plaisir et de chants d'allégresse ! Pour moi, grand Dieu, je me prosterne humblement devant Toi pour Te supplier de toucher le cœur des hommes en leur inspirant des sentiments plus doux, afin qu'ils décident à l'avenir leurs querelles sans le secours du glaive ! »

Il existe dans l'Eglise un rite blasphématoire peu connu, tombé en désuétude à cause de la prétendue captivité du Pape, mais qu'on remettrait en vigueur s'il osait de nouveau sortir de Rome.

Tous les ans, la nuit de Noël, le Pape se rend à la sacristie de Sainte-Marie-Majeure, et là il bénit, *au nom de Jésus naissant*, un casque et un glaive destinés à un guerrier catholique qui a bien mérité de l'Eglise !

Singulière dérision ! Au nom de Jésus naissant, au nom de l'enfant, vie débutante, être sans force, innocent et pur, et au nom de l'Enfant-Dieu, c'est-à-dire du Sauveur du monde, venu pour effacer de la terre le sang des querelles et des guerres, oser bénir la main qui frappe et l'arme qui blesse, triomphe rugissant de la chair sur l'esprit, de la force corporelle sur le Verbe, du coup de poing sur la puissance démonstrative !

Et cependant, une leçon solennelle du martyrologe, qu'on lit tous les ans à la vigile de Noël, fait remarquer qu'au moment où le Christ fit son entrée dans le monde, tout l'univers était en paix! *toto orbe in pace composito,* ce qui est historiquement exact.

Les guerres Puniques étaient terminées depuis longtemps. La bataille d'Actium avait été le dernier fait militaire important; et l'empereur Auguste, en l'an 30, avait eu la gloire — gloire véritable celle-ci! — de fermer le temple de Janus, ouvert depuis plusieurs siècles.

Les barbares du Nord, soulevés contre Tibère, semblent même entrer dans une courte période de calme, comme pour saluer l'avènement du Roi pacifique, et ce n'est qu'en l'an 9 de notre ère que les Germains donnent de nouveau le signal des hostilités, par la formidable bataille de Teutoberg où furent massacrées les légions de Varus.

Cette pacification providentielle et soudaine du vieux monde, déchiré par tant de querelles sauvages, est caractéristique et significative. Elle indique nettement la mission et la volonté du Christ qui veut être adoré et servi dans la douceur, la mansuétude et la paix. Est-il admissible de bénir un casque et une épée au nom de Celui qui est venu prononcer la déchéance et la condamnation de la force corporelle?

Il semble que la nature elle-même ait voulu s'apaiser, épargner le sang des hommes, pour honorer la venue ici-bas de son chef et géniteur mystérieux; de même qu'à sa mort la terre vacille et tremble, le soleil se voile de sang, les ténèbres descendent sur le monde et les sépulcres s'entr'ouvrent!

Symbole puissamment expressif! Le Christ veut la paix! Malheur aux guerriers! mais malheur surtout à ceux de ses disciples qui s'obstinent à ne pas le comprendre, à entretenir entre eux et à semer parmi les hommes des ferments de haine, de discorde et d'homicide!

IX

Les idées militaires ont acquis, chez les catholiques, une incroyable prépondérance.

Toutes les épithètes d'obscurcissement et d'induration qui constellent les Testaments; tous les textes qui soufflettent, toutes les paroles de honte crachées au visage des Juifs, des Pharisiens et des sectaires dans les Psaumes, les Prophètes et les Evangiles, paraissent avoir fait envie aux chrétiens; et les sentences célèbres: « Ils ne savent plus ce qu'ils font! »; « Ils ont des yeux et ne voient point, des oreilles et n'entendent point! » leur sont applicables, incontestablement.

Dès le début du XIXe siècle, l'apothéose du chauvinisme, à laquelle nous assistons, fut préparée avec leur concours ardent, passionné.

L'armée, indice prétendu de la prospérité d'un pays, que l'on devait s'efforcer d'accroître sans cesse, mais qu'il n'était pas permis d'amoindrir ni d'abaisser, devint pour eux un objet d'idolâtrie. Ils rêvèrent d'armements formidables, d'une civilisation continuellement sur le pied de guerre, où tout le monde serait soldat ; ils ressentirent de la fierté et de la joie en apprenant que la fabrication des canons prenait des proportions colossales. Ce fut du délire, du fanatisme sanguinaire. Leur doctrine devint un tissu d'incohérences, une mixture singulière de cruauté et de mysticisme. Le culte de la Vierge se mêla à la religion de l'épée. L'humilité, la patience, la douceur, le pardon des injures et les merveilleuses splendeurs de la vie évangélique furent compatibles avec le maniement du fusil et de la baïonnette, avec les impitoyables carnages et toutes les honteuses bassesses que comporte cette expression : « se battre ».

On connait la politique des chrétiens pendant la dernière moitié du XIXe siècle. Elle a affirmé sa sympathie pour toutes les répressions sanglantes, pour toutes les manifestations de la force. Elle a favorisé toutes les apparitions du régime du sabre, et n'est pas bien éloignée de considérer l'armée comme le patrimoine essentiel de Jésus.

Presque tous les modernes défenseurs du catholicisme ont inconsciemment soutenu cette cause erronée, qu'ils croient superbe, tandis qu'elle précipite l'Eglise vertigineusement à sa ruine.

« Si je meurs, vengez-moi ! » disait à ses soldats chouans le général Larochejacquelein.

Les Martyrs parlaient-ils ainsi de leurs persécuteurs? Etait-ce la parole d'un chrétien qui affectait de porter sur sa poitrine l'effigie du Cœur de Jésus? Et c'est précisément à cause de cette vengeance si impérieusement ordonnée, que le sang des Vendéens n'a pas porté le fruit du sang des Martyrs, et que le Catholicisme a sombré de plus en plus.

« Je ne raisonne plus dès que j'entends le bruit du tambour ! », s'écriait, en bon catholique, Chateaubriand.

Lacordaire lui-même, délaissant de temps en temps la lecture des grands mystiques de son ordre, professa pour Napoléon une admiration déplacée, et, prononcant du haut de la chaire chrétienne l'oraison funèbre du général Drouot, trouva des paroles de soudard pour faire l'éloge émerveillé de l'artillerie, des canons, des bouches à feu, et de la puissance destructive des batteries de cent ou cent cinquante pièces !

Silvio Pellico, catholique véhément, prétendait que la philosophie de la charité étendue à tout l'univers avait pour caractère de dégrader l'homme et de nier ses vertus, et il a accumulé chapitres sur chapitres pour démontrer que l'amour de la patrie était solidaire de l'idée religieuse !

N'a-t-on pas entendu notre grand Barbey d'Aurevilly appeler la guerre : « *la grande école du sacri-*

fice », et parler de « la *saine odeur de la poudre* que Stendhal avait respirée?

Un autre catholique, Léon Bloy, sertisseur de mots virulents et énergiques qui contrastent avec la phraséologie édulcorée, lénitive et séminaristique chère aux chrétiens modernes, un écrivain ayant lu l'Evangile, ce qui est rare de nos jours, énonce ainsi cette incroyable opinion: « A la réserve du sacerdoce, *je mets toujours le militaire au-dessus de tout!* »

Pitou surpassant Platon; Cambronne éclipsant Dante, voilà, certes, de l'inattendu; et l'écrivain qui nous propose cet idéalisme grossier, qui connait cependant la gloire rayonnante des grandes figures catholiques, n'est pas indigné de penser que saint Isidore de Séville, saint Yves de Chartres ou saint Bernard, les saints des portails des cathédrales, les saints des châsses et des martyrologes, s'ils revenaient en ce monde, seraient aujourd'hui obligatoirement travestis en tourlourous, parqués en des casernes, et condamnés à entendre l'argot de la chambrée pour la défense de la Patrie!

Il n'est plus possible d'ouvrir un livre catholique où il ne soit pas crié: « Vive l'armée! », ni de rencontrer un esprit chrétien qui ne soit imbu de ce préjugé que la France est l'*âme du monde* et qu'il faut travailler, pour complaire au Christ, à l'abaissement des autres nations.

J'extrais, comme dernier exemple, ces deux phrases,

prises au hasard dans de la « Tradition Celtique » du docteur Maurice Adam :

« L'apothéose de la *Vierge Mère* et de *la France* est l'œuvre du Celte devenu Chrétien » et « l'Armée est la *seule chose* qui nous reste de notre Héritage national, le seul prestige de la gloire de la France ! »

La mentalité du catholique actuel est ici nettement synthétisée.

Le sophisme se conçoit : on supprimerait volontiers la guerre ; mais l'armée n'aurait plus sa raison d'être. Or, l'armée c'est la beauté (!) c'est, la *gloire*, c'est tout ce qui nous reste de notre Héritage national, etc. Nos monuments, nos arts, nos sciences, nos livres, nos cathédrales, nos primitifs, nos missels, tout ceci n'existe pas auprès d'une bande de quatre cent mille individus, gauchement vêtus de capotes trop larges, occupés à astiquer des ceinturons et des baïonnettes, et *seul vestige* de notre gloire. Donc conservons les armées ainsi que la guerre, avec son cortège d'horribles conséquences.

Tous les défenseurs, sincères ou non, du catholicisme, les Coppée, les Brunetière, les Drumont, les Déroulède, les Barrès, nous ont développé quotidiennement les innombrables variations de ce thème.

Ils nous ont ressassé tous les lieux communs du nationalisme, de la gloire, de la patrie, de l'armée, de la frontière ; ils ont chanté sur tous les modes les splendeurs de la guerre, l'intelligente séparation des hommes par frontières homicides, et la nécessité, pour un peuple, d'être armé jusqu'aux dents pour demeurer chrétien.

On chercherait vainement, dans tout le catholicisme actuel, un homme selon le Christ. Nul n'a tenté la restauration intégrale de sa parole; nul n'a osé remettre les Chrétiens dans la voie de la vérité d'où ils se sont, politiquement, égarés.

Un capitaine Ferret s'est trouvé, qui a pu écrire ingénuement le livre à la fois militaire et chrétien : *Le Nouveau droit de faire la guerre.*

C'est le meilleur exposé des idées adoptées par tous les modernes disciples de Jésus. L'auteur, après avoir essayé de décrire une incohérente vision qu'il eut dans la cathédrale de Clermont-Ferrand et qui le ramena à la foi, affirme sa nouvelle doctrine : le développement de ses efforts patriotiques « *par le seul amour du vrai Dieu uni au plus pur patriotisme :* telle la rosée fécondante qui s'évapore chaque matin des calices eucharistiques de la Sainte Eglise catholique *de France!* » (et non d'autres pays, remarquons-le bien!)

« L'œuvre *militaire* que je méditais, continue-t-il, s'anima d'un puissant souffle de *foi religieuse!* »

Plus loin, il constate que « les peuples policés se trouvent aujourd'hui acculés au désarmement par le seul fait de l'horreur que doit leur inspirer la puissance croissante des engins homicides. » Ce qui ne l'empêche pas de conclure que « la question de désarmement et de paix universelle se résume par la négative absolue ».

« Notre tempérament fougueux a horreur de l'inertie militaire », dit-il encore; et il trouve cette merveilleuse phrase, vraiment chrétienne:

« *Mais la Providence, pour corriger les excès de cette violence innée,* VEUT *seulement que la guerre soit à l'humanité ce que le volcan est à la terre: une soupape de sûreté, un dégagement* UTILE *d'incandescence intérieure!* »

Voilà comment les hommes parviennent à décorer de vraisemblance leurs propres préjugés, à se complaire en eux comme si c'étaient autant de vérités démontrées. Voilà comment, par l'ingénieuse comparaison de la soupape de sûreté, ils excusent leurs plus grands crimes. « Supprimer la guerre! disent-ils, nous ne le pouvons; ne faisons même pas le moindre effort vers la pacification universelle; la Providence *veut* que la guerre existe! » Quant a-t-elle jamais exprimé cette volonté? Peu leur importe. Cette pensée leur suffit pour s'endormir tranquilles dans le sang, après la curée des champs de bataille.

Les catholiques sont tellement attachés à la guerre, aux idées d'héroïsme, de bravoure, de valeur qui s'y rapportent, qu'ils transigent volontiers avec leurs convictions, leurs principes, leurs enseignements, plutôt que d'oser manifester la réprobation que méritent tous les faits militaires.

J'ai eu des maîtres chrétiens qui me faisaient admirer le geste de la femme d'Asdrubal se précipitant dans les flammes pour ne pas survivre à sa patrie, ou celui du commandant Beaurepaire se suicidant parce que la ville de Verdun venait d'ouvrir ses portes aux alliés!

Certains n'hésitent pas, pour justifier la guerre, à adopter la théorie de la population surabondante du globe. « Il y a trop d'hommes, disent-ils avec une nuance de regret; leur nombre croît en progression géométrique tandis que les produits du sol n'augmentent qu'en progression arithmétique; il est donc *excellent* que s'effectuent de temps en temps, par le moyen des guerres, de larges saignées, qui, *sans crime*, permettent d'alléger un peu le globe de ses trop nombreux habitants ! »

« Nous sommes aux mains de Dieu, disent encore quelques autres; acceptons donc les guerres qui se présentent, comme des épreuves, des châtiments, des correctifs de notre nature mauvaise, et des occasions d'expier nos fautes; par conséquent gardons-nous bien de prêcher à l'humanité une paix universelle, qui nous priverait d'un de nos plus puissants moyens de pénitence et de salut! »

La guerre est devenue un élément chrétien; on l'admet, on la désire ouvertement tout en faisant profession d'aimer Jésus; on ne la conçoit pas seulement comme un procédé de défense, mais comme une revanche; et l'on se délecte, sans remords, à émettre des théories *de vengeance* qu'on croit sans culpabilité, parce qu'elles émanent du sentiment patriotique.

Les catholiques sont les meilleurs soldats, dit-on. Ce n'est pas à leur honneur.

L'esprit de discipline et d'abnégation les porte à faire le sacrifice de leur vie. C'est possible ; mais en tirant sur l'ennemi ils font aussi trop facilement le sacrifice de la vie des autres. Le Chrétien ne voit dans la discipline militaire que l'obéissance, que l'imitation prétendue du Christ, mais obéir dans le crime est-ce aussi une vertu ? Il est certaines révoltes qui sont plus belles que l'obéissance : et le refus de verser le sang des hommes est de celles-là.

Lorsque les Polonais chrétiens et les Chevaliers Teutoniques, également chrétiens, s'égorgèrent à Plowce et à Grünswald, en 1331 et en 1410, merveilleux d'obéissance dans les deux camps opposés, était-ce nécessaire et vraiment édifiant ?

Je ne sais où j'ai lu qu'un officier allemand, ayant été tué par une balle perdue, partie d'un village français, le colonel exigea qu'un des habitants fût exécuté par représailles.

Le curé du village s'offrit comme victime.

« Jamais ! s'écria le colonel avec horreur ; nous sommes catholiques aussi ; nous craignons Dieu. Tuer un prêtre serait un sacrilège et nous ne pourrions porter un tel péché sur notre conscience ! Qu'un autre se livre donc à nous! » Et un autre homme fut à l'instant fusillé.

Et j'ai entendu admirer la foi et la piété de cet officier! Tuer le prêtre, c'était un péché; mais tuer un laïc était sans conséquence. Le Christ le défendait également, il est vrai, mais la guerre y *obligeait;* c'était donc *méritoire;* c'était le *devoir militaire.*

Cette conciliation étonnante du scrupule religieux et de la bestialité guerrière, se retrouve au Moyen-Age en anecdotes semblables. L'auteur des *Cent nouvelles nouvelles* rappelle que, pendant la guerre de Cent-Ans « Monseigneur Talebot, quoy qu'il fust terrible et cruel, et en la guerre *très criminel,* si avoit-il en grande révérence tousiours l'Eglise et ne voloit que nul en nesun moustier le feu boutast ne derobast. »

Quelle singulière déformation de la morale, qui, en guerre, absout l'homicide, excite à la vengeance, contemne l'ordre formel du Christ, et néanmoins s'écrie: Gloire à Lui!

On trouve mentionnée, dans un Dick de Lonlay quelconque, une incroyable anecdote de la guerre franco-allemande. Des soldats français blessés et mourants réclamaient à grands cris le viatique. Un aumônier bavarois accourt, apportant le pain consacré.

« Nous ne voulons pas du Bon Dieu prussien! » s'écrièrent ces braves; et ils préférèrent mourir en patriotes, dans l'impénitence, plutôt qu'en chrétiens avec la parole de pardon à la bouche.

Après une telle absurdité, on désespère de pouvoir faire entendre à l'humanité une parole salutaire.

Quel résultat pourrons-nous jamais obtenir, lorsque le Christ lui-même n'a su réussir à unifier les hommes, à apaiser leurs dissensions, à faire cesser leurs querelles; lorsque ceux qui se disent ses servants sont les premiers à garder jalousement ces divisons patriotiques et meurtrières, qui leur inspirent une haine réciproque.

L'histoire des peuples chrétiens, qui n'ont su que se déchirer entre eux par des guerres continuelles, est un triste exemple pour les infidèles. Quelle autorité avons-nous pour annoncer l'Evangile à des Turcs ou à des Arabes pour leur prêcher la paix, la douceur et le pardon des offenses que nous avons été incapables nous-mêmes de pratiquer?

Le devoir patriotique, aveugle et impitoyable, surpasse tout chez les catholiques. A la guerre, ils font le coup de feu dans les rangs étrangers, sans scrupule, dès qu'on le leur ordonne, oublieux de la mission pacificatrice dévolue à leur société. Ils ont des amis dans l'armée ennemie, des frères, des chrétiens comme eux; le maitre qui leur a ensigné sa langue s'y trouve peut-être, ou l'hôte qui les a hébergés en temps de paix; qu'importe, tuer l'étranger, c'est de *la gloire!*

Une femme peut enfanter des fils dans une nation;

puis, d'un second époux, d'autres fils dans une autre nation, et le patriotisme exigera que ces frères se combattent!

Et nous nous rallierions à un système qui outrage aussi manifestement les lois les plus saintes de la nature? Et nous le proclamerions admirable? Et nous ne nous efforcerions pas de le détruire et de le repousser tant qu'il nous restera un souffle de vie et d'énergie vitale, de dénoncer son injustice, sa stupidité?

Ah! combien nous préférons nous retrancher dans la pure doctrine du Christ, toute de douceur et de mansuétude, sans la polluer par de vils attachements aux patries éphémères, aux frontières qui enseignent la discorde, la haine!

C'est dans le silence des grands bois, aux heures mélancoliques de l'automne, dans la solitude et le recueillement de la nature, que l'on comprend l'inanité des choses et l'inexprimable folie des hommes de n'avoir su s'aimer!

Il semble qu'on entende alors, dans ce dialogue intérieur de l'âme avec la Divinité présente, au milieu du concert surhumain des êtres mystérieux de la forêt, comme une réprobation de tous les crimes patriotiques et militaires, comme la voix du sang injustement versé, dont l'humanité ne se lavera jamais intégralement.

Les plus merveilleuses paroles de consolation et d'amour ont été prononcées sur la terre; elles ont été portées aux extrémités du monde en un livre admirable qui se nomme l'Evangile; et les hommes ne les ont pas comprises. L'Eglise parle souvent des souffrances qu'on inflige quotidiennement au Sauveur, des insultes qui lui font revivre sa Passion, qui le crucifient à nouveau. Les grands mystiques, tels que saint François d'Assise, sainte Thérèse, Catherine Emmerich, l'ont vu pleurer, se couvrir d'une sueur de sang en considérant les péchés des hommes. Mais quelle torture plus cruelle pour lui, qu'une nouvelle guerre éclatant dans l'univers entre chrétiens qui croient l'honorer, et prétendent qu'il est *nécessaire* de se battre et de s'entretuer? Le sang répandu fait horreur à la Divinité. Tout homme qui donne la mort volontairement à son prochain, cesse de faire partie de la société des fidèles.

Abimelech, qui égorge sans raison ses soixante-dix frères; Jephté qui immole sa fille pour accomplir le vœu qu'il a fait au Seigneur, ne sont pas des hommes selon Dieu; c'est en vain qu'on voudrait les absoudre d'une manière quelconque et les appeler Justes. Le *païen* Agamemnon connaissait et révérait mieux la Divinité que le Juif Jephté lorsqu'il refusait d'obéir à l'ordre oraculaire qui lui imposait de sacrifier sa fille Iphigénie. Il n'avait pas étouffé en lui la voix du sang; il savait qu'un dieu qui ordonne de tuer, n'est pas Dieu.

L'Eglise ne s'est même pas arrogé le droit de punir l'homicide par l'homicide.

D'après les épitres canoniques de saint Basile, l'homme qui avait tué son semblable devait faire vingt ans de pénitence: quatre ans pleurant hors de l'église aux offices; cinq ans parmi les auditeurs; sept ans prosterné pendant les prières; quatre ans priant debout. Au concile de Tribur, près Mayence, en 895, cette pénitence fut réduite à sept ans. Pendant quarante jours, le coupable devait jeûner au pain et à l'eau, marcher nu-pieds sans entrer à l'église, ne pas porter de linge ni communiquer par la parole aux autres chrétiens; ensuite il restait un an exclu des offices, s'abstenant de chair et de boissons fermentées. Dès l'année suivante, il entrait à l'église en jeûnant trois carêmes par an; et enfin à l'expiration des sept années, il était réconcilié avec l'Eglise et recevait la communion, quoique les conciles d'Ancyre et de Reims en 314 et 625 eussent reculé le moment de cette communion à l'heure dernière.

Ainsi l'Eglise n'admet pas la peine de mort. Elle ne l'a pas inscrite dans ses lois canoniques. Elle présente, même aux plus grands criminels, la possibilité lointaine d'une réhabilitation et d'un pardon; et si l'idéal catholique de la conversion totale de l'Univers se réalisait, l'humanité entière devenue l'Eglise, rejetterait la peine de mort si chère à la bourgeoisie impitoyable, qui détient le pouvoir civil.

Lorsque l'Eglise, dans de regrettables moments d'égarement et d'erreur de certains de ses membres, a fait usage de la violence, elle transgressait ses propres lois, méconnaissait son véritable esprit. Les inquisiteurs, qui croyaient plaire à Dieu et sauvegarder la foi catholique en brûlant les ennemis de l'Eglise, ont compromis l'Eglise, et n'ont fait que mériter la réprobation temporelle des hommes, et la réprobation éternelle du Christ.

C'est donc en vain qu'on parle de guerre sacrée, et que, par condescendance pour la théorie patriotique et militaire, on prononcera le mot: devoir.

Le premier devoir du chrétien est de ne pas aller à la guerre et de ne pas obéir contre sa conscience et contre la parole du Maitre.

« Le prêtre patriote est un non-sens, disait Balzac; le prêtre ne doit appartenir qu'à Dieu.» Cependant, comment nombrer les prêtres, les évêques, voire même les Papes, qui ont fait eux-mêmes la guerre, qui ont commandé les armées, épée au poing, montés sur leurs destriers comme des hommes d'armes, et qui encombrent chaque page de l'histoire, de leur insolence?

Depuis ces évêques des VIIIe et IXe siècles qui levaient des armées, entretenaient des meutes et des faucons pour la chasse, malgré les défenses réitérées des conciles, jusqu'à ce patriarche Jean de Constantinople qui, suivant Zozime, incendia sa ville; depuis le grand cardinal Ximenez qui marcha à la conquête d'Oran à la tête de l'armée espagnole, jusqu'à l'abbé de Male-Paie qui combattait aux côtés de Du Guesclin, et à cet évêque de Zamora qui, en 1520, forma un bataillon de prêtres dans la guerre *des Comuneros,* tous semblent avoir été irréductiblement fiers de leur brutalité soldatesque.

Leur conduite me parait inqualifiable et déconcertante comme aussi celle de cet évêque de Beauvais, Philippe, qui combattit à la bataille de Bouvines, non avec une épée mais avec une masse d'armes, prétendant qu'assommer n'était pas répandre le sang !

Il faut admettre qu'ils ne comprenaient rien à la pensée du Christ dont ils se disaient les fidèles, ou bien qu'ils avaient fait la gageure d'être littéralement antichrétiens.

Lorsqu'on se souvient que Richelieu avait commandé en personne à la guerre, et bombardé la forteresse des Baux à Arles avant de s'adonner à la politique d'ambition, d'astuce, de duplicité et d'égoïsme qui condamne son nom à un mépris éternel, et qu'on apprend soudain qu'il a osé écrire un *Traité de la Perfection du Chrestien*, on se demande quelle responsabilité épouvantable ont assumée certains hommes en jouant une telle comédie, et en se couvrant du nom et de l'autorité du Sauveur?

« Vous ne vous rirez pas de moi ! dit le Seigneur, dans les Ecritures. » Parole terrible, que devraient méditer tous ceux qui, les mains encore teintes du sang glorieux des armées, se vantent de suivre la voie immaculée de l'Evangile.

Dans une civilisation vraiment chrétienne, il n'eût dû jamais y avoir place pour l'armée. L'Eglise, cependant, a sympathisé souvent avec la force brutale ; celle-ci a même envahi, de sa lèpre, la liturgie et le culte, qui en ont conservé de douloureuses effigies.

Qui n'a entendu, en maintes circonstances, des tambours et des clairons sonner aux champs, à la messe, au moment de l'élévation, pour saluer l'hostie vivante comme si Napoléon passait?

Lorsque le prêtre prononce les paroles miraculeuses : *Hoc est enim Corpus meum*, pour conclure comme en extase : *Per ipsum et cum ipso et in ipso est tibi Deo omnis honor et gloria!* on a toléré qu'on interrompit le chant divin, et qu'au lieu du *Benedictus*, des soldats fissent entendre, sous les voûtes des basiliques, un vacarme de caserne et un écho de la sauvagerie des champs de bataille!

D'où vient cette coutume? et pourquoi l'héritage du Christ a-t-il été constamment souillé de militarisme?

A l'ouverture de la deuxième session du concile de Trente, les prélats, précédés de la croix processionnelle, se rendirent à la cathédrale au milieu d'une double haie de trois cents fantassins, armés de piques et de mousquetons, qui firent entendre une salve de coups de feu dès que les Pères furent entrés dans l'église!

En France, le gallicanisme nous a gratifié d'un personnage grotesque, vestige dérisoire de l'époque de Louis XIV, et dont la présence déshonore nos églises : le Suisse!

Chez les premiers chrétiens, la surveillance des portes du temple était confiée à l'*ostiarius;* et cette fonction, nullement militaire, était sanctifiée par une investiture sacramentelle, un ordre mineur; celui qui en était chargé s'en acquittait avec humilité, sans presque faire remarquer sa personne.

Cette tradition s'est adultérée à tel point que l'ancien ostiarius des basiliques romaines est devenu chez nous ce soldat insolent et chamarré, mi-gendarme et mi-polichinelle, qui précède la croix aux processions, frappe sur les dalles, fait ranger le troupeau, semble une perpétuelle menace, accompagnant l'hostie pacificatrice, et prête à l'esprit chrétien une apparence agressive qu'il ne doit pas avoir.

Il y a quelque chose d'outrageant pour les fidèles, et d'humiliant pour l'Eglise vis-à-vis de ses ennemis, dans ce gardiennage des ouailles par la force armée.

Sans doute, cette force est dérisoire; la hallebarde est en carton et l'épée est inoffensive; mais l'emblême n'en est pas moins significatif; cet homme est un blasphème ambulant parce qu'il représente la puissance militaire là où la pensée seule doit être victorieuse.

Que dire ensuite de ce corps-de-garde qu'on trouve à la porte du Vatican? de ces blasonnés italiens qui dissimulent mal leur rôle de concierge en traînant des rapières, et en voulant donner l'illusion de soudards sous leur costume de figurants de théâtre? Comment Pie X, dans sa mansuétude, n'a-t-il pas eu le courage de balayer cette mascarade armée? Il me semble cependant que, dans l'Evangile, ce furent Judas, Pilate, Hérode qui se firent escorter de soldats, et jamais le Christ.

Il conviendrait pourtant de supprimer définitivement dans l'Eglise le signe de la guerre. Si l'Evangile a besoin d'appuyer ses institutions sur la force c'est qu'il n'est pas divin.

Aux Indes, le code buddhique du Pâtimokha place le soldat au rang du criminel, et interdit à l'un comme à l'autre l'entrée en religion. Pourquoi n'en serait-il pas de même dans le catholicisme?

Le soldat ne peut pas être un pacifiste. Il sait qu'il est armé pour tuer. Sa présence est toujours une provocation à l'état latent. Il ne peut donc être question de fraternité entre les hommes tant que les armées ne seront pas supprimées, tant que la production des épouvantables engins de guerre ne sera pas abolie.

Préparer la guerre pour obtenir la paix est une théorie de fauves, d'oiseaux de proie et non pas d'hommes rachetés par le Christ.

Non, les sanglants conflits du patriotisme sont incompatibles avec la parole de mansuétude, avec l'idéal bienfaisant que nous a enseigné le Maître, au Sermon sur la Montagne; et ceux qui se font les apologistes de ces luttes fratricides n'ont aucun droit à s'appeler ses disciples, à s'intituler chrétiens.

« Que faut-il faire pour gagner le royaume des cieux? », lui demandait-on un jour. « Me suivre », répondit-il simplement. *Veni sequere me.* Il n'a pas ajouté qu'il fallait aimer sa patrie ni combattre pour elle.

X

« On peut pardonner à Sylla d'avoir tué soixante-dix mille ennemis auprès de la porte Collina, dit Florus; *c'était de la guerre; bellum erat;* mais non d'avoir fait massacrer quatre mille citoyens. »

Tout la mentalité des patriotes est là. Le crime s'arrête à la frontière. On s'indigne du meurtre d'un citoyen, mais on applaudit aux massacres d'étrangers en nombre, comme si l'étranger n'appartenait pas à la société humaine; et plus ce nombre est considérable, plus les honneurs, les dignités, les distinctions sont prodigués à l'heureux meurtrier!

Tout ce qui appartient à l'étranger est noté d'infériorité; et le soldat s'apprend ainsi à oblitérer en lui toutes les notions justes, que ses facultés intellectuelles devraient lui révéler. Tel officier français qui admirera volontiers la cathédrale d'Amiens, ne se fera aucun scrupule de bombarder, sur un ordre, le Baptistère de Florence ou le dôme de Bamberg. Au delà des frontières la beauté artistique ne lui commande plus le respect!

Un préjugé sentimental veut que les guerres civiles soient considérées comme les plus malheureuses, à cause de l'illusoire fraternité qui unit les hommes nés dans le périmètre factice des limites d'une nation. Epaminondas s'enfermait dans sa maison, tandis que les Spartiates s'égorgeaient entre eux, parce qu'il regardait comme funeste toute victoire remportée pendant la guerre civile ; scrupule tout patriotique, mais singulièrement illogique !

On constate cependant, en consultant l'histoire du monde, que les guerres civiles ont été les moins fréquentes, les moins durables, et que leur coëfficient d'égorgement s'est trouvé relativement faible.

On s'est accoutumé à considérer comme *heureuses*, les guerres dans lesquelles, sans perdre beaucoup de citoyens, on extermine beaucoup d'étrangers. Les vainqueurs célèbrent des fêtes publiques, sonnent les cloches, illuminent leurs maisons, chantent « gloire à Dieu » ; cependant cette joie est faite du deuil de quantité de familles ; cette joie s'élève sur le désespoir et les larmes de quantité de veuves et d'orphelins, dans l'autre pays, de l'autre côté de la frontière, où l'on croit pourtant au même Dieu, et duquel on était également en droit d'attendre la victoire.

« C'est une responsabilité terrible que celle de verser le sang français, dit Drumont ; ce souvenir-là vous suit toute la vie, et la pensée de ceux qu'on a tués peuple les nuits de tristes fantômes. » Pourquoi le sang *français* seul ? verser le sang étranger, n'est-ce point une responsabilité? Celui-là, c'est le « sang impur » qui laisse la conscience en parfait repos et le sommeil tranquille; telle est l'évidente et charitable pensée de cet auteur catholique.

Cette estime, basée sur le lieu d'origine de l'homme et non sur sa valeur personnelle, est un vestige brutal d'époques périmées. Il y a pourtant une responsabilité plus grande encore à verser le sang d'un poète, d'un penseur, d'un bienfaiteur des hommes, quelle que soit sa nation. Avant le sang français, il y a le sang chrétien, qui coule aujourd'hui dans presque toutes les nations du monde. Notre auteur n'en parle pas et feint de l'ignorer.

Lamartine a reproché amèrement à Bonaparte l'exécution d'un Français qui avait attenté à sa gloire : le duc d'Enghien. Mais on l'absout des charniers de Russie, d'Autriche et d'Espagne, du million de cadavres dont il joncha l'Europe, et qui se corrompirent au bord des routes, empestant l'air, attirant les corbeaux et les vautours. Cela, c'est la gloire! c'est l'épopée!

Honneur à ceux qui, enfin, muselèrent ce bandit, et rendirent à l'Europe la paix et le repos fraternels.

La vie de l'étranger, de l'*ennemi*, se trouve protégée par les lois, en temps de paix, au même titre que celle du citoyen.

Le Français qui oserait tuer un étranger à Paris, et donner comme prétexte *qu'il fait la guerre et recherche la gloire*, se verrait condamner pour homicide, avec autant de rigueur que s'il avait tué un compatriote. Mais que la guerre soit déclarée, il peut alors être impunément meurtrier; il le doit; il perd même le droit de manifester son dégoût; et la patrie lui impose la conviction obligatoire que c'est beau et glorieux, avec l'espoir d'une médaille qu'on attachera sur sa poitrine. S'il refusait d'obéir et de tuer, il commettrait un *crime* passible de fusillade.

Or qui déclare la guerre?

Des souverains menant, la plupart, aux dépens de leurs sujets, une vie scandaleuse; des ministres, des politiciens sans conscience, corrompus et vendus, parvenus au pouvoir, les uns par un droit d'hérédité imbécile, les autres par le moyen d'un suffrage plus imbécile encore; tous profondément méprisés de ceux qu'ils gouvernent.

Pourquoi la déclare-t-on?

Pour des questions futiles, le plus souvent ignorées ou incomprises de ceux qui combattent; pour un incident de frontière, de douane ou d'ambassade. Dès que le bon plaisir d'un souverain, ou la vanité d'un diplomate, ou l'incapacité d'un cabinet ministériel qui se met prudemment à l'abri, l'aura décidé ainsi, il faut que d'énormes masses d'hommes se soulèvent, se mettent en mouvement, se heurtent, s'entretuent et s'anéantissent!

Parmi les jeunes générations, il n'est plus personne qui prenne au sérieux la vie politique et les affaires gouvernementales. C'est une comédie à laquelle nous assistons tous, sans en être dupes. Chacun sait ce que vaut un ministre, et quels chemins inavouables conduisent à cette potentialité. Pourquoi donc s'étonner du refus grandissant des hommes, de mettre leur sang et leur vie au service des intérêts et des passions de nullités officielles, et de se sacrifier aveuglément à leurs décisions arbitraires.

Il est probable que les monarques d'aujourd'hui ont conscience qu'ils ne sauraient plus se jouer de la vie de leurs sujets avec la même facilité qu'autrefois. Les peuples ne sont plus disposés à dire, passifs et résignés: *Ave Cæsar; morituri te salutant.*

Je ne sais s'il faut attribuer les quarante années de paix européenne que nous venons de traverser, à l'hésitation intuitive et intelligente des divers chefs de gouvernements, à déclarer la guerre; il convient toutefois de leur rappeler qu'ils ne doivent pas s'illusionner à ce sujet; qu'ils comprennent que leur autorité et leur prestige ont considérablement diminué, et que s'ils croyaient pouvoir conduire, comme jadis, des milliers d'hommes à la mort, pour satisfaire leur fantaisie militaire, ils ne rencontreraient plus la même obéissance ni le même dévouement.

Les heureux temps sont passés pour les monarques guerriers, et il y aurait de la témérité à refaire le vœu du Héron. Grâce au travail profond et lent qui s'est opéré dans les masses, la prochaine guerre européenne, si l'un d'eux commet l'imprudence de la déclarer, n'inspirera que de la répugnance et aucun enthousiasme. Elle s'éteindra, faute d'obéissance dans les deux camps. Le chiffre éloquent des désertions et des insubordinations rendra évidente la faillite définitive du système militariste.

Si l'on étudie avec impartialité la philosophie de l'histoire et les causes des guerres célèbres, on découvre que les prétendues haines de peuples n'existent pas, et se résument à des haines d'homme à homme, de monarque à monarque. Il n'y a pas de peuples ennemis ; il n'y a que des souverains ennemis. Au début du XVIe siècle, il n'y avait pas plus de haine entre les Autrichiens et les Français qu'il n'en existe aujourd'hui ; il n'y avait de haine qu'entre François Ier et Charles-Quint. Ces deux hommes disparus de la scène du monde, les deux peuples rentrent en paix, s'isolent, s'oublient et s'ignorent également.

Pendant la guerre de Cent Ans, les Anglais n'envahirent pas le continent parce qu'ils haïssaient les Français, mais uniquement parce qu'ils étaient conduits par Edouard III qui convoitait deux couronnes.

Les grandes actions militaires, les périodes belliqueuses sont toujours causées par l'apparition d'un hommes à idées guerrières. Il eût suffi de placer celui-ci dans l'incapacité d'agir et de diriger, pour voir les peuples immédiatement abandonner la lutte.

La paix absolue eût été l'état normal de l'Europe au XIXe siècle, sans Napoléon Ier et Bismarck. La guerre des Boërs cessa avec la mort de Victoria. Jamais une guerre n'a été *voulue* par une nation entière.

Le patriotisme est un sentiment hypocrite, destiné à éblouir les masses et à voiler la cause inavouable de toutes les guerres; l'ambition, l'orgueil et l'insatiabilité des monarques qui, au lieu de sacrifier la satisfaction de leur ressentiment à l'intérêt général et à la tranquillité publique, n'ont jamais songé qu'à faire participer des peuples entiers à leurs querelles, et à entraîner à leur suite le plus grand nombre possible d'hommes, dans des contestations qui auraient dû rester personnelles.

Les rois ont toujours considéré la terre comme leur appartenant, sans jamais se demander si elle n'appartenait pas plutôt à l'humanité; si les villes, les campagnes n'étaient pas, avant tout, la propriété de leurs habitants et non la propriété d'une dynastie?

Lorsque les fils de Chilpéric combattirent entre eux, ravagèrent d'immenses territoires, égorgèrent des milliers d'êtres innocents, ce fut pour s'arracher mutuellement leurs propriétés, leurs fermes, leurs revenus, et non pour la défense d'une patrie chimérique.

Cette singulière notion du pouvoir royal et seigneurial considéré comme un *droit*, que l'Eglise approuva au lieu de le combattre énergiquement, fut la cause des grandes effusions de sang du Moyen-Age. Chaque fois qu'un souverain était dépossédé de son royaume, il croyait de son *droit* de reconquérir, par tous les moyens possibles, sa prétendue propriété; il n'hésitait pas à employer les pires violences pour en recouvrer la possession.

Lorsque les évêques réunis à Laon demandèrent au duc de Normandie, Richard, pourquoi lui, si pieux et si chrétien, ravageait aussi cruellement le pays, il répondit insolemment que la ville d'Evreux *lui ayant été enlevée* par Thibaut, duc de Chartres, il était *obligé* de la reconquérir.

C'est cette obligation que nous discutons et que nous contestons totalement. La ville, quoique enlevée au duc de Normandie, restait néanmoins à ses habitants. Elle était certainement aussi bien ou aussi mal entre les mains de Thibaut qu'entre les mains de Richard. Pour nous, qui jugeons les mœurs du Moyen-Age avec l'impartialité que donne une reculée de plusieurs siècles, nous sommes persuadés que ces deux hommes étaient aussi habiles l'un que l'autre à la gouverner, et que leur prétendue justice devait s'équivaloir. Les habitants saufs, qu'importait donc la revendication d'un monarque?

Boleslas III prononçait ces paroles criminelles: « J'aimerais mieux *ravager entièrement* la Pologne par la guerre, que la gouverner en paix dans la vassalité de l'Allemagne! »

Elles caractérisent l'état d'âme morbide de tous les souverains, qu'ils ont cherché à communiquer à leurs sujets sous le nom de patriotisme. Préjugé, déraison, inhumanité, tout ce que le nationalisme offre de plus odieux est contenu dans cette phrase absurde et imprudente.

Un monarque qui aime vraiment ses sujets doit préférer avant tout les voir vivre, fût-ce sous une autre domination. Ajouter à leurs maux parce qu'ils souffrent; détruire leur pays, leurs biens, leur personne, parce qu'un joug pèse sur eux, et prétendre ainsi améliorer leur sort et les rendre plus heureux, c'est la conduite d'un insensé, qui ne vaut même pas la peine d'être discutée.

Baudoin de Flandre chassa son père, Robert, de son pays. Celui-ci alla demander l'appui de Robert, duc de Normandie, qui entra dans le territoire de Flandre, livra tout aux flammes, et massacra consciencieusement les habitants, étrangers à sa querelle.

Clotilde elle-même, l'épouse convertisseuse de Clovis, Clotilde la sainte, la chrétienne, fit mettre le feu aux villes qui appartenaient à son oncle, afin de venger, disait-elle, son père et sa mère qu'il avait fait mourir!

Songeait-elle aux habitants? Eut-elle un sentiment de pitié pour les malheureux innocents qui allaient servir de victimes aux revendications de son orgueil de mérovingienne?

Le Christ a interdit la vengeance. Mais venger sur des *multitudes* un outrage provenant d'un seul individu, n'est-ce pas un forfait qui exclut toute miséricorde?

Un cas, plus singulier encore, de militarisme gouvernemental est à signaler au IXe siècle. Un roi d'Angleterre, Alstem ou Elstan, comme le nomme la chronique de Guillaume de Jumièges, voyant ses sujets se révolter et conspirer contre lui, appelle à son secours... *un étranger*, Rollon, roi des Daces ou Northmans, pour les mettre à la raison! Rollon accourt et massacre les Anglais à la prière de leur roi.

Que pensent nos politiciens modernes de cette *guerre juste*, de cette conception toute particulière du nationalisme, de cette façon inattendue d'aimer sa patrie?

Sous la plume des historiens anciens, l'acte de ce roi semble naturel et se dénomme : faire respecter sa puissance et son autorité; la postérité sera plus sévère dans son jugement et n'admettra jamais qu'on puisse égorger des hommes parce qu'ils veulent se soustraire à une domination quelconque.

C'est une étrange prétention des rois d'être toujours sympathiques à leurs sujets, de ne pas admettre qu'ils puissent leur déplaire ni leur devenir odieux, et d'imposer leur personne quand même, malgré la désapprobation de tout un peuple.

Ils ont rarement compris que leur royaume n'est pas leur propriété, qu'ils ne détiennent le gouvernement de celui-ci que par une mission temporaire qui leur est dévolue, et à laquelle ils doivent savoir renoncer dès qu'elle s'annonce, par des signes certains, manifestement terminée.

Le devoir d'un souverain dépossédé est de ne pas reconquérir son royaume, puisqu'il ne peut le faire sans armée, sans répandre le sang de ceux qui l'ont chassé et qui ne veulent plus de lui. Bien peu ont su abdiquer sincèrement à l'heure voulue, et faire taire en eux toute velléité de prétention et de reconquête, et dire modestement : Au plus digne !

Plusieurs prétendants, rejetons de races déchues, guettent actuellement la France, prêts à l'envahir, s'ils le pouvaient, à main armée, chacun d'eux disant : « C'est ma propriété et c'est mon *droit* de la gouverner, un droit *divin* dont j'ai été injustement dépouillé » ; mais aucun ne songe : « En suis-je digne ? En suis-je capable ? Suis-je appelé par ceux auxquels je veux imposer ma puissance ? Ma présence ne causera-t-elle pas des troubles que je dois éviter en sacrifiant mon ambition et ma gloire ?

Au Moyen-Age, les rois avaient même pris l'habitude de disposer de leurs sujets par héritage. Henri, duc de Bourgogne, institua le roi de France, Robert, son héritier. Les Bourguignons manifestant leur peu de sympathie pour celui-ci, il les massacra et dévasta leur pays avec l'aide du duc de Normandie.

Les territoires passaient ainsi de mains en mains, par héritages, par dots, par donations, avec les hommes qui les habitaient ; à la moindre contestation entre les propriétaires ou les légataires, le feu prenait aux villes; les récoltes étaient saccagées, et d'interminables guerres désolaient les malheureuses contrées, causes involontaires du conflit.

De nos jours, cet état de choses subsiste encore, à peine atténué. Il est inadmissible que l'Europe moderne reste tout entière la propriété héréditaire de quelques familles privilégiées, que la vie de millions d'individus et l'équilibre mondial procèdent de causes aussi puériles qu'un mariage princier plus ou moins heureux, qu'une alliance entre deux rejetons de dynasties cataloguées au Gotha.

Des constitutions ont muselé, il est vrai, l'arbitraire toute-puissance de ces autocrates, mais faiblement et seulement en apparence. Nos vies sont encore à la merci d'une poignée de diplomates, et de quelques potentats qui nous obligent à supporter leurs passions, leurs fantaisies et leurs vices.

Les peuples ne se haïssent pas. Les déclarations de guerre ne sont jamais leur œuvre; elles proviennent exclusivement d'unités méprisables qui se sont approprié le pouvoir.

Les idées de haine qui paraissent exister dans les masses populaires sont purement factices. Une minorité intéressée les leur a inculquées et les entretient soigneusement par la lecture, l'enseignement, la propagande, l'image. Elle corrompt l'âme enfantine en lui présentant l'étranger comme un être inférieur, un ennemi qu'il faut mépriser et combattre parce qu'il nous méprise et nous veut du mal; et cette doctrine pernicieuse imprime dans les jeunes esprits une trace ineffaçable, un souvenir qui subsiste pendant toute la vie. On accepte ce préjugé comme une vérité acquise, sans l'examiner, sans réagir contre lui; on suit le courant des idées admises; on se persuade qu'il n'en peut être autrement; on répète le sophisme qu'il faut défendre sa patrie, ses institutions, sans se rendre compte qu'il n'y aurait rien à défendre sans les aberrations des diplomates! Et l'on précipite ainsi à la mort des milliers d'être jeunes, préalablement démoralisés dans les casernes, et auxquels on s'efforce de démontrer qu'il est nécessaire de s'exposer à la gueule béante des canons et de mourir, sans leur avouer que des milliards d'hommes sont déjà morts de cette façon, pour les patries, pour la gloire, sans que l'humanité en soit plus heureuse, ni plus parfaite, ni plus avancée, et que les seules améliorations qu'elle ait pu goûter sont dues à ses sages et à ses penseurs, et non à ses militaires.

Annibal n'avait que neuf ans lorsque son père Hamilcar lui fit jurer d'être toujours l'ennemi des Romains.

C'est par de tels procédés, éternellement continués sans jamais un effort vers une rédemption possible, vers l'unification, la conciliation et la paix, que les hommes demeurent divisés en patries, en nationalités, parqués par troupeaux entre des barrières, et se montrent réciproquement les dents, prêts à s'entre-déchirer et s'entre-détruire.

Les politiciens, les condottieri, les dynastes qui ont intérêt à conserver ces divisions fratricides parce qu'elles servent de base au pouvoir qu'ils détiennent et qu'ils ne veulent pas laisser échapper, sont les plus ardents propagateurs des théories meurtrières du duel des nations et des peuples. Ils flétrissent l'antimilitarisme, s'efforcent d'étouffer, d'entraver notre œuvre de lumière, de charité et de douceur parce qu'elle menace leur pouvoir.

« Je viens au devant de vous, proclamait emphatiquement Napoléon III à la Garde et aux régiments revenant de Crimée le 29 décembre 1855; je viens au devant de vous comme autrefois le Sénat Romain allait aux portes de Rome au devant de ses légions victorieuses!... *Gardez donc soigneusement les habitudes de la guerre!...* »

C'est bien le langage de tous les souverains. Gardez les habitudes de la guerre! Oui, les peuples se haïssent parce qu'on leur *apprend* la haine; ils sont soldats parce qu'on leur enseigne qu'ils doivent se trouver constamment sur le pied de guerre; mais, en réalité, ils *s'ignorent les uns les autres*, et ne peuvent, par conséquent, se vouloir aucun mal.

La plupart des Français qui appellent indifféremment: « Prussiens », des Bavarois ou des Wurtembergeois, manifestent ainsi clairement leur ignorance; et lorsqu'ils crient: « A bas la Prusse », ils seraient fort embarrassés de préciser la situation géographique de cette contrée qu'ils n'ont jamais vue. Leur haine ne repose donc sur aucune base; c'est une leçon apprise par cœur et répétée de façon psittacine. Quant à ceux qui ont visité ce pays, ils n'en ont jamais rapporté le désir d'en exterminer les habitants.

Les hordes qui parcouraient l'Europe à cheval, aux époques barbares, se haïssaient peut-être vraiment entre elles; encore cette haine n'était-elle entretenue que par les discours violents et sauvages de leurs chefs qui, par ce moyen, les fanatisaient.

Mais aujourd'hui, les conditions économiques et vitales de la société sont totalement changées; les nations, par la stabilité même de leurs villes, restent plus isolées, exemptes des chocs violents des chevauchées d'autrefois, sans aucun motif de se haïr collectivement.

Puis-je admettre qu'il serait de mon devoir, et qu'il y aurait pour moi de la gloire à aller tuer, sur un champ de bataille, ce paysan du fond de la Silésie, qui m'ignore et que j'ignore, et qui ne m'aurait jamais rencontré de sa vie s'il n'était venu là par l'ordre de son Kaiser? Quelle haine peut exister entre deux hommes de condition si différente, qui ne se connaissent pas, et dont on veut faire, à un moment donné et sans savoir pourquoi, deux ennemis, sans que leur volonté les y ait jamais incités?

D'autre part, le cosmopolitisme se développe considérablement dans les classes sociales supérieures.

Les rapports internationaux s'accentuent par la facilité des transports. Nombreux sont ceux qui ont passé plusieurs années de leur jeunesse en divers pays étrangers, dont ils se sont assimilé le langage, les mœurs, les coutumes. Les grandes capitales du monde sont tour à tour le théâtre de leur activité comme les provinces d'un même pays, les quartiers d'une même ville.

Ils s'y rendent aisément, s'y trouvent chez eux; ils y possèdent des résidences, des parents, des amis; ils y ont gardé des intérêts ou fondé des ramifications de leurs entreprises. C'est une race moderne, dont les individualités se transportent au delà des mers, passent d'un continent à un autre comme le paysan de nos campagnes se rend au village voisin. Or, il est possible que ceux qui ont adopté cette existence soient de parfaits chrétiens; on n'en fera jamais de bons patriotes.

Leur esprit d'observation s'est trop exercé; leurs yeux se sont ouverts à trop de choses, pour qu'ils adhèrent à une théorie aussi mesquine que celle de la supériorité du pays natal et de l'inimitié des peuples.

Lorsqu'un chrétien a prié dans les églises de tous les pays, il ne lui est plus possible de rester patriote, et il comprend comment l'internationalisme a pu être le rêve des premiers adeptes du Christ: l'Eglise devenant le monde entier et le monde entier devenant l'Eglise.

La paix absolue, universelle, est à peu près irréalisable entre les individus. Les querelles particulières ne surgiront que trop fréquemment. Efforçons-nous au moins, par tous les moyens possibles, de détruire l'idée de patrie et de dissoudre les armées, provocations permanentes à la querelle organisée, disciplinée, bureaucratisée, et qui n'a pas même, comme les autres discussions humaines, l'excuse de la spontanéité et de l'irrésistible égarement de la colère.

Le peuple voisin n'est l'ennemi que parce qu'il entretient une armée semblable à la nôtre; le devoir de nos fils sera de supprimer ces assemblées meurtrières et de refuser unanimement d'en faire partie.

Quel magnifique exemple, d'ailleurs, pour les mœurs individuelles, quel éloquent appel à la pacification pour tous les hommes, lorsqu'ils verront abolir de toutes parts le vieux préjugé qui les divisait en citoyens et en ennemis! Le principe des querelles d'Etat étant supprimé, ils rougiront de leurs propres querelles; et la discorde inexplicable qui subsiste entre la morale politique et la morale particulière, et qui rend méritoire pour la collectivité ce qui est condamnable chez l'individu, disparaîtra enfin, élevant l'humanité d'un degré vers la lumière de l'Evangile.

Jamais une guerre n'a été un bienfait pour l'humanité. Il n'y a aucun profit à tirer d'une campagne sanglante, pour la cause intellectuelle: aussi ne participerons-nous jamais à des actes qui ne peuvent que retarder le règne de la pensée. Les grands conquérants, les Alexandre, les César, les Gengis-Khan, les Tamerlan, les Napoléon, n'ont laissé après eux qu'un souvenir maudit et pas une œuvre durable.

On clame à tous les échos de l'univers le nom retentissant des victoires et des conquêtes ; mais c'est au lendemain des batailles que s'affirme, aux yeux du philosophe, l'irrémédiable stupidité des hommes !

Il faut avoir vu le spectacle qui suit ces gigantesques mêlées, lorsque le repos est revenu au lieu où gisent tant d'hommes qui s'agitaient la veille, qui n'avaient nul besoin de s'entretuer et qui auraient pu tout aussi bien se laisser mutuellement la vie ! C'est là qu'on comprend le néant, la fausseté de l'idée patriotique que dément la sérénité du soir qui tombe, le silence et le calme impassible de la nature, et la tristesse alanguie de ceux qui errent, sans aucune envie de se battre, au milieu de tant de ruines et de cadavres !

Lorsqu'on parcourt aujourd'hui le champ de bataille d'Austerlitz, que Balzac est allé voir comme en un pèlerinage, lorsqu'on contemple le paysage semblable à tout autre, la quiétude de la campagne, l'indifférence des champs, des prairies, des bestiaux et des arbres, on se demande ce que les militaires français, par amour de la patrie, ont bien pu venir chercher là ?

Le lendemain d'Eylau, ceux qui furent chargés d'enterrer les morts reculèrent devant l'énormité de la besogne. Ils creusèrent une grande fosse dans laquelle ils ensevelirent pêle-mêle des monceaux d'officiers et de soldats qu'ils avaient trouvés gisants les uns sur les autres et n'ayant plus aucune forme humaine. Quelles réflexions ne dut pas leur suggérer cette macabre manifestation de la gloire? Et quel enseignement philosophique s'en dégage pour nous, sinon une certitude absolue qu'il est de notre devoir, en toute conscience, de prêcher l'antipatriotisme et l'antimilitarisme, de contemner la coutume sacrilège de la guerre et de placer le véritable honneur et la vraie gloire dans le désarmement et la paix universelle?

XI

On devrait obliger les chefs d'Etat qui se déclarent la guerre, à combattre eux-mêmes l'un contre l'autre, en champ clos, et à vider personnellement leurs querelles, sans aucune participation des citoyens ni aucune conséquence pour l'Etat.

Ce serait équitable et sincère; le deuil national se porterait allégrement, et l'on ne désolerait plus quantité de familles auxquelles la comédie politique et les basses farces parlementaires sont indifférentes.

On tolérerait, à la rigueur, des corps de volontaires qui, dans chaque nation, s'offriraient au service du souverain pour les besognes brutales. Au moins les philosophes, les penseurs, les Chrétiens, ne seraient pas blessés dans leurs convictions, outragés dans leur liberté, condamnés à accomplir des actes que réprouve leur conscience.

Ce système était quelque peu celui de l'ancien régime.

Les armées étaient le réceptacle des mauvais sujets du pays, chercheurs d'aventures, coupe-jarrets et coupeurs de bourses, matamores, tranche-montagnes, vide-goussets et détrousseurs de grands chemins. La lie du peuple allait seule à la guerre. Truands, valets et ribaudaille s'en donnaient à cœur joie. On enrôlait au cabaret les têtes brûlées, les fainéants, les casse-cou et les propre-à-rien, qui trouvaient ainsi l'occasion de donner libre cours à leurs instincts, sous la protection du roi, officiellement, avec tous les avantages possibles : impunité et solde.

Nul n'enviait, ni ne plaignait leur sort; ils laissaient peu de regrets après eux, et la perte d'une telle armée n'affligeait personne. C'est ce qui explique pourquoi les siècles précédents n'ont pas protesté avec véhémence contre la patrie, le militarisme et la guerre; ils ne connurent pas cette révolte sourde et exaspérée dont les ferments bouillonnent aujourd'hui dans tous les pays du monde, parce que la partie saine des nations n'était pas directement atteinte.

Mais dès que la totalité des hommes fut contrainte de participer à l'homicide national, la rebellion inévitable ne tarda pas à se manifester. Les hommes d'une valeur intellectuelle vraie, n'acceptent pas aisément de se sacrifier pour une cause futile, de participer à une querelle sans intérêt et incompréhensible pour lui. Ugo Foscolo avait très bien su discerner que les lettrés sont peu patriotes.

On supporta les armées tant qu'elles furent composées de la canaille qui, nourrie et rentée, trouvait dans la parade militaire un dérivatif et une utilisation de ses instincts malfaisants.

Mais les apôtres du nationalisme rêvaient mieux. C'était l'élite de l'humanité qu'ils avaient résolu d'offrir à leur monstrueuse idole. Montecuccoli, le généralissime, osait demander, pour former ses armées, les *meilleurs* parmi les hommes. « Si assoldano gli uomini, dit-il dans ses *Aforismi*, non già della feccia del volgo nè a caso, ma si vogliono scegliere d'infra i migliori... »

Les meilleurs! Pour défendre, par conséquent les médiocres et les plus mauvais! Tel est le non-sens auquel voudraient nous conduire les fanatiques aberrés du patriotisme!

Dumouriez eut, le premier, l'idée du service militaire obligatoire; Jourdan fit plus tard un rapport sur ce service; il conclut que tout Français est soldat par sa naissance et se doit à la défense de la Patrie.

Les partisans de la guerre commirent une insigne maladresse en réalisant ces dangereux projets. Ils avaient trop compté sur l'exubérance de la jeunesse, et furent trompés dans leurs calculs, leurrés dans leurs espérances. Ils ne devaient réussir qu'à faire des milliers de mécontents, et à hâter la chute du système militariste qu'ils croyaient puissamment fortifier.

Mais ils ne le comprirent pas. Ils crurent avoir fait merveille et ne cachèrent pas leur satisfaction.

« On nous reproche, disait Gambetta, d'avoir un culte passionné pour l'armée, cette armée qui groupe aujourd'hui toutes les forces nationales, qui est recrutée non plus maintenant parmi ceux dont c'était le *métier* d'être soldats, mais dans le plus pur sang du pays ! »

Hélas ! *le plus pur sang du pays* n'a pas manifesté son enthousiasme pour le triste travail auquel on l'a obligé de participer. « Ceux dont c'était le métier d'être soldats » étaient, au contraire, pour le nationalisme, des sujets précieux ; ils ne raisonnaient pas ; ils ne pouvaient que chérir une carrière qu'ils avaient librement choisie et qui remplissait leur bourse ; ils n'avaient aucun motif de détester la guerre et la caserne, qui constituaient leur vie, leur élément favori.

Mais les hommes qui se trouvèrent brusquement jetés au milieu d'un monde répugnant et malsain, dont ils s'étaient tenus instinctivement éloignés, se prirent à réfléchir sur l'idée de Patrie, sur les causes et le but de la guerre, et s'avouèrent à eux-mêmes, dans l'intimité de leur conscience, que le rôle qu'on les avait condamnés à jouer était singulièrement dégradant, qu'ils avait abdiqué leur volonté et leur opinion, foulé aux pieds leurs convictions et leur honneur individuel, pour se livrer passivement à tout ce que le Moloch patriotique exigeait d'eux; qu'ils n'étaient plus, en un mot, des hommes, mais des esclaves malfaisants.

Longtemps, dans les casernes, ils n'osèrent échanger leurs idées. Ils pensaient tous de même; mais le préjugé de l'honneur militaire et la peur d'être appelés lâches, poltrons ou traîtres à la patrie, les retenaient dans leurs velléités d'expansion, et leur faisaient refouler au fond d'eux-mêmes ce cri de la nature et de la conscience.

Mais quelques-uns, plus hardis, osèrent commencer à s'exprimer; et maintenant l'orage gronde, par lequel tous les souverains de l'Europe sont appelés à perdre leur couronne, et les gouvernements à être dépossédés de leur pouvoir.

L'avenir appartient à l'antimilitarisme. C'est l'opinion qui prévaudra, et à laquelle doit se rallier quiconque veut mériter l'approbation des générations futures. C'est un torrent qui entraînera ceux qui opposeront à son impétuosité un stérile et vain effort.

Le principe d'obligation absolue a porté le coup le plus terrible au militarisme. Les meneurs d'hommes eussent dû savoir que toute contrainte tyrannique se résout par une réaction opposée.

Moïse était meilleur psychologue lorsqu'il faisait crier devant son armée, au moment d'une bataille : « S'il est un homme qui vient de bâtir une maison, de planter une vigne, ou de prendre une épouse, qu'il retourne en sa demeure; s'il est un homme timide et d'un cœur craintif, qu'il ne participe pas au combat. »

On vit plus tard Dolabella, à la requête d'Hircan, exempter les Juifs du service militaire sous prétexte que leur religion ne leur permettait pas de porter les armes le jour du Schabœth, et afin de ne pas les empêcher de vivre selon leurs mœurs!

Cette décision n'est-elle pas le modèle qui devrait inspirer tous les gouvernements dans la rédaction de leurs lois militaires?

L'article suivant eût été fondamental : « Tout homme qui jugera le militarisme contraire à ses mœurs ne pourra, sous aucun prétexte, être contraint de porter les armes. »

L'empereur Valens eut moins d'égards pour les Chrétiens lorsqu'il promulgua une loi célèbre dont parle saint Jérôme, et qui obligeait tous les moines à aller à la guerre. Il ne consulta ni les coutumes, ni les mœurs de ces vrais disciples du Sauveur qui avaient renoncé aux dissensions humaines et les força à accomplir l'homicide légal dont la lumière philosophique leur avait dévoilé toute l'horreur.

Au Moyen-Age, les évêques, les chapitres et abbayes qui tenaient des terres à fief devaient participer à toutes les guerres; ils étaient tenus à l'ost et à la chevauchée.

C'était cependant un droit imprescriptible, le plus précieux de tous, que les Chrétiens eussent dû constamment revendiquer et jalousement garder, celui de vivre selon leurs lois, selon l'esprit de leur Maître et selon les préceptes qui leur étaient chers ; le *droit d'être pacifiques et de demeurer les mains pures!* Leur devoir était de ne jamais se laisser ravir par les souverains et les gouvernements, cette propriété sacrée, et de s'enfermer, de se murer dans leur indépendance vis-à-vis des puissances humaines.

Philon le Juif a exprimé l'opinion qu'on doit épargner les femmes pendant les guerres « parce qu'elles aiment naturellement la paix » ; ne faut-il pas, pour être logique, étendre la même faveur à tous les êtres auxquels la possession de la Vérité céleste a ouvert les yeux, et détruit dans leur cœur tout ferment de haine patriotique?

Il est singulier que tous les guerriers se sont jugés civilisés lorsqu'ils respectaient la vie des femmes! La vraie civilisation ne consiste-t-elle pas à respecter la vie de tous, et surtout de ceux qui sont animés d'intentions pacifiques?

On a cru merveilleusement agir en développant démesurément les instincts opposés, passif et actif, constatés chez la femme et chez l'homme. Au lieu de rapprocher ces deux êtres destinés à vivre ensemble, en tempérant la vigueur innée masculine par l'influence de la femme, et en stimulant l'énergie de celle-ci par le contact de son compagnon, on les a isolés mentalement l'un de l'autre, dans la plus absolue divergence.

Tandis qu'on présentait à la femme un modèle archétypique qui devait la convertir en une fleur délicate, impalpable et pudique, ou bien qu'on la laissait s'avilir dans la mollesse animale des gynécées, on orientait l'homme vers la réalisation du mâle idéal ; et ce mâle idéal, tel que l'ont rêvé toutes les générations qui nous ont précédés, c'est une brute musclée, qui pille, qui paillarde et qui boxe ; qui doit, sous prétexte de virilité, raisonner avec les poings ou avec le fusil, et venger ses injures dans le sang.

C'est pourquoi le mâle est un être d'essence spéciale, destiné aux égorgements politiques, auquel, dans la pensée de ceux qui ont codifié l'honneur militaire, on ne doit ni pitié ni pardon, et auquel on refuse le droit d'être pacifique et miséricordieux. Le mâle qui n'a pas développé en lui une magnifique efflorescence de sentiments brutaux n'est pas un mâle, mais une femmelette sans honneur. Le mâle est un être à tuer, à détruire jusqu'au dernier, sans regrets ni remords. Plus on en supprime, plus il en résulte de gloire.

Il est beau d'épargner les femmes, mais plus beau encore de sabrer des mâles, de les abattre par hécatombes, de faire ruisseler leur sang sur l'autel de la Patrie.

« Lorsque vous assiégerez une ville, dit Moïse, et que le Seigneur, votre Dieu, la livrera entre vos mains, vous passerez au fil de l'épée *tout ce qui est mâle*, sans toucher aux femmes, aux enfants, ni aux bêtes de somme. »

C'est la morale guerrière de toute l'antiquité sémite, celtique et hindoue.

Ce mode de suppression d'une nation par le massacre de ses mâles est un vestige évident d'anciennes mœurs orientales ; il est intimement lié au pernicieux système de polygamie inauguré par les patriarches, continué par Salomon, et qui ronge encore de sa lèpre tous les pays soumis au Koran ; il est la conséquence de ce vieux préjugé qui, chez ces peuples, place la femme au rang des bêtes de somme et des richesses, parmi les choses négociables.

Les mâles seuls constituent l'humanité ; ils convoitent les femmes, disposent d'elles sans égard pour leurs affinités ou leurs répulsions.

Ils savent qu'ils ont tout intérêt à se haïr, à s'entre-détruire, puisqu'en diminuant le nombre des mâles ils augmentent celui des femmes qui tomberont en leur possession ; d'où cette rigueur inexorable du guerrier envers la partie masculine de l'ennemi, dans le but de grossir les harems des vainqueurs et d'accroître leurs richesses féminines et leurs troupeaux d'hétaïres.

Et c'est sur un tel fonds de mœurs abolies, sur ce sédiment d'erreurs accumulées depuis tant de siècles, que les bases de notre civilisation reposent encore ! Le catholicisme, qui a replacé la femme à son véritable plan vital, n'a pu nous laver de cette honte sémitique.

On continue à sélectionner les mâles pour la guerre, à les dresser à la lutte, à leur enseigner méthodiquement le geste brutal, à stimuler en eux l'esprit belliqueux au lieu de l'éteindre. On les dégrade par l'éducation militaire qu'on prétend puissante et virile, et qui n'est que superlativement bestiale.

Les mœurs chevaleresques du Moyen-Age, si vantées à cause de la magie du décor qui les encadrait, tempérées par les cours et les puys d'amour, délivrèrent, il est vrai, l'humanité, des hontes de la polygamie orientale, en imposant la fidélité à la dame unique.

Cet idéal féminin offert en toute circonstance aux preux qui combattaient, est la trace évidente d'un effort tenté vers l'adoucissement des rapports sociaux et vers la pacification. Mais il n'atteignit pas son but. Les femmes, dans leur vanité, accordèrent leur prédilection à ceux qui étaient les plus féroces. Il fallut avoir combattu beaucoup et tué beaucoup d'ennemis pour conquérir le cœur de l'élue.

On laissa subsister cette tradition pernicieuse de l'indispensable culture de la violence masculine ; et bien loin de songer à faire progressivement diminuer la proportion des guerres parmi les peuples, l'homme dut s'entretenir dans la pratique des armes. On l'*obligea* comme on l'oblige encore au combat, quelles que soient ses idées philosophiques. Froissard, comme Gambetta, formule cette obligation pour tous :

« Si ne voel je mies que nulz bacelers soit excusés de non li armer et sievir les armes par defaute de mise et de chavance, se il a corps et membres ables et propisses à ce faire, mès voel qu'il les aherde de bon corage et prende de grant volonté. »

Pour donner à la culture forcée de l'instinct sanguinaire les vastes proportions que les militaristes désiraient, il fallait de gigantesques pépinières ; on les créa, vraiment dignes de l'esprit de leurs organisateurs.

On nous dota de la caserne, bâtisse pestilentielle où grouillent les mâles en masses, à l'état guerrier parfait, abrutis à merveille, absolument au point, et conformes aux traditions séculaires. On a soigneusement écarté d'eux toute pensée élevée et délicate, tout élément subtil, moral et civilisateur ; on a tué leur âme pour laisser prédominer la bête ; et ils vivent d'une vie animale et inconsciente, dans l'imbécillité des actes, l'odeur putride de la chambrée, la vantardise et la vermine.

La caserne a été la grande école de démoralisation de la fin du XIXe siècle. Lucien Descaves l'a démontré dans un livre célèbre, non par des arguments, mais par des scènes d'immonde goujaterie qu'on peut dire, en quelque sorte, photographiées.

Je ne parlerai donc pas après lui de l'ignominie de la vie du régiment, tissue de perpétuelles grossièretés ; ce thème est connu et a été développé de main de maitre. Chacun sait qu'après huit jours de caserne, la conversation d'un jeune homme est devenue abjecte, pénible à entendre. Il n'est plus une individualité, mais un matricule. La vie militaire a fauché les idées dans son cerveau ; elle l'a dévasté ; elle a fait table rase de toute la culture intellectuelle qu'il avait acquise auparavant, pour y substituer une mentalité nouvelle qui se manifeste par un vocabulaire limité aux produits du magasin d'habillement, à la pratique des corvées et à la nomenclature hiérarchique.

Ceux qui possédaient quelques idées philosophiques, artistiques ou littéraires, les oublient bientôt. Ils se façonnent à l'ambiance et versent comme les autres dans l'ornière de la stupidité ; les détails du paquetage et de l'exercice passent dans leurs mœurs, et ils croient intéresser en les contant avec prolixité. C'est un envoûtement véritable auquel nul ne peut échapper.

Il faudrait toute la rudesse d'une philosophie farouche, telle que celle d'Epictète, pour se maintenir, dans un pareil milieu, à un niveau intellectuel supérieur, et y conserver l'inaltérable sérénité qui caractérise les Sages.

Ceux-là seuls qui ont évité la caserne, peuvent conserver une âme délicate et rester accessibles aux idées exquises, charmantes et fines, garder la sensibilité du cœur et la transcendance de la pensée.

Les générations qui précédèrent la nôtre nous firent connaître une élite d'hommes graves et austères, qui furent nos aïeuls, nos pères, nos éducateurs. Sévères pour la jeunesse parce qu'ils l'étaient pour eux-mêmes, ils parlaient avec pondération et sans trivialité, et imposaient le respect par la dignité de leur maintien et de leur attitude.

Ces hommes ont disparu, dès que le service militaire est devenu obligatoire. Une société indéfinissable les a remplacés, qui parle argot, s'exprime sans correction, prend ses aises, insoucieuse du prestige personnel et de l'esthétique du geste, bafoue toute supériorité et ricane aux derniers vestiges des fiertés d'autrefois.

Les catholiques qui aiment l'armée et déplorent la corruption des mœurs, ne veulent pas reconnaître la source du mal là où elle se trouve véritablement. Il faudrait accuser le Militarisme, et le Militarisme leur est plus cher que l'Evangile. Cependant la vie militaire fut, de tout temps, un foyer de démoralisation, une école de dépravation, de grossièreté et d'ignorance.

Pétrarque disait déjà, longtemps avant Lucien Descaves : « Profecto nullæ injuriæ, nulla perfidia, nulla credulitas castrensium moribus comparandæ sunt. »

Vincent Carloix, qui nous a décrit la vie privée du XVIe siècle de la façon la plus étincelante, abonde en détails sur les mœurs des soldats qu'il connaissait fort bien, et qu'il conte ingénûment :

« Un jour, dit-il, le mareschal de Vieilleville trouva dix soldats français qui avoient esventré quinze ou seize corps morts des Bourguignons et desvidoient leurs trippes comme des trippiers à la rivière!... »

Une autre fois ce sont les soldats qui devisent en embuscade: « Je paillarderay tant ceste nuict que i'en mourray car il y a de fort belles femmes et filles!... »

Enfin cette réflexion générale qui a un caractère de définition: « L'ordinaire du soldat est de ne jamais payer son hoste, mais plus tost de le ransonner avecques blasphesmes execrables et entremeslés d'injures et de coups. »

Le petit soldat du XIXe siècle, le troupier, le pioupiou cher à notre civilisation, diffère peu de son ancètre du XVIe siècle. Il suffit d'entendre un héros de Madagascar, du Tonkin, du Dahomey pour être édifié à ce sujet.

Il ne s'est pas trouvé un seul membre du clergé au XIXe siècle pour oser dénoncer la caserne comme antichrétienne, pour détourner d'elle la jeunesse, et enseigner publiquement que la véritable *obligation*, pour un disciple du Christ, était d'être réfractaire à la loi militaire. On jeta, au contraire, un voile sur les turpitudes de la chambrée; on affecta de les passer sous silence, de les ignorer. La bourgeoisie répandit l'opinion, couramment adoptée, que la caserne était salutaire, qu'elle était un correctif pour les indisciplinés, et que les jeunes gens en revenaient améliorés!

Un catholique militariste, M. Drumont, prétend que « l'homme du peuple ne garde point un trop mauvais souvenir de son passage dans les camps. C'est dans le sang, dans l'essence de la race! »

Les aumôniers militaires, les seuls prêtres qui avaient alors accès à la caserne, en connaissaient cependant l'ambiance malfaisante et les répugnantes coutumes; ils eussent pu signaler le péril à la catholicité défaillante; mais ils préférèrent se taire. Ils étaient, eux aussi, militaristes dans l'âme; ils pactisaient avec le gouvernement, possédaient la considération des officiers, et arboraient sans honte le ruban ensanglanté sur leur poitrine.

L'abbé Mullois, ancien aumônier militaire, et qui fut premier chapelain de la maison de l'Empereur, publia, vers 1865, une *Histoire populaire de la Guerre d'Orient*, où se trouvent des affirmations invraisemblables, si caractéristiques qu'elles valent une citation:

« Le peuple, dit-il, ne se soucie guère de la diplomatie; il aime les récits de batailles, d'assauts, de bravoure militaire, les hauts faits d'armes, les paroles originales (!) jetées au milieu des balles et de la mitraille. La guerre est toujours un malheur, mais *Dieu est si bon* que, dans les calamités même, il a caché des consolations et des enseignements! Ce qu'il faut au Peuple, c'est religion, dévouement, patriotisme; voilà la base de la *moralité* et de la grandeur d'une nation. »

Après avoir parlé de « *Dieu qui donne la victoire* », il disserte longuement pour démontrer que la vie des camps et des champs de batailles est le meilleur enseignement pour le peuple, *la meilleure des cultures pour son âme* (*sic*). « Après cela, ajoute-t-il, jetez-y la semence. de la divine parole ou de la morale évangélique ; ce ne sera plus la semence qui tombe sur la pierre ou dans les épines, mais la semence qui tombe dans la bonne terre et qui donne cent pour un ! »

La caserne et le bivouac devenant la préparation à l'Evangile ! Apprendre à tuer pour comprendre le Christ ! Il est inutile de commenter. La conjuration du militarisme contre Jésus était donc complète, absolue, puisque ses fidèles acceptaient de le trahir, sans révolte ni insoumission.

Cependant, lorsqu'une loi envoya les séminaristes à l'armée, le clergé s'indigna, protesta bruyamment. Il reconnaissait soudain que la caserne ne préparait plus à l'Evangile, qu'elle était une école de libertinage où sombrerait la moralité du jeune prêtre, d'où il reviendrait vicié, taré, contaminé, impropre désormais à l'oblation pure du corps et du sang du Christ.

Pourquoi manifester si tardivement une vérité qu'on savait évidente ? Si l'influence de la caserne était pernicieuse pour le prêtre, elle n'était pas meilleure pour les autres chrétiens ; et l'Eglise, en toute conscience, eût dû jeter son cri d'alarme bien longtemps auparavant.

Il n'est pas de transaction possible, dans la voie du salut, entre l'esprit du siècle et les préceptes religieux; l'obligation à la vertu s'impose à tous ceux qui ont fait profession de suivre l'Evangile. L'étincelle de lumière éternelle qui survit en l'âme du peuple est bien plus précieuse encore à conserver que les traditions patriotiques et guerrières que nous ont laissées des ancêtres batailleurs, parce qu'une fois éteinte il est improbable de pouvoir la rallumer jamais. Etait-ce bien du devoir des pasteurs de laisser aller le troupeau chrétien à l'armée, de le sacrifier à toutes les fausses notions d'honneur, de nationalisme, de bravoure et de gloire, et de payer l'orgueilleuse vanité d'être une nation militaire, de la ruine même de notre Assemblée universelle, de notre *Ecclesia*, internationale et libre?

Le clergé, affirmant lui-même que la caserne est un mauvais lieu, devait s'efforcer d'y soustraire ceux qu'il enseignait et dirigeait; c'est la seule ligne de conduite vraiment logique qu'il puisse suivre dans l'avenir.

Quant aux sauvages incohérences de la discipline et de la législation militaire, si opposées à nos préceptes canoniques, et que nous ne saurions ni accepter ni admettre, elles n'ont soulevé l'indignation d'aucun catholique.

Nos lois religieuses enseignent que les plus terribles fautes s'effacent par la pénitence; que le pardon est toujours possible, et que la mort ne peut être employée comme châtiment.

Nous sommes donc en contradiction absolue avec ce monstrueux pouvoir qui s'est arrogé le droit de punir, pour un fait de désertion, un individu qui ne s'est pas engagé librement ; de supprimer une vie humaine pour le refus d'une obéissance qui n'a jamais été promise, c'est-à-dire pour un délit qui n'en est pas un et que nous ne reconnaissons pas. Et ce pouvoir n'a été l'objet d'aucun anathème, il n'a jamais été désigné par une réprobation véhémente à la détestation des fidèles du Maitre !

Au régiment, il est obligatoire de venger toute insulte personnelle par un duel.

Les Catholiques ont encore jugé cette obligation compatible avec leurs idées, bien que la discipline de l'Eglise se soit toujours élevée contre la coutume du combat singulier.

Il est impossible de comprendre ce que l'honneur peut avoir de commun avec une lésion des tissus cutanés et en quoi une égratignure ou une blessure constituent une *réparation* quelconque ?

Lorsqu'un homme ajoute au désagrément d'être offensé, celui d'être tué, qu'a-t-il réparé ?

Nul ne conteste plus aujourd'hui l'absurdité du duel qui est devenu une forme exclusivement inoffensive et ingénieuse de la publicité.

Par une contradiction que personne ne saurait expliquer, les lois civiles l'interdisent tandis que les lois militaires l'ordonnent.

La morale nationaliste revêt, à ce sujet, deux aspects opposés suivant que l'homme porte ou ne porte pas un uniforme; ce qui était un acte répréhensible, passible de poursuites judiciaires, devient, pour le soldat, licite et légitime; ce qui était mal, hors de la caserne, devient méritoire dès qu'on en a franchi les murs. C'est l'incohérence pure, mais patriotiquement intangible.

Ici la conscience chrétienne a encore manifesté son étrange souplesse; et de même qu'elle a absous l'homicide numérique en disant : « C'est la guerre! », elle a excusé le duel militaire en s'écriant : « Ce sont les mœurs de l'armée! »

Et les Catholiques ont accepté allègrement le sac au dos en trahissant une fois de plus leur doctrine et leurs convictions, en abandonnant leurs traditions les plus sacrées, en reniant l'enseignement séculaire qui leur avait été légué par le Christ.

C'est un singulier hommage que lui adresse quotidiennement la catholicité militariste! Faut-il s'étonner si, parfois, il semble détourner sa face de son Eglise?

XII

La culpabilité des armements et des déploiements de force militaire se trouvait non pas absoute, mais atténuée chez les anciens, par une raison que les nations modernes ne peuvent plus invoquer : l'incertitude des connaissances géographiques.

Les centres de civilisation étaient menacés dans leur existence par un singulier élément destructeur : les Barbares, dont l'origine et la situation étaient peu connues.

La majeure partie de la surface du globe était inexplorée. Au delà d'un cercle restreint, qui ne dépassait pas notre 54° de latitude Nord, et notre 90° de longitude Est, la science de Strabon, de Ptolémée, d'Erathosthènes, de Denys le Périégète, n'avançait rien de précis sur l'étendue des terres et l'existence des contrées et des peuples.

Pomponius Mela rapporte qu'on supposait vaguement des peuples appelés Antichtones, habitant des terres inconnues, séparées par des plages torrides.

Le fragment de Caïus Pedo Albinovanus, qui conclut à *l'immensité infinie de la terre,* nous fait connaître jusqu'à quel point cette incertitude était grande, et combien les populations épouvantées, redoutaient, par conséquent, les invasions de ces hordes terribles, dont on savait à peine les noms, qui surgissaient de l'inconnu, se ruaient sur le monde civilisé, s'élançaient à la curée des plus nobles créations du génie humain.

Les Indes, l'Egypte, la Khaldée, Rome et la Grèce se voyaient entourées, au septentrion et à l'est, d'un cercle menaçant de Scythes, de Sarmates, de Germains et de Scandinaves, qui passaient leur vie à cheval, dans l'ignorance et la sauvagerie, qui ne se livraient à aucune science, ne laissaient après eux rien de durable ni d'utile, et dont la seule passion était de tuer et de détruire.

Soudain apparaissaient, comme un flot dévastateur, des nomades en nombre infini, tels que les Huns, dont Ammien Marcellin nous a fait une si épouvantable description ; les Goths, qui ravagèrent Ravenne, Aquilée, Ferrare, et s'emparèrent même plus tard de la Métropole ; les Vandales, qui mirent leurs chevaux dans les églises ; les Alamans, qui détruisirent, sous la conduite de Chrocus, tous les édifices anciens des Gaules ; les Lombards à la chevelure verte, qui désolaient encore l'Occident sous saint Grégoire-le-Grand, ou les dix mille Northmans, dont parle Anne Comnène, qui, aux environs de Nicée, commirent d'odieuses cruautés, hachèrent des enfants, en mirent d'autres à la broche et les rôtirent.

Les Barbares semblaient tomber du ciel; ils s'abattaient sur une contrée paisible, la convertissaient immédiatement en un monceau de ruines d'où s'élevaient des cris de douleur et de désespoir; de nouvelles races apparaissaient sans cesse, que nul n'avait jamais vues précédemment; et l'on se demandait, en présence de cette effrayante multiplicité, si, au delà de ce cercle malfaisant de peuples inconstants et migrateurs, il n'en existait point d'autres, puis d'autres encore, en nombre infini comme l'étendue du monde elle-même, et s'ils ne parviendraient pas un jour à se rendre maîtres de l'univers, et à éteindre l'étincelle de lumière divine que les peuples policés parvenaient à grand'peine à conserver?

Cette stase de perplexité douloureuse se prolongea jusqu'au Moyen-Age, qui dut subir les violences des Northmans, des Saxons, des Sarrasins fanatisés par une religion qui leur conseillait la guerre, et enfin des Turcs qui, à la prise de Constantinople, se comportèrent en sauvages, pillèrent Sainte-Sophie, violèrent les religieuses dans le temple même, brûlèrent les merveilles d'art byzantin pour faire cuire leurs viandes.

Œuvre de cruauté et de ténèbres, contée par l'historien Ducas, auquel le spectacle de la ruine de cette magnifique cité arracha une longue et sublime plainte : *O urbs cunctarum, urbium caput !*, et qui ajoute avec amertume : « Et il ne m'est pas permis d'écrire tout ce qui s'est passé ! »

Devant la menace constante d'un tel péril, on conçoit que les hommes aient songé à se maintenir en armes, afin de rendre puissant le geste instinctif de la défense, quoique les Barbares, qui ne convoitaient que les richesses, eussent facilement accepté des transactions.

Mais aujourd'hui, la surface de la terre est connue dans ses moindres détails ; le globe a été parcouru dans tous les sens ; il ne reste pas une contrée à explorer, pas un peuple à découvrir. Des Barbares ignorés ne peuvent plus surgir, comme jadis, à l'improviste et en multitude ; nous ne redoutons plus aucune invasion, celles de l'avenir devant être purement économiques et sociales.

Les nations encore primitives se civilisent peu à peu, se façonnent à l'effigie européenne ; il n'en est plus une seule parmi laquelle les idées de désarmement ne puissent être favorablement accueillies. Il n'existe donc plus aucune raison de conserver parmi nous ces armées formidables, et de demeurer dans cet état déplorable de défensive, qui consume les forces vives de l'humanité, à moins de prétendre que les nations qui tiennent aujourd'hui le premier rang dans le monde, doivent perpétuer entre elles la coutume de la guerre, uniquement pour ne pas la laisser perdre, et s'entraîner à redevenir sauvages, de peur de tendre trop visiblemnet vers la pacification idéale.

C'est ce que nous ne pouvons pas admettre. Si les nations prétendues policées, chez lesquelles brille la lumière de la philosophie et de la science, en sont encore réduites à se protéger l'une contre l'autre par la force, comme l'on se protégeait autrefois contre les Barbares irraisonnables, et s'il en doit être perpétuellement ainsi, il faut cesser de parler de progrès et d'amélioration possibles, et rayer de la surface de la terre le mot d'humanité et surtout ceux de Catholicisme et de Rédemption.

Nous demandons avec véhémence la suppression du militarisme et nous nous efforçons de répandre largement cette idée dans le monde, parce que nous voulons véritablement cette amélioration, parce que nous voulons enfin faire ce premier pas vers la paix, le règne de la douceur et la civilisation vraie, que nulle époque n'a jamais eu le courage de tenter.

Le prétexte de légitime défense est spécieux. Quelqu'instinctif et excusable qu'il puisse paraître, le Christ, en admirable psychologue, l'a condamné.

Il savait qu'un peuple, de même qu'un individu, ne reste pas longtemps sur la stricte défensive, sans devenir bientôt lui-même, agressif et provocateur.

Si nous accordons aux anciens l'indispensable protection contre les Barbares, nous devons reconnaître que, s'enorgueillissant de leurs forces, ils commirent souvent plus d'atrocités que les Barbares eux-mêmes, et que ceux-ci, par contre, n'agirent pas toujours avec leur cruauté et leur violence accoutumées.

On vit ces derniers respecter quelquefois les temples du Christ, au témoignage même de saint Augustin; on vit un chef de hordes gaulois, le second fils du Biturige Ambigat, se dénommer Sigovèse ou Sic-Wise, c'est-à-dire habile dans la science, par opposition à son frère Bellovèse, habile dans la guerre, et s'emparer de la Germanie *sans trace de combat,* en opposant la pensée à la force, dans un but pacificateur et intermondial.

Mais les Romains qui ne fermèrent que trois fois leur temple de Janus, ne furent-ils pas, par contre, les derniers des Barbares? Comment qualifier le *Delenda Carthago,* que Caton vociférait à la tribune, sinon le cri et la pensée d'un sauvage indigne de l'existence?

Les succès qu'ils obtinrent dans la guerre, leur fit aimer les expéditions militaires; ils prirent goût aux conquêtes, aux pillages, aux dévastations qui les enrichissaient des dépouilles des autres pays; ils s'y consacrèrent exclusivement, heureux de faire connaître aux nations étrangères le joug écrasant de leur despotisme.

Florus lui-même, qui appelle les Romains: peuple excellent, juste, pieux, saint et magnifique, se prend à avouer plusieurs fois qu'ils furent injustes et cruels dans leurs guerres. Dion Cassius dit qu'ils n'observaient pas la foi des traités, et Montesquieu, après avoir glosé sur leur prétendue grandeur, et leur avoir exprimé, en dithyrambes, une admiration sans bornes, reconnait que leur coutume « étant de parler toujours en maitres, les ambassadeurs qu'ils envoyoient chez les peuples étoient sûrement maltraités, ce qui étoit un prétexte sûr pour faire une nouvelle guerre ...Comme ils ne faisoient *jamais la paix de bonne foi*, ils y mettoient des conditions qui commençoient toujours la ruine de l'Etat qui les acceptoit ».

La plupart des nations cachèrent ainsi, sous le voile hypocrite de la défensive, une propension indéniable aux entreprises militaires. Au lieu de laisser aux Barbares la gloire de commettre des crimes, et de n'avoir recours à la guerre qu'en dernière ressource, et comme un triste moyen de protection contre des agressions irraisonnées, elles donnèrent publiquement l'exemple du meurtre, du vol national, de la honte travestie des oripeaux du triomphe, et non de la pacification et de la magnanimité, auxquelles la lumière philosophique qu'elles possédaient les obligeait cependant.

C'est cette politique, de la guerre considérée cyniquement comme moyen légitime d'accroître la richesse et la prospérité publiques, qui soulève aujourd'hui la réprobation universelle.

Les nations qui vantent les bienfaits de l'instruction, manifesteront vraiment leur supériorité acquise, lorsqu'elles aboliront les armées. Jusque-là il nous sera permis de douter de la prétention progressiste, outrecuidante et vaine.

Nul peuple ne s'est gardé pur de cette infamie. Les Grecs, qui furent les maîtres de la pensée précise et de la forme impeccable, et qui firent usage, les premiers, de l'épithète de Barbares pour désigner les autres nations, s'avilirent parfois eux-mêmes à imiter ceux qu'ils méprisaient. Les soldats de Philippe se conduisirent en Huns lorsqu'ils pillèrent la ville de Therme, rasèrent le temple, brisèrent les ex-voto et mirent en pièces plus de deux mille statues.

Alexandre, bien qu'il eût respecté la maison du poète Pindare en pillant la ville de Thèbes, brûla plus tard le Palais des rois de Perse, quoique Parménion s'y opposât; il rasa également la ville de Delphes; et Polybe ajoutait qu'il fallait être fou et hors de sens pour accomplir une telle action.

Dès que les Chrétiens ne furent plus internationalistes, dès qu'il y eut des *nations chrétiennes*, celles-ci ne manquèrent pas de continuer cette tradition dévastatrice.

Au Moyen-Age, sous Isaac l'Ange, des Flamands, des Pisans et des Vénitiens vinrent à Constantinople et mirent le feu à la ville; l'historien Nicetas, dans une page bien sombre, nous a donné le récit de cet épouvantable incendie; et il affirme que les Français se conduisirent en sauvages véritables, détruisant les monuments, se ruant bassement sur tout ce qui était revêtu du sceau de la splendeur artistique.

Anne Comnène elle-même atteste que les Français n'entreprirent la Croisade que pour piller Constantinople; ils y commirent toutes sortes de déprédations, dévastèrent entièrement le palais du Marais d'Arguras et faillirent incendier l'église Saint-Nicolas.

La cruauté des chevaliers et barons chrétiens, tapis en leurs inaccessibles manoirs, ne le céda en rien à celle des Mongols, des Haschischins ou des Turcs. Robert de Belesme, Othon de Wittelsbach et les sires de Coucy, au XIIe siècle, Olivier de Clisson au XIVe. Gœtz de Berlichingen, Montluc et des Adrets au XVIe, ont laissé d'horribles et truculents souvenirs. Guillaume le Conquérant, au siège de Mantes, poussa des cris d'une telle férocité, pour animer ses hommes, qu'il se donna une inflammation d'intestins dont il mourut. Tous ces preux méritent d'être rangés parmi les Barbares, desquels ils ne différèrent, en réalité, point.

Pendant la guerre de Cent-Ans, pour satisfaire l'orgueil d'un Edouard III qui convoitait la France, ce fut aux Anglais de renouveler le souvenir des Huns et des Vandales en livrant aux flammes la presque totalité des églises et des abbayes françaises, et en provoquant de sanglants carnages comme celui de Crécy où trente mille hommes restèrent sur le champ de bataille.

Le 11 septembre 1688, presque de nos jours, la

ville de Venise, république civilisée, joyau d'art latin, rutilante de palais, d'émaux et de campaniles, patrie du Titien et du Sansovino, envoya son doge et provéditeur, le nommé Morosini, doublé d'un feld-maréchal du nom de Kœnigsmarck, bombarder le Parthénon! M. de Turenne, autre personnage civilisé, envoyé spécialement par Louis XIV, faisait partie de l'expédition.

Et cependant que l'Europe se couvrait d'infâmes pastiches de l'architecture grecque, ce temple, d'une splendeur archétypique et sacrée, qui avait entendu la voix de Démosthènes, d'Apollonius de Thyanes, de saint Paul et de saint Denys l'Aréopagite, et qui avait contenu en germe la science, la lumière et la pensée du monde occidental, ce temple, la gloire de l'Hellade, que le Visigoth Alaric n'avait osé piller, s'écroula sous les canons des Chrétiens!

Les marbres, les bas-reliefs et les sculptures du fronton furent brisés; l'hypètre, la cella, les colonnes du pronaos et des péristyles, furent renversés; les chevaux et le char de la Minerve, arrachés de leur piédestal, tombèrent sur le versant de l'Acropole et furent fracassés sur les rochers.

Et pourtant, seize cents ans auparavant, le proscripteur qui fit égorger, en une seule journée, quatre mille hommes, l'immonde Sylla, après avoir ravagé la Grèce, s'était arrêté devant le Parthénon, subjugué, écrasé par tant de grandeur et de sublimité! Quel penseur, quel esthète, quel Chrétien osera encore parler de gloire militaire?

Nous voici bien loin de cette protection défensive contre les invasions possibles des Barbares, que nous reconnaissions comme presque nécessaire et légitime chez les anciens!

De semblables actes, commis en plein XVIIe siècle, et jusque de nos jours, nous montrent le scandaleux abus que tous les peuples ont fait de leur force armée. Entretenue sous prétexte de défense, elle devient rapidement un odieux moyen agressif, auquel nul homme ne saurait participer sans déchoir, ni donner son assentiment sans crime.

La découverte et la conquête de l'Amérique pèseront éternellement sur l'Espagne comme une réprobation. Fernand Cortez, Pizarre, Nunez de Balboa, se livrèrent à un banditisme chrétien dont nul barbare n'approchera jamais. Quiros et Paz de Torres, qui découvrirent en 1605 l'île Nostra Signora de la Luz, s'emparèrent des insulaires qui leur témoignaient de l'amitié, leur mirent les fers aux pieds, et furent étonnés ensuite d'être reçus par une grêle de flèches empoisonnées. Plus tard, à la Vera-Cruz (ils avaient soin de toujours donner à leurs conquêtes des noms tirés de l'Evangile!) ils pillèrent les villages des Indiens au lieu de gagner leur bienveillance. En 1615, les Hollandais Schouten et Le Maire, en voulant découvrir un nouveau passage de la mer du Sud, chavirèrent, près du cap Horn, une pirogue d'Indiens paisibles.

Les explorations maritimes et les grands voyages scientifiques du XVIIe siècle, sont tous souillés de sang innocent, entachés d'infamie. On connaît les cruautés sans nombre que le capitaine Cook exerça, en 1777, dans l'île d'Inoa, sur les Haïtiens, lorsqu'il fit ravager les plantations pendant trois jours, et brûler 200 maisons indigènes avec leurs habitants, pour une chèvre qui manquait à son troupeau, ou lorsqu'il fit couper les oreilles à un Indien soupçonné d'avoir dérobé un quart de cercle à son observatoire. La science, sous l'égide du monstre nationaliste qui la patronait, a eu aussi ses inquisiteurs et ses bourreaux!

Enfin toutes les entreprises coloniales du XIXe siècle, avec leurs dessous scandaleux et leurs ignominies lointaines, prouvent que les nations civilisées, par une tradition sanguinaire ininterrompue, croient toujours relever leur prestige, en empruntant aux Barbares les procédés qu'elles leur reprochent.

Le temps est venu de faire cesser cette honte par une diffusion persévérante de l'idée antimilitariste, dans le but de former dans toutes les nations, une majorité s'opposant à l'entretien des armées.

Les conditions dans lesquelles la guerre est faite aujourd'hui, le raffinement scientifique, luxueux et compliqué avec lequel elle est préparée, la rendent encore plus haïssable.

La perfection mécanique des armements trouve encore de nombreux admirateurs éblouis; mais ceux qu'elle attriste sont plus nombreux encore.

L'acte brutal provoqué par la colère et l'exaspération reste compréhensible quoique odieux, et s'excuse dans une certaine limite parce qu'il est spontané, presque irrésistible.

Il y a dans le geste formidable du paladin luttant corps à corps avec son adversaire, et le pourfendant de grands coups d'épée, un aspect caractéristique de l'homme parvenu au paroxysme de l'irritation, possédé par la furie sanguinaire, hors de lui-même. On n'absout pas, mais on explique cet acte, parce qu'il est provoqué par cette passion impétueuse, contre laquelle Sénèque a prononcé un si véhément réquisitoire, et qui, pour être maîtrisée, requiert une admirable et rare puissance de domination sur soi-même.

Mais lorsque cette phase de colère a cessé et que la violence s'accomplit néanmoins de sang-froid et après mûre réflexion, et lorsqu'on forge même une arme pour mieux frapper, aucune excuse n'est plus possible; la hideur du crime éclate par suite de la préméditation évidente.

Or, toutes les guerres, et celles de nos jours principalement, sont préparées longtemps d'avance, calculées, froidement organisées.

Lorsqu'on les entreprend, lorsqu'on met en marche les troupes qui doivent y participer, la colère qui aurait pu les provoquer n'existe plus depuis longtemps. La passion violente est tombée et la sauvagerie du procédé est alors crûment visible.

Locke a écrit cette monstruosité au chapitre II de son *Gouvernement civil*: « Celui qui déclare la guerre à un autre, doit faire cette déclaration non avec passion et précipitamment, mais avec un esprit tranquille! »

C'est encore le renversement de toute morale. Dans la vie civile on absout généralement le crime commis sous l'impulsion de la colère, de la surexcitation et dans l'état de défense; mais l'on condamne impitoyablement la préméditation de l'homicide.

Or, voici qu'en guerre, la préméditation est conseillée; elle devient une qualité précieuse au lieu d'ajouter à l'acte un surcroît d'ignominie. C'est de sang-froid que l'on doit se jouer de la vie des hommes! le décret qui envoie une armée à la mort avec mission d'en détruire une autre, doit être signé *d'un esprit tranquille!*

Ceux qui gouvernent les Etats, qui mettent en scène la comédie politique, se démasquent enfin; ils avouent avec quelle légèreté ils disposent de nos vies! Leur conscience est en repos; leur esprit est tranquille. Les fantômes de ceux qui, par leur faute, ne sont plus, ne viennent pas troubler la sérénité de leurs nuits! Ils agitent extérieurement les grands mots de péril national, de patrie en danger et d'insulte à laver; mais c'est avec calme qu'ils nous sacrifient à leurs intérêts et aux combinaisons économiques qu'ils croient devoir résulter d'une guerre!

Les combattants qu'ils acheminent vers des contrées lontaines n'obéissent, eux non plus, à aucune de ces impulsions violentes, irrésistibles, dont on regrette ensuite les conséquences. Ils savent parfaitement qu'ils vont exterminer des hommes; ils partent en chantant et sans nulle colère; ils ont le temps nécessaire de faire volte-face et de revenir sur leurs pas, en réfléchissant au néant des querelles humaines; et pourtant ils continuent leur route, subjugués par l'ordre impitoyable qui leur est donné, sans oser résister hardiment à cette tyrannie.

Les chefs militaires n'ignorent pas que l'accès de colère est nécessaire à l'accomplissement de l'acte guerrier, et que l'on ne peut tuer que possédé, envoûté par cette force occulte et ténébreuse qui, comme dit le vulgaire, « fait voir rouge ».

Aussi, de peur que la raison, la conscience, ce rayon de lumière divine qui ennoblit l'esprit humain, ne vienne éclairer celui-ci sur l'absurdité de l'acte brutal, prennent-ils soin d'enivrer leurs hommes avant la mêlée, pour les entraîner, les rendre plus féroces. Le moindre soldat colonial peut affirmer que les plus beaux traits d'héroïsme, les grands combats auxquels on voudrait nous faire applaudir, ont eu lieu sous l'influence dégradante de l'alcool. C'est le seul moyen d'obtenir des troupes l'énergie, l'irréflexion, l'inconscience du danger; et les plus illustres batailles n'eussent été, sans cette colère factice, que de vastes débandades. On a recours à l'ivresse pour éviter le déshonneur d'une pacification, d'un pardon. On préfère provoquer dans l'âme du soldat une folie passagère plutôt que de renoncer à la guerre, pour nous démontrer qu'elle est nécessaire, et pour pouvoir nous répéter une fois de plus qu'elle est admirable et sacrée, qu'elle est l'honneur, la vaillance, la gloire !

L'idée de la fraternité humaine aurait dû depuis longtemps prévaloir, et détourner de cette répugnante besogne les gens qui conservent quelque rectitude du jugement ; le Christianisme avait donné au monde tous les éléments pour accomplir cette révolution pacifique.

Pour qu'un homme, doux et bon dans sa vie privée, supporte allègrement la pensée qu'il va tuer son semblable, et que cette expédition ne lui paraisse rien de plus qu'une glorieuse partie de plaisir nullement coupable, il a fallu que cette aberration fût la conséquence d'un préjugé extraordinaire, entretenu soigneusement dans le peuple par ceux qui ont intérêt à maintenir sur terre l'organisation militaire.

Ce préjugé, profondément enraciné dans l'esprit moderne, est l'idée de Patrie, en vertu de laquelle quantité d'hommes, d'excellente nature et de mœurs honnêtes, croient fermement que la guerre est chose indispensable et belle, qu'il est nécessaire de porter l'uniforme, qu'on peut tuer sans culpabilité et qu'au contraire la culpabilité consisterait à réagir contre la barbarie séculaire qui nous a légué l'intangible dogmatisme de la frontière, de l'honneur militaire, de l'héroïsme, de la gloire!

Nous disions que le sang-froid dans la tuerie, la préméditation évidente du meurtre, l'absence de toute exaspération et de toute colère, s'accentuent encore par suite de l'inexprimable degré de perfection auquel sont parvenus les armements modernes. Le soldat est muni, en effet, d'appareils destructeurs, au moyen desquels il exécute froidement sa tâche sans émotion, sans enthousiasme; il abat mécaniquement des hommes, et ne garde plus rien du paladin qui frappait d'estoc et de taille, hurlant comme un lion, dans la mêlée.

Le XIXe siècle nous a fait assister à un spectacle littéralement répugnant: celui des transformations successives de l'outillage militaire.

Nous avons vu la joie des inventeurs s'affirmer cyniquement, lorsqu'ils découvraient un explosif, un projectile nouveau, un fusil à plus longue portée; les gouvernements dépenser frénétiquement des milliards pour construire des engins meurtriers, périmés au bout de quelques années parce qu'ils n'étaient plus assez puissants, et remplacés par d'autres, toujours plus formidables; nous avons vu toutes les ressources de la science actuelle, toutes les données de la trigonométrie, toutes les constatations de la chimie et de la physique, toutes les améliorations de la métallurgie, mises en œuvre pour obtenir ce résultat enviable, intelligent, sublime: détruire des vie humaines en masse, non plus par unités, comme autrefois avec l'épée, mais par millions, par myriades, au loin, aux dernières limites de l'horizon.

La rage malfaisante contre l'espèce humaine, de certains individus avides de sang et de carnage, s'est puissamment exercée à faire progresser l'art de la guerre, avec la prétention de parvenir ainsi et en même temps au sommet de la civilisation.

Le patriotisme a poussé des rugissements de triomphe en apprenant, enfin! la découverte de certaines armes, dont la blessure était inguérissable, irrévocablement mortelle! Le soldat a la gloire de pouvoir tuer à une lieue un ennemi invisible, qu'il ne connaîtra jamais; la balle, lancée par lui au hasard, atteint peut-être un enfant innocent ; et les pontifes du militarisme expriment ingénuement leur admiration pour cette merveille, et crient : C'est beau! *On se tue aujourd'hui sans se voir!*

On nous a dotés de canons dont une charge coûte plusieurs milliers de francs, de balles dum-dum, d'étonnantes mitrailleuses qui absorbent à chaque coup une petite fortune, pour semer la mort, amonceler les ruines, éventrer les hommes, écarteler leurs membres, hacher leurs chairs, broyer leurs os et pulvériser leurs viscères.

La plus grande faillite de la science moderne consiste dans l'appui qu'elle a prêté au génie du Mal, dans la condescendance avec laquelle elle s'est mise au service de la vengeance et de la haine. En désertant la cause du Bien, elle a manqué totalement à sa mission. Elle s'est faite la complice méprisable de la stupidité des hommes, en leur permettant d'étendre l'empire, déjà trop vaste, de la Mort, par des appareils de précision, prudemment brevetés, mathématiquement exacts.

Le Creusot et l'usine Krupp synthétisent la honte et le déshonneur du XIXe siècle. Leur prospérité atteste la sauvagerie croissante des nations civilisées et chrétiennes.

L'effet destructeur que pouvaient produire les actes de bravoure individuelle était déjà un crime; mais décupler, centupler cet effet par des moyens mécaniques devient une abominable lâcheté.

Les patriotes qui révèrent la puissance du muscle, s'enflamment au récit des prouesses des héros militaires de jadis, voudront-ils encore nous faire participer à leur admiration, lorsqu'un seul homme pourra en exterminer un millier en pressant un bouton électrique ?

Tel est le résultat, en partie réalisé, vers lequel tendent les perfectionnements de la balistique.

Déjà on vit paraître en 1845, en Angleterre, le fusil électrique, *electric gun*, inventé par Siva, dont la puissance considérable faisait irradier les projectiles dans un vaste rayon; en 1861, le fusil à vapeur, à canons multiples, construit en Amérique par Dickinson, au frais d'un richissime négociant de Baltimore,

Winckam. Ce dernier, éminent philanthrope dit-on, se passionna pour cet appareil et engloutit des sommes prodigieuses, tant il avait à cœur d'obtenir le résultat le plus malfaisant possible !

Nous possédons maintenant, à notre extrême joie, la torpille radio-automatique, que son inventeur se félicite d'avoir rendue aussi dangereuse que possible, et qui peut couler un vaisseau énorme à plusieurs kilomètres de l'opérateur qui la dirige invisiblement !

On peut prévoir ce que deviendraient les guerres futures si l'antimilitarisme, progressivement, ne tendait vers leur suppression. Un homme s'assiérait devant un clavier, à l'abri dans quelque fort, et appuyant sur les touches d'un bijou de précision, l'œil dans un viseur radio-téléphotique, abattrait au loin, à plusieurs lieues, des hommes par milliers, faucherait les escadrons, pulvériserait les villes, les monuments, ferait pleuvoir les balles, le feu, la mitraille ! En plaçant ainsi le soldat à une distance considérable de sa victime, en lui cachant les effets de son crime, on oblitère en lui tout sentiment de pitié, de compassion et de miséricorde ; on annihile le remords, la conscience ; on en fait, non pas un sauvage, mais ce qui est pis, un mécanicien de l'assassinat !

Comment peut-on s'étonner qu'une réaction inévitable se soit produite, que les générations modernes soient peu enthousiastes pour la guerre, et que l'humanité se réveille un jour, profondément dégoûtée du militarisme pour lequel on a voulu lui imposer une admiration sans bornes? Si un homme vend une mitrailleuse à l'étranger, c'est un criminel et on le couvre d'opprobres; mais s'il imagine une mitrailleuse, cent fois plus dévastatrice que la précédente et en gratifie son pays, il ne fait horreur à personne et reçoit les félicitations de tous les corps savants; il est comblé d'honneur et d'argent, et chamarré de décorations.

Je me considérerais comme coupable d'adhérer à ces préjugés, de sympathiser avec l'idée nationale qui inspire de telles aberrations.

La guerre, faite ainsi mécaniquement, algébriquement, engendre et développe chez le soldat cette cynique froideur, cet *esprit tranquille* dont parle Locke, et qui la rend beaucoup plus coupable. Le témoignage de la conscience s'efface peu à peu. On ne s'émeut plus d'homicides qu'on n'aperçoit même pas et qui coûtent si peu d'efforts. On pointe un canon avec autant de tranquillité qu'on braquerait un télescope sur les astres. On poursuit l'œuvre de mort comme on résout une équation. Il n'est plus question d'aucun de ces sentiments violents, d'aucune de ces passions terribles et spontanées qui excitent les hommes à s'entretuer, et justifient l'expression : « se battre ». On ne se bat plus; on fait des mathématiques exterminatrices. La guerre est devenue un sport compliqué et malfaisant qui nécessite des appareils innombrables, coûteux, et un bagage énorme dont chaque pays s'encombre, et dont l'existence, en notre siècle, est pour nous une douloureuse humiliation.

Il existe même une diplomatie prétentieuse et protocolaire, fort peu connue, à l'usage des chefs militaires, et qui nous révèle combien il est obligatoire, dans leur caste, de considérer, comme Locke, avec calme, sans émotion ni regret ni remords, l'étendue du mal qu'ils ont semé dans le monde.

Lorsqu'ils ont commis quelqu'une de ces actions dont on ne peut concevoir que de l'horreur, ils en informent l'ennemi, et osent, totalement aberrés, lui adresser des formules de glaciale politesse!

Voici la correspondance qu'échangeaient en 1870, les généralissimes des armées française et allemande:

« Versailles, le 5 décembre 1870.

« Il pourrait être utile d'informer Votre Excellence que l'armée de la Loire a été défaite hier près d'Orléans, et que cette ville est réoccupée par les troupes allemandes.

« Si toutefois Votre Excellence juge à propos de s'en convaincre par un de ses officiers, je ne manquerai pas de le munir d'un sauf-conduit pour aller et venir.

« Agréez, mon Général, l'expression de la haute considération avec laquelle j'ai l'honneur d'être votre très humble et très obéissant serviteur.

« *Le Chef de l'Etat-Major,*

« Comte de MOLTKE. »

La réponse fut :

« Paris, le 6 décembre 1870.

« Votre Excellence a pensé qu'il pourrait être utile de m'informer que l'armée de la Loire a été défaite près d'Orléans, et que cette ville est réoccupée par les troupes allemandes.

« J'ai l'honneur de vous accuser réception de cette communication que je ne crois pas devoir faire vérifier par les moyens que Votre Excellence m'indique.

« Agréez, mon Général, l'expression de la haute considération avec laquelle j'ai l'honneur d'être votre très humble et très obéissant serviteur.

« *Le Gouverneur de Paris.*
« Général TROCHU. »

Sinistre comédie ! La brutalité des preux était préférable. En frappant aveuglément, à tort et à travers, ces illettrés qui signaient en faisant une croix avec leur épée, obéissaient à leur instinct encore sauvage. Mais que penserons-nous de ces hommes qui se croient encore des êtres civilisés et se saluent lorsqu'ils viennent de se conduire comme les plus abjects des barbares ?

On dispose, comme de pions sur un échiquier, de ceux qu'on a obligés d'endosser l'uniforme. On fauche une armée, on anéantit des milliers de vies humaines, avec une précision mathématique rigoureusement calculée ; puis à celui que l'on devrait, suivant les plus purs principes du patriotisme, haïr logiquement de toutes ses forces, on écrit qu'on a l'honneur d'être, avec la plus haute considération, son très humble et très obéissant serviteur !

Ceux qui conserveraient, après une telle lecture, quelque attachement pour la guerre, l'armée et les mœurs militaires, avoueraient un total dénuement de sens moral et une parfaite insanité de jugement.

Les guerres d'autrefois furent le choc de la civilisation naissante contre la bestialité invétérée des Barbares. Les guerres modernes ne sont plus qu'une coutume inutile et sanguinaire, un relief de sauvagerie conservé traditionnellement par des peuples, égaux en science et en lumière, et qui, sans écouter la voix du cœur et de la raison, sacrifient bénévolement leur vie pour l'intérêt de quelques-uns qui les oppriment.

Notre effort, à nous Chrétiens, devra tendre désormais vers ce but nécessaire : Supprimer les luttes des peuples et les haines nationales.

XIII

Le mobile apparent des guerres modernes, c'est la haine patriotique de l'étranger. C'est le seul qu'on présente, revêtu de clinquant de la gloire militaire, aux yeux des multitudes hébétées.

Mais il en est un autre, plus secret, l'unique, le vrai, l'inavouable, qu'on cache prudemment au soldat : l'Argent.

Au fond de toutes les entreprises guerrières, l'argent apparaît, jouant un rôle ténébreux, encore mal défini et insuffisamment compris par les historiens.

Ceux qui croient encore sincèrement à la Patrie, et qui aiment, de bon cœur, à se *couvrir de gloire* en combattant pour elle, se rendent trop peu compte, dans l'enthousiasme aveugle de leur chauvinisme, de la quantité d'intérêts gravitant autour de la guerre.

Ils ne voient pas la nuée de corbeaux et de chacals qui s'agitent, avides de la curée sanglante, autour de leur drapeau qui claque au vent sur sa hampe, comme le chantent leurs poètes.

Ils ne voient pas que chaque campagne est provoquée par des hommes qui, d'avance, ont calculé sinistrement ce qu'elle peut leur rapporter, et qui, en supputant le nombre probable de cadavres qu'elle produira, escomptent un accroissement de leur fortune personnelle.

Il existe, dans toutes les classes de la société, un nombre considérable d'individus pour lesquels une guerre représente un profit, une spéculation, une affaire. Ceux-ci la désirent donc ardemment; ils l'appellent de tous leurs vœux; ils ne sauraient admettre aucune idée, aucun projet de pacification et de désarmement, quand même leur conscience le leur conseillerait en eux-mêmes; ils affectent un patriotisme ardent, et sont les meneurs de l'immense propagande militariste dont les autres, les patriotes désintéressés, sont les dupes.

A toutes les pages de l'histoire, la guerre apparaît, connexe à un gain, à un profit, à un lucre; et ce gain, jusqu'à la fin du Moyen-Age, s'affirma en principe, en théorie avouée.

On entreprenait les guerres ouvertement, pour piller, dépouiller l'ennemi, s'enrichir à ses dépens Et, toujours en vertu de ce renversement de la morale, grâce auquel les actes, réputés malhonnêtes dans la vie civile, sont absous et divinisés pendant la guerre, on considérait le vol militaire comme licite et glorieux. On l'appelait d'un nom spécial, et l'on se croyait disculpé en disant qu'on avait *enlevé du butin*.

Les Romains tiraient une vanité singulière du butin conquis. Ils faisaient sonner très haut leur renommée spoliatrice; et les généraux montraient avec ostentation les *opima*, les dépouilles des peuples vaincus qui ornaient leur triomphe.

Tous les Barbares : Saxons, Gaulois, Wisigoths, Francs, Huns, Suèves, Vandales, n'avaient d'autre but, en faisant la guerre, que de s'enrichir aux dépens des pacifiques qui travaillaient et cultivaient la terre. On assiégeait une ville dans l'intention formelle et non cachée de s'emparer des trésors qu'elle contenait. Le partage du butin, après chaque bataille, n'était pas la phase la moins intéressante de l'acte guerrier; il se faisait ostensiblement, officiellement et sans honte, comme à Soissons, où Clovis dispute à ses hommes la possession d'un vase précieux.

La prise d'une ville comportait toujours un pillage obligatoire, que les chefs d'armées et les souverains permettaient aux soldats, pour les dédommager à bon marché de leurs fatigues. L'histoire mentionne quantité de *sacs* célèbres, dont les noms se trouvent dans toutes les mémoires.

Les Hébreux, sous Moïse, sous les Juges et sous les Rois, n'avaient pas dédaigné le butin après les batailles; les héros d'Homère et de Virgile s'étaient approprié les dépouilles de leurs ennemis.

Le Moyen-Age continua donc une tradition si belle et si noble, dont il trouvait mention dans les trois livres qui furent les éducateurs de la chrétienté : la Bible, l'Iliade et l'Enéide.

Les preux ne furent, bien souvent, que d'illustres détrousseurs de grands chemins. Citons un exemple choisi parmi les plus célèbres. Messire Bertrand du Guesclin « qui tousjours fut avec droicture », dit son chroniqueur « donnoit tout à ses compaignons; et en peu d'eures fut povre par largesse. Quand Bertrand vit qu'il n'avoit plus que donner, il print les joyaulx de sa mère et les vendit, dont contre luy fut courroucée et doulente. Si advint que passoit par les forests un chevalier anglois qui menoit la finance pour mettre à sauveté. Tantost congnut Bertrand que le chevalier estoit anglois, et hardiment lui courut sus, et en peu d'eures le desconfit et l'occis. Adoncques Bertrand vint à la Mote-Beuvron, descendit et baisa sa mère, puis vint à son père et lui conta son aventure qui grant joie en eut. Adoncques fit apporter la male au chevalier et fut ouverte; illec trouva Bertrand grand finance d'argent et aussi de joyaulx, lesquels il donna à sa mère pour ceulx que tollus lui avoit. Quand la dame vit les joyaulx qui sans comparaison valloit mieulx que les siens, adoncques dit : « Ha, fils Bertrand! bien dit la converse, que par toy seroit honnorée toute la geste dont tu es yssu. »

Eh bien! mes maitres, voilà donc la morale des temps chevaleresques, voilà les modèles que vous proposez pour l'édification de la jeunesse! Cet assassin et ce voleur se nomme Messire du Guesclin; on l'absout largement parce que celui qu'il a tué et dépouillé n'est qu'un Anglais. M. de Maistre est là pour nous dire : « Je savais bien que le soldat tue, mais j'ignorais qu'il fût meurtrier » et M. Déroulède pour nous présenter du Guesclin comme le type le plus parfait de la loyauté française.

Cette scène, où l'on vide en famille la malle du chevalier, où l'on soupèse avec joie les bijoux et où l'on s'émerveille de l'aloi de l'or, semble appartenir aux mœurs du banditisme; elle est coutumière, dans les bas-fonds de la société, mais déshonorante pour une caste qui fit sonner si haut le mot d'honneur.

Plus tard, les souverains ressentirent cependant quelque honte de tels comportements. La guerre se couvrit de prétextes politiques. La Renaissance vit naître le patriotisme, voile ingénieusement jeté pour dissimuler une turpitude dont les ancêtres barbares se paraient glorieusement. On continua à emporter le butin des conquêtes, mais on n'osa plus avouer que c'était le but des campagnes.

Sully, l'austère Sully, l'intègre et incorruptible ministre de Henri IV, le patriarche de l'économie politique, raconte ingénuement, en ses *Mémoires*, qu'il participa à ces bienfaits de la guerre.

« En 1580, la ville de Cahors fust entièrement pillée, ma bonne fortune fit tomber entre mes mains une petite boëte de fer où je trouvay quatre mille escus en or. »

Bonaparte interdisait officiellement le pillage à ses troupes, mais il l'autorisait secrètement, sachant fort bien que le pillage est l'âme de la guerre et l'un des meilleurs stimulants du soldat. Les campagnes d'Italie et d'Espagne ont laissé, à ce sujet, de tristes souvenirs, authentiques et indéniables.

Il avait, d'ailleurs, un singulier moyen d'assurer la subsistance de ses troupes, que nous signalons aux moralistes du patriotisme :

« Les armées de Napoléon, dit le général Marbot, une fois qu'elles étaient en campagne, ne recevaient de distributions que fort rarement, chacun vivant sur le pays comme il pouvait. Cette méthode avait un avantage immense, celui de nous permettre de pousser toujours en avant, sans être embarrassés de convois et de magasins, et ceci nous donnait une très grande supériorité sur les ennemis. »

Un autre procédé consiste à exiger une *rançon* pour accorder la liberté aux prisonniers, lever un siège ou évacuer un territoire. L'acte est immonde, et la cupidité est, ici encore, manifeste, avouée.

Alaric, entrant dans Rome, n'accorda la vie aux habitants que moyennant 5.000 livres d'or, 3.000 d'argent, 4.000 tuniques de soie, 3.000 peaux d'écarlate et 3.000 livres de poivre !

Toute la chevalerie, depuis Roland jusqu'à François Ier, pratiqua le système des rançons. Les preux furent loin d'être exempts de ce procédé malpropre, venu des Barbares; en bons chrétiens, ils vendirent leur pardon et mirent leur magnanimité à prix d'or. Quant aux nations modernes, elles l'ont conservé pieusement; et la rançon de 5 milliards de 1870 n'est pas encore bien loin de nous.

Ainsi, d'un bout à l'autre de l'histoire, la guerre est une *affaire;* elle s'affirme très net ce qu'elle est réellement; et les légendes de bravoure et de désintéressement du Moyen-Age s'effacent devant la réalité prosaïque d'un désir effréné d'argent, d'une souillure monétaire, commune à tous les héros.

Les principaux intéressés dans les entreprises militaires, sont donc d'abord les soldats de profession, les officiers subalternes ou supérieurs. Ceux-là n'auraient garde de prêcher le désarmement et la paix, qui auraient pour résultat de supprimer un métier qui les fait vivre.

La guerre représente, pour eux, de l'avancement, des poitrines chamarrées et des pensions; ils la désirent donc avidement, peu soucieux du motif qui la provoquera; ils souhaitent l'incident qui produirait une prompte mobilisation, irrités d'être condamnés à l'inaction de la caserne.

Ceux qui conçoivent une certaine fierté à prononcer le mot *soldat,* oublient l'origine significative de ce terme. Son étymologie ignoble, indique la vénalité de l'emploi.

Il vient de *solde*, paiement, salaire. Le soldat est donc littéralement un individu qu'on paie. C'est essentiellement un mercenaire. Il tue contre argent; il vend ses services et accomplit toutes besognes moyennant une rémunération. C'est un commissionnaire en homicides.

C'est pourquoi, lorsque la solde ne pouvait être payée, ce qui advint souvent, on l'autorisait, on l'excitait même au pillage, moyen commode et économique, pour le vainqueur, d'acquitter sa dette.

On oublie volontiers les sommes colossales émargées au budget par les colonels, les généraux, les commandants de corps d'armées, lorsqu'on célèbre la gloire, le dévouement des héros et qu'on énumère leurs états de service. Ils sont tous soldats, *souldoyés*, salariés, mercenaires.

Lorsque Napoléon III apprit que le général de Palikao venait de brûler le palais d'été de Pékin, il proposa de lui faire une rente de cinquante mille francs. reversible sur ses enfants!

Jamais les souverains n'ont été aussi larges envers les bienfaiteurs de l'humanité.

Récompenser ainsi publiquement le crime officiel, la profanation de l'œuvre d'art, la destruction du monument, c'était donner un triste exemple au peuple, l'autoriser à agir de même, ce qu'il ne manqua pas de faire, quelques années plus tard, quand il en eut l'occasion.

Ceux qui ont magnifié la période napoléonienne et en ont fait une épopée, ont négligé de parler des émoluments formidables et scandaleux que touchaient les tueurs d'hommes, et de supputer ce que coûtèrent un Wagram ou un Austerlitz. Avant et après chaque victoire les héros passaient à la caisse ; et l'on reste confondu à la révélation des sommes colossales englouties pour récompenser chaque massacre patriotique.

Voici quelques chiffres qu'on a extraits des mémoires de l'Empire :

En 1807, Napoléon, qui se livra à d'extraordinaires largesses, donna à Augereau 200.000 francs en argent et 200.000 francs en rentes sur l'Etat ; autant à Bernadotte ; à Berthier 500.000 francs en argent et 500.000 francs en rentes sur l'Etat ; à Bessières, 300.000 francs en argent et 300.000 francs en rentes sur l'Etat ; à Clarke 100.000 francs en argent et 100.000 francs en rentes sur l'Etat ; à Davout 300.000 francs en argent et 300.000 francs en rentes ; à Duroc ainsi qu'à Grouchy 100.000 en argent et 100.000 en rentes ; à Lefebvre 100.000 écus ; à Marmont 100.000 francs en argent et 100.000 francs en rentes ; à Masséna 200.000 francs en argent, 200.000 francs de rentes, 300.000 francs après la paix de Tilsitt, et 500.000 francs de rente après Essling et Wagram ; à Mortier 200.000 francs en argent et 200.000 francs en rentes ; à Ney 300.000 francs en argent et 300.000 francs en rentes ; à Oudinot 100.000 francs en argent et 100.000 francs en rentes; à Soult, 300.000 francs en argent et 300.000 francs en rentes; à Suchet, 100.000 francs en argent et 100.000 francs en rentes, et 500.000 francs de rentes lorsqu'il fut fait duc d'Albuféra; à Victor 100.000 francs en argent et 100.000 francs en rentes, etc., etc.

Les généraux reçurent des sommes à peu près semblables; et, à chaque campagne, de nouvelles libéralités, tout aussi désordonnées, vinrent combler les désirs insatiables de ces hommes dont on a tant célébré la grandeur factice. Ils augmentaient encore leurs revenus en rançonnant les villes qu'ils parvenaient à soumettre, imposant outrageusement les pays conquis, et se livrant à une concussion effrénée, d'accord avec les fournisseurs et les trésoriers-payeurs des armées.

La campagne de Naples valut un million 500.000 francs à Macdonald; Lannes s'empara du trésor de Notre-Dame del Pilar, dont il retira plus de 4 millions.

On conçoit combien cette puissante canaille militaire, dont les reliques sont conservées au Musée de l'Armée, devait chérir un moyen d'existence si facile et si fructueux; ils aimaient d'autant plus la guerre que, malgré cette profusion inouïe et de semblables largesses, souvent réitérées, la plupart de ces hommes, sans éducation initiale ni distinction native, adonnés à la boisson et au jeu, se livraient à des dépenses dérisoires et à des gaspillages absurdes, et se trouvaient bientôt sans argent, criblés de dettes, et dans une situation telle, qu'une nouvelle campagne, avec ses vastes appointements, couronnée par quelques excellents pillages, pouvait seule repeupler leur bourse et combler le déficit de leurs affaires. Ils réclamaient donc à grands cris une guerre; ils voulaient du *travail*. L'Empereur leur avait appris un métier, un seul, celui du sang et du pillage, et ils demandaient à l'exercer. Et leur maitre, assailli de leurs demandes d'argent qu'ils formulaient impérieusement, devant l'expression de leurs exigences terribles, craignant de se voir briser par ces créatures qu'il avait élevées et dont il avait fait la fortune, cédait au torrent tumultueux de désirs violents et sauvages des satellites dangereux qui gravitaient autour de lui.

Il accordait une nouvelle guerre; et ce fut le mobile secret de chacune des phases de l'épopée, le dessous de la politique militaire de Napoléon, ce que nul n'a vraiment compris jusqu'à présent.

On a prêté du génie à cet homme; on l'a cru dévoré par l'ambition démesurée de dominer le monde, tandis qu'il fut la victime de l'avidité de ses officiers et de ses courtisans. C'est pour satisfaire les appétits et les exigences d'une bande de soudards et de grossiers parvenus, qu'il a ensanglanté l'Europe. Il se prit imprudemment lui-même dans un engrenage financier dont il ne put jamais se dégager.

Jaloux d'occuper toujours le premier rang et de soutenir le prestige dont il s'était entouré, la guerre lui procurait les ressources capables de clore les bouches de cette meute hurlante qui l'accablait de menaces, et qui, s'il ne l'eût pas satisfaite, l'eût dévoré. Une nouvelle campagne justifiait seule, aux yeux du peuple, un nouvel impôt qualifié d'emprunt forcé.

Ce grand capitaine, doué d'une volonté si puissante, ne fit véritablement, toute sa vie, que la volonté des autres. Il fut le jouet des circonstances plutôt que l'artisan de sa propre destinée. Il parut insatiable de victoires, dévoré par la soif des conquêtes, tandis qu'il succombait, en réalité, sous la puissance de l'argent, contraint de devenir plus militariste qu'il n'eût voulu l'être. Il eut manifestement, à une certaine époque de sa vie, l'intuition de sa chute inévitable et prochaine; il comprit que le moment était venu de calmer son ardeur guerrière. En profond politique, il vit le danger auquel le précipitait son imprudente conduite qui mécontentait l'Europe; il aspira à la paix afin de régner, de jouir de son triomphe et de sa gloire dans un palais paisible, en protecteur des arts et en rénovateur des lettres. Mais la bande déchainée de ses maréchaux et de ses généraux l'en empêcha; et il s'aperçut, trop tard, qu'il avait élevé à de hautes dignités militaires, trop d'individus obscurs qu'on ne pouvait, ni supprimer, ni maintenir dans la paix et l'inaction tout en leur conservant de tels émoluments, énormes et injustifiés. La guerre seule était le moyen de les payer.

Lorsqu'une caste militaire a été établie dans une nation, elle ne peut se résoudre à disparaitre. Elle prétend avoir droit à l'existence Elle ne veut entendre parler ni d'humanité, ni d'équité, ni de justice; elle veut vivre, et vivre en tuant des hommes. Elle n'admet pas qu'il n'y ait plus de guerres; elle menace le souverain qui n'entreprend pas de campagnes; elle considère la paix comme le fléau qui compromet son existence et met en relief sa propre inutilité.

L'Empereur Probus eut l'imprudence de dire que lorsque tout serait pacifié, il n'y aurait plus besoin de soldats. Il fut massacré par ceux-ci.

Le même sort attendait Bonaparte s'il eût voulu, tout d'un coup, se transformer en monarque pacifique; aussi fut-il contraint de soutenir jusqu'au bout un rôle de charlatan épique, d'être le *commediante-tragediante* d'une mascarade sinistre, jouée au bénéfice des maréchaux et aux dépens de l'Europe entière.

L'intérêt que les professionnels du métier militaire portent à la guerre est évident et avoué; elle est leur raison d'être; la supprimer, c'est leur arracher leur pain. Mais il est quantité d'autres individus qui désirent que les chocs des peuples se produisent le plus fréquemment possible, d'autres encore qui les provoquent, parce que, pour tous, la guerre représente un profit. Les fournisseurs des armées, industriels qui construisent les matériels de campement, fabriquent les armes, fondent les canons, empoisonnent les armées de victuailles de rebut et de provisions avariées, ceux qui vivent de la préparation de la guerre, sont tous patriotes, et s'élèvent bruyamment contre toute tentative de réduction du budget militaire dont la principale partie est employée à les enrichir.

Ceux-ci excellent à faire vibrer la fibre patriotique, en comptant au nombre des richesses d'un pays l'encombrant et cruel outillage militaire. Que deviendraient nos canons, et nos merveilleux engins, et nos usines florissantes et nos poudreries prospères, si les théories antimilitaristes se propageaient? Ne serait-ce pas la ruine de toute une industrie nationale, un attentat contre le progrès, un crime?

Et le paradoxe se poursuit ainsi, indéfiniment absurde : continuons à nous tuer afin de ne pas laisser péricliter la fabrication si intéressante et si perfectionnée des canons et des armes et des poudres sans fumée!

D'autres escomptent à leur profit les suites de la guerre, comme ces changeurs d'Angleterre qui, vers 1120, en saisirent l'occasion pour écouler de la fausse monnaie d'étain, ou comme ces Juifs qui escortaient les armées de Napoléon pour dépouiller les cadavres sur les champs de bataille, et racheter aux soldats ignorants les œuvres d'art qui provenaient de leurs pillages. On voit alors des thésauriseurs surgir, qui, à la faveur de la baisse générale des affaires, accaparent toutes choses, achèvent de ruiner les familles en deuil en achetant à vil prix des biens dont la valeur se récupérera plus tard.

Ceux qui possèdent le sol de la patrie, les propriétaires fonciers, sourient également aux expéditions lointaines, d'où les armées reviendront plusieurs fois décimées! Diminuer le nombre des propriétaires d'un territoire sans restreindre ce territoire lui-même, c'est agrandir les possessions de ceux qui restent, par le partage des biens de ceux qui ne sont plus.

Il y a là tout un jeu de combinaisons intéressées qui échappent aux simples, mais que connaissent ceux qui se livrent au trafic de la terre; c'est l'excitant le plus puissant de leur patriotisme.

Pour la Haute Banque, enfin, la guerre est la plus vaste, la plus hardie des spéculations. Ici nous ne sommes plus seulement en présence d'individus qui souhaitent, de tous leurs désirs, un carnage dont ils sauront profiter pour s'enrichir, mais dont le pouvoir se borne à émettre un vœu platonique. La Finance a la puissance militaire dans sa main. La guerre est son œuvre. Elle la provoque, la déclare, lorsqu'après l'avoir préparée et mûrie pendant de longues années, elle sent le moment opportun pour réaliser une affaire.

Toute guerre a pour cause initiale et finale l'argent. C'est un coup de bourse gigantesque dans lequel les ploutocrates, pour satisfaire leur cupidité, mettent en jeu la vie de milliers d'hommes. Internationalistes eux-mêmes de par leur organisation d'affaires, dont le réseau de relations, de communications et d'échanges enserre le monde entier, ils acceptent l'existence des nations pour s'en servir comme autant de jouets; ils ont su se placer bien au-dessus d'elles et exploiter l'illusion de ceux qui sont assez simples pour croire à l'entité nationale, au drapeau, à l'ennemi menaçant, au danger couru par la patrie et à l'impossibilité de supprimer la guerre.

Ils poussent les Etats dans la voie des dettes énormes résultant des armements prodigieux, de la rançon à payer pour signer la paix, afin de leur prêter ensuite leurs capitaux en les faisant circuler d'une nation à une autre, à un taux considérable, avec des intérêts usuraires qui seront payés par des impôts nouveaux. Les diplomates et les souverains eux-mêmes étant aux ordres et à la solde de la Finance internationale, il ne se déclare pas une guerre sans la volonté expresse et l'assentiment de celle-ci. C'est une partie qui se joue sur l'échiquier du monde avec le numéraire pour enjeu, et que gagnent toujours les grands prêteurs, les agioteurs et les trafiqueurs d'argent.

Accepterons-nous longtemps encore que, pour servir de tels intérêts financiers, pour que la bourgeoisie puisse augmenter son monceau d'or, des milliers d'hommes se sacrifient, se polluent moralement et physiquement, en s'entassant pêle-mêle, voyous et génies, pendards et honnêtes gens, dans des casernes?

On voit la trace des obligations qui lièrent Bonaparte aux grands banquiers juifs, par le droit à la personnalité civile qu'il fut contraint de leur accorder. Ils profitèrent de sa chute comme ils avaient profité de ses triomphes. Ils spéculèrent sur l'épopée; et une banque célèbre date de Waterloo l'origine de sa prospérité.

S'il nous était permis de connaitre tous les dessous de l'histoire, de posséder des documents précis sur les époques les plus reculées, de retrouver la clef des difficultés au milieu desquelles se débattirent, au XIVe siècle, les intendants des finances : Enguerrand de Marigny, Gérard de la Guette, Remy de Montigny, Macé de Maches, René de Siran, de jeter un coup d'œil sur les mystérieux comptes secrets qui leur coûtèrent la vie, nous verrions apparaitre l'argent comme l'unique et secret ressort de toutes les guerres, de toutes les convulsions militaires du Moyen-Age, nous verrions que les exploits des paladins et le prestigieux décor des légendes de chevalerie n'ont servi qu'à couvrir de basses combinaisons financières.

Nous comprendrions le rôle occulte des Juifs et des Lombards, sous Frédéric Barberousse, sous Saint Louis, sous Philippe-le-Bel, comme sous Louis XI, monopolisant le fermage des impôts, rongeant les gouvernements par l'usure, puis les obligeant ensuite à la guerre, leur fournissant l'argent nécessaire pour les armes et les vaisseaux afin de les endetter davantage. Nous comprendrions l'influence, plus odieuse encore, des escompteurs catholiques, des Chevaliers Teutoniques en Allemagne, des Templiers en France, qui convertirent leurs couvents en banques d'accaparement, tinrent en leurs mains les fils conducteurs de toute la politique européenne, furent les provocateurs mystérieux de tous les carnages qui désolèrent le monde pendant dix siècles. Nous comprendrions pourquoi la plupart des souverains, au Moyen-Age, furent contraints d'hypothéquer leur royaume, pourquoi Philippe-le-Bel, Louis X le Hutin, Charles IV, Philippe de Valois falsifièrent sans pudeur, comme des larrons, leurs propres monnaies, pourquoi d'autres comme Catherine de Médicis, moururent insolvables, s'acculèrent à des situations sans issues, se perdirent dans les inextricables lacis de la dette publique qu'ils créèrent ainsi, et pourquoi ils léguèrent aux puissances européennes, sous le nom de finances nationales, cette sorte d'état de banqueroute perpétuelle, dans lequel elles sont actuellement plongées.

Philippe-le-Bel et Edouard Ier vivaient en paix depuis six ans, après l'hommage prêté par ce dernier comme duc d'Aquitaine. Il est difficile d'admettre qu'ils recommencèrent soudain de formidables hostilités parce que deux matelots s'étaient pris de querelle à Bayonne. On peut tromper le peuple en lui donnant de semblables prétextes, mais le penseur, habitué à sonder la philosophie de la politique et de l'histoire, percevra immédiatement un motif plus sérieux, consistant toujours en une spéculation financière préparée longtemps à l'avance, savamment calculée, et guettant l'occasion propice pour se réaliser.

Le désir effréné de l'or se fait jour à travers toutes les épopées. On sait que des raisons pécuniaires seules excitaient Edouard III à la prise de Calais. Et de même que l'expédition de Madagascar n'a été entreprise que dans l'intérêt de la Compagnie Suberbie, la guerre de Cent-Ans a été fomentée par Jacques Artevelde qui y vit une occasion d'aider ses spéculations sur les laines d'Angleterre, et dissimula ses projets commerciaux et son ardeur du lucre, sous le couvert grossier du patriotisme flamand.

Ceux qui ont appelé l'argent le *nerf de la guerre* ont deviné très psychologiquement le rôle essentiel qu'il joue dans les manifestations patriotiques. Non seulement il entretient la guerre, mais il la provoque ; il en est le pivot central, l'âme, l'unique mobile.

Le Militarisme et la Finance, ces deux bases sur lesquelles repose la civilisation moderne, sont les deux forces malfaisantes qui étouffent l'intellectualité pure, annihilent la pensée chrétienne, retardant indéfiniment le règne de la fraternité et de la charité parmi les hommes. Toutes deux représentent des idées fausses, factices, des conventions injustes qui se sont substituées à des vérités éternelles et à des droits imprescriptibles.

Elles se prêtent un mutuel appui. En temps de paix, la force armée protège le capital par la crainte qu'elle inspire ; par contre, le capital entretient la force armée, suscite les guerres lorsqu'elles peuvent avoir une répercussion avantageuse sur les finances d'un pays.

La légende du Dragon qui veille sur un trésor et que terrasse un jeune héros, se retrouve aux origines de l'histoire de tous les peuples du Nord. Elle représente le capital protégé par la force brutale, la finance défendue par l'armée. Ceux qui ont le cœur et les mains purs doivent vaincre et détruire le monstre. C'est la figure du triomphe final du Christianisme sur la barbarie militaire.

Remarquons que le Christ qui a formellement condamné le militarisme par sa parole : « Remettez l'épée dans le fourreau; celui qui se sert de l'épée périra par l'épée », s'est prononcé également contre le capital, la thésaurisation, le numéraire. Il a interdit à ses disciples de faire usage de cette force irrésistible et aveugle de l'espèce métallique, lorsqu'il prononça cette sentence incomprise jusqu'ici et fort mal interprétée : « Rendez à César ce qui est à César. »

D'après la plupart des commentateurs, cet axiome célèbre signifierait simplement qu'il faut rendre à chacun ce qui lui est dû.

Suivant d'autres, le Christ aurait enseigné ainsi qu'il faut payer l'impôt. C'est la thèse patriotique du respect de l'autorité royale, de l'obéissance aux lois du pays, de la soumission au gouvernement, de l'accomplissement des devoirs de citoyen et autres veuleries, grâce auxquelles on a émasculé l'énergie catholique.

Ces explications sont également erronées et laissent subsister, dans la parole du Christ, une sorte d'inexactitude qui surprend par sa bizarrerie, et que notre interprétation, seule, élucide complètement.

Si l'image de César exprime que l'or monnayé est sa propriété, ce n'est pas seulement l'impôt que le citoyen doit lui restituer, mais la totalité de ce qu'il possède. Il semble que Jésus assimile le denier de César à un objet volé, que le détenteur n'aurait pas le droit de conserver.

Voici donc la valeur exacte de sa parole : « De qui est cette image? De César. Rendez-donc à César ce qui est à César, c'est-à-dire : rendez à César le *numéraire*, l'or monnayé qu'il frappe à son effigie, qui représente l'idée nationaliste, et qu'il fait circuler parmi les hommes pour leur perdition. Abstenez-vous de vous servir, entre vous Chrétiens, dans vos rapports, de cet instrument commode de transaction, mais qui se transforme en une puissance pernicieuse, cause active de tous les égoïsmes, de toutes les injustices, de toutes les férocités, de toutes les avanies, de toutes les oppressions, thésaurisations et accaparements. La société que je formerai méconnaîtra l'usage de l'or; rendez à César celui que vous possédez » : tel fut le vœu essentiel du Sauveur.

En condamnant ainsi l'emploi du numéraire parmi les Chrétiens, il avait prévu le développement formidable que prendrait sa circulation, le trafic auquel il donnerait lieu, la fondation des banques, des établissements de crédit, rouages immenses, impitoyables, qui broyent, enserrent comme des pieuvres tentaculaires, les petits, les pauvres et les humbles, en assurant le triomphe de la classe bourgeoise et du pontificat insolent et pharisaïque de la finance.

Et quelle autre force conseille-t-il d'opposer à celle de l'or et du capital? Celle de l'union des cœurs et des intelligences, l'association, l'agrégation des fidèles, l'*Assemblée*, formule puissamment mystique, le seul dissolvant de la coalition de l'Argent contre la Pensée.

Le Christ en connaissait bien toute l'énergie; il la recommanda expressément à ses fidèles : « Partout où deux ou trois de vous sont assemblés en mon nom, je suis au milieu d'eux. »

Oh! si les chrétiens avaient su pratiquer ce secret merveilleux de l'union indissoluble, ils eussent renversé les deux ennemis qui les écrasent, et accompli jusqu'au bout la mission, transformatrice du monde, qui leur était dévolue.

Quelques-uns paraissent avoir souvenir de cet enseignement. Ils semblent percevoir, en tâtonnant, avec d'innombrables hésitations, que la formule *mutualité* est capable aujourd'hui de dompter la tyrannie du capital : mais cette formule est basée elle-même sur le numéraire; elle est administrative; et là encore l'avenir ne leur réserve que déceptions et insuccès.

La psychologie de l'argent n'a jamais été écrite. On a toujours confondu l'idée de capital avec l'idée de propriété, et les chrétiens ne purent parvenir à élucider le véritable sens de la parole de Jésus.

Le mépris des richesses, qu'il leur commanda, ne manqua pas de les frapper profondément; ce fut un point fondamental inscrit, encore aujourd'hui, à toutes les pages de la doctrine catholique comme le principe de toute perfection et de toute vie vertueuse; mais ils ne surent comment la mettre en pratique.

Au début, ils crurent que cet idéal consisterait dans une pauvreté absolue et volontaire. Ils furent donc pauvres d'abord. Lorsqu'ils s'enfermèrent dans les Catacombes, ils gardèrent leur association, pure de toute souillure monétaire. Mais ils ne tardèrent pas à apercevoir les insurmontables difficultés qu'une telle pauvreté, volontaire et individuelle, rencontrera toujours au sein d'une société basée sur la convention monétaire. Ils étaient sans force vis-à-vis de la nation. Après trois siècles de pauvreté, les chrétiens étaient encore réduits à se cacher, traqués comme des bêtes en leurs repaires, sous la constante menace des persécutions et des supplices. Epuisés par de terribles et perpétuels holocaustes, leur histoire se résumait en des torrents de sang répandu; et ils devenaient las d'une œuvre qui ne consistait qu'à engendrer des légions de martyrs.

Ils essayèrent alors une conduite opposée. Ils devinrent délibérément riches, et de suite leur prospérité s'affirma. Les persécutions cessèrent; l'Eglise grandit, devint rapidement puissante. Elle prépara, appuyée sur l'or, les magnificences d'une ère nouvelle, établit des fondations solides, dota des abbayes, renta des monastères, enfanta des merveilles d'art, lança dans les airs les nefs splendides des cathédrales. Le Moyen-Age fut le triomphe de la richesse mise au service de l'idéal religieux. Il y eut là une remarquable époque, mais qui n'était pas la réalisation de la pensée de Jésus. Les chrétiens, tout en lisant l'Evangile dans les manuscrits enluminés, lui tournaient le dos. Ils étaient en contradiction flagrante avec leur doctrine.

Que devenait le fameux mépris, toujours obligatoire, des richesses terrestres, tandis que ces richesses mêmes étaient un des soutiens de la civilisation chrétienne?

Cette anomalie ne leur échappait cependant pas. La multitude apercevait le défaut de l'édifice sans pouvoir résoudre un problème considéré comme insoluble. De temps en temps, des âmes d'élite, tourmentées d'un désir de pauvreté, tentaient de réaliser l'irréalisable et de rétablir l'idéal évangélique.

Saint François d'Assise voulut accomplir, au XIIIe siècle, le commandement formel du Maître : « Vendez et distribuez tout ce que vous possédez, et suivez-moi. » Il se fit volontairement pauvre, nu et déshérité, n'ayant que le vêtement qui le couvrait et que les pierres du chemin pour reposer sa tête. Sa doctrine, qui était une protestation contre l'usage de l'or, restait à peu près impraticable hors d'un cloître, dans la vie privée. Les franciscains connaissent les difficultés presque invincibles qu'ils éprouvent de nos jours, au sein de la société moderne, à suivre strictement les obligations de leur règle.

Dès les premiers siècles de l'Eglise, dans la conduite des chrétiens relativement à l'emploi de l'or, des essais et des incertitudes caractéristiques se révèlent. On discerne la volonté sincère d'accomplir la parole de Jésus, se heurtant à l'incontestable difficulté des nécessités vitales.

Saint Paul conseillait aux chrétiens d'acheter comme n'achetant point, de posséder comme ne possédant point. d'user des richesses de ce monde comme n'en usant point. C'était un demi-détachement, un détachement de pensée et non de fait; et le commandement se trouvait ainsi éludé plutôt qu'observé.

L'apparition de la vie monastique fut le fait décisif, révélant, chez les chrétiens, la grande préoccupation d'adopter, comme règle vitale, la pauvreté évangélique. Il indique, en même temps, l'impossibilité qu'ils avaient éprouvée de la pratiquer individuellement au sein du monde. Les innombrables couvents qui vinrent illuminer l'Asie Mineure, inaugurèrent un genre de vie attestant, dans le catholicisme, une idée collectiviste primitive indéniable.

C'était la mise en commun des intérêts de toute une agglomération d'individus réunis par une même doctrine.

Il en résultait des avantages inappréciables, au point de vue de la vertu, de la contemplation et de la voie parfaite. L'homme, dégagé de tous soucis matériels, libéré des préoccupations de la vie, pouvait sublimer son âme dans l'immobilité et le silence, s'élancer à tire-d'ailes vers les espaces infinis où l'appelait son irrésistible désir du devenir glorieux.

Néanmoins, il se leurrait encore sur l'observation exacte du commandement de Jésus. Il avait l'illusion d'être pauvre sans l'être véritablement; il n'avait fait qu'abdiquer l'administration de sa vie temporelle entre les mains de son supérieur. Il avait renoncé à tout, mais le couvent était riche pour lui. Le capital n'était pas supprimé; il était centralisé entre les mains d'un seul; et la vie monacale, quelle que fût sa perfection, reposait encore sur la circulation monétaire.

Les Pères du Désert, groupés en monastères, travaillaient, la plupart, de leurs mains. Ils tressaient des corbeilles et des nattes; ils étaient purs du contact de l'argent et de toute pensée de gain et de lucre; mais l'Abbé ne pouvait être indifférent aux intérêts du couvent dont il avait la responsabilité, et dont il était tenu d'assurer la subsistance et la perpétuité. Ce défaut s'accentua encore davantage chez les moines d'Occident, dans un climat où les intempéries des saisons et l'existence moins facile les obligèrent à bâtir des abbayes puissantes, et à amasser des trésors pour conserver leur place au milieu d'une société dont la richesse était, avec les armes, la force essentielle.

La rigidité de la règle monacale était, en outre, inapplicable à la famille et au lien conjugal.

L'immense majorité des chrétiens était donc dans l'impossibilité de mettre en pratique le précepte du Sauveur.

Ils adhéraient à une doctrine qui leur ordonnait de mépriser, de fuir, de fouler aux pieds les richesses, de les considérer comme pernicieuses à la vie de l'âme, comme l'obstacle le plus grand à l'accomplissement du salut; et ils s'empressaient prudemment d'en amasser, sachant fort bien les obligations impitoyables auxquelles les contraignait la société civile, et que leurs vertus ne suffisaient point à acquitter.

Alors commença, pour l'Eglise, cette contradiction continuelle et séculaire entre sa doctrine et ses actes, que ses ennemis lui ont si amèrement reprochée, et dont elle n'a jamais su se libérer parfaitement, faute d'avoir défini et étudié le rôle exact du numéraire dans la société chrétienne.

La théologie avait deviné intuitivement la néfaste puissance de l'or; mais elle négligea de donner aucun moyen de la combattre et de la supprimer. Mieux encore, elle conseilla l'aumône. Or, pour faire l'aumône, il faut posséder de l'or, il faut avoir su en amasser, il faut avoir travaillé en vue des richesses temporelles, toutes choses incompatibles avec le désintéressement et le renoncement. Elle laissa ainsi commettre aux chrétiens la grande faute de conserver, parmi eux, l'usage de ce qu'elle leur défendait, et d'édifier entièrement la prospérité de leur Eglise sur ce qu'elle dénonçait ailleurs, comme une invention de l'Esprit des Ténèbres et l'une des principales pompes de Satan.

Et l'on vit l'Eglise implorer sans cesse de ses fidèles l'aumône de leurs biens pour ses œuvres, ses fondations, ses écoles, ses hôpitaux, ses pauvres, ses temples et ses offices, ne méprisant pas elle-même ce qu'elle leur enseignait de mépriser, certifiant que le bonheur ne consiste pas dans les richesses, et s'avouant incapable de subsister et de prospérer sans le secours de ces mêmes richesses.

Lorsqu'elle réclame à grands cris l'or nécessaire à sa vitalité, ne devrait-elle pas s'étonner, au contraire, qu'il y ait encore des chrétiens riches, qui n'ont visiblement pas suivi son enseignement?

S'ils se présentent à elle les mains pleines, c'est un signe qu'ils n'ont pas agi suivant sa doctrine. N'eussent-ils pas dû, pour accomplir strictement leur devoir, bannir rigoureusement de leur esprit toute idée de lucre, de gain et d'économie, mépriser la fortune et la laisser à ceux qui suivent la voie du monde, aux impies, aux amis de Satan?

Mais qui donc, alors, aiderait l'Eglise à devenir puissante?

Peu à peu, une théorie fut tacitement admise : les richesses, bien que mauvaises, pouvaient devenir bonnes lorsqu'elles étaient employées à la diffusion du bien, aux célestes tendresses de la charité. C'était les purifier que de les offrir en oblation au Christ pour le réconfort de ses pauvres, après les avoir arrachées à l'enfer; et cette boue se transmuait, par le feu de l'amour divin, en un parfum d'une agréable odeur au Maître.

Soit; mais encore fallait-il travailler à les acquérir, se montrer avide de les posséder, âpre à les recueillir!

Pourquoi ne pas ajouter hardiment alors, que la recherche, la poursuite ardente, acharnée, de ces richesses, entreprise dans ce but, et considérée sous ce rapport, était alors méritoire, et devait être conseillée à meilleur titre que le détachement qui devenait une faute, puisqu'il privait les pauvres de leur aumône, et le Sauveur de la gloire et de l'hommage terrestres qui lui sont dus.

C'est une impasse, un cercle vicieux d'où la théologie n'a pu se dégager.

Elle n'a pas compris que l'argent, par le fait même de son existence, condamne l'homme à le rechercher activement, et qu'il fallait le supprimer pour couper le mal dans sa racine.

La conduite paradoxale que le prêtre est obligé de tenir, eût dû, cependant, lui ouvrir les yeux. L'avidité du clergé est proverbiale. Elle a servi de thème à d'innombrables et fastidieux sarcasmes, immérités d'ailleurs, car l'emploi que l'Eglise a fait de l'or en le répandant en d'innombrables œuvres bienfaisantes, et en élevant les monuments les plus magnifiques qui décorent l'univers : Amiens, Chartres, Reims, Bourges, la justifient pleinement à cet égard.

Néanmoins, il est tellement extraordinaire que des hommes qui viennent de prêcher à leurs semblables le désintéressement et le mépris des richesses, osent tendre eux-mêmes la main, en descendant de chaire, que les railleurs eussent dû réfléchir, et se demander s'il n'y avait pas là quelque raison cachée, trahissant un vice de l'organisation sociale tout entière, et non l'idée vulgaire d'avarice et de duperie, par laquelle les superficiels croient tout expliquer.

L'Eglise ne fait que subir les mêmes obligations qu'impose au particulier l'odieuse société bourgeoise moderne, dans laquelle l'huissier est le médiateur agressif de tous les rapports humains. Elle doit, pour subsister, posséder, amasser elle aussi ce qu'elle déteste.

L'homme qui n'a pas d'or, est mis au ban de la société. Il est le rebut, la balayure du monde. Il est jeté dans la rue par ceux, impitoyables, qui devraient le secourir comme un frère malheureux. Il devient incapable d'exister; il cesse d'être une force, un élément actif et utile dans l'organisme social. Il peut, sans doute, en cet état, sublimer son âme, se délecter de son détachement absolu, plaire au Christ sous ses haillons sordides, s'il se cantonne dans son individualité. Mais s'il a charge d'âmes; s'il a fondé une famille, la morale chrétienne change soudain pour lui. Son désintéressement devient un crime. Il est obligé d'assurer le bien-être, l'aisance, le confortable à ceux dont l'existence lui a été confiée. Il ne peut négliger ni mépriser l'argent; il doit l'aimer, le désirer, et ne jamais perdre une occasion d'améliorer son existence, d'augmenter son gain.

Qu'il s'avise de fouler aux pieds les richesses après la lecture de Césaire d'Heisterbach, il verra bientôt apparaître, dans l'entrebâillement de sa porte, la face sinistre de l'huissier qui expulsera ses enfants et les jettera dans la rue. Il ne peut, abandonnant les siens à la sollicitude du percepteur des contributions directes, prendre son bâton et sa besace, comme saint François, et marcher à la suite du Christ qui lui dit : *Veni sequere me ;* et cependant, on ne peut lui refuser, quoiqu'il poursuive l'argent, de participer, aussi bien que le solitaire de la Thébaïde, à la perfection chrétienne et à la gloire de l'Eglise.

Dans la pensée des casuistes, des moralistes et des théologiens qui ont flétri la cupidité et la chrysophilie, l'amour des richesses était consécutif, soit à l'avarice, soit à la dissipation, aux festins, et à la débauche. La vie moderne a donné à l'or un rôle caractéristique, que les anciens n'ont pas connu. Tel homme, austère, sobre et vertueux, se livre, lui aussi, à la poursuite ardente de la fortune, parce que, dans l'état actuel de la société où les castes qui subdivisaient les hommes n'existent plus, il sait que le capital représente, non plus une formule de jouissance, mais une garantie. Il symbolise *l'indépendance,* permet à l'homme qui le possède d'échapper à l'obéissance, à la sujétion, à l'esclavage d'autrui, le soustrait aux humiliations, aux avanies, aux insolences, aux hontes du mercenarisme, l'autorise à exposer ses idées sans réticences, à exprimer ses opinions sans crainte, le préserve de toutes les transactions lâches, de toutes les capitulations intérieures auxquelles est obligé celui qui plie sous le joug d'une servitude, et s'annihile devant un tyran.

C'est donc pour être libres, plutôt que pour pouvoir se vautrer dans les orgies, que tant d'hommes entreprennent la conquête de l'or ; c'est pour être libre que l'Eglise le recherche également avec avidité, sans échapper à la loi commune ; son enseignement relatif au mépris de la fortune porte donc à faux ; il n'a jamais été suivi, ne le sera jamais puisqu'il ne l'est pas par elle-même ; et il en sera ainsi jusqu'au jour où elle dévoilera les moyens de diminuer progressivement la puissance du numéraire, pour supprimer totalement ce mode de transaction qu'une société bien ordonnée ne devrait pas comporter.

Cette suppression, de laquelle nous sommes encore très éloignés, mais qu'il faudra bien réaliser un jour, ne peut être entreprise que par une vaste collectivité. Il est une plaisanterie facile qui consiste à demander railleusement à ceux qui ont déchiffré l'énigme sociale, de commencer à se dépouiller eux-mêmes et de prêcher d'exemple. C'est ignorer le dynamisme exclusif de l'union. Que peut une individualité isolée, sinon se rendre moins apte, en s'appauvrissant, à répandre sa doctrine ?

Une société, par le nombre imposant de ses membres, peut, seule, faire échec aux conventions humaines ; et l'association chrétienne, par son extension rapide, était tout indiquée pour inaugurer l'ère antimonétariste.

Si les premiers chrétiens avaient mieux connu cette psychologie du métal monnayé, ils eussent pu comprendre le sens de la parole du Christ, et réaliser ce qu'il exigeait d'eux. Ils ne se fussent pas égarés jusqu'à frapper des monnaies à l'effigie de Jésus, comme celles qui figurent au Musée de Naples, à le rêver, en quelque sorte, roi mystique de l'or, et désirer placer la circulation monétaire sous sa tutelle protectrice, croyant purifier l'or de sa souillure, ce qui était en opposition diamétrale avec sa pensée, lui qui avait commandé : « Rendez l'or à César ! »

Le plan complet de la civilisation chrétienne, de la conquête de l'univers par le Christ, comportait, avec l'internationalisme, l'unification des races, et l'abolition des patries, de la guerre et des armées, un complément indispensable dans la suppression du capital.

Pour atteindre ce but, les chrétiens eussent dû poser les bases d'une convention rigoureuse, en vertu de laquelle ils se fussent engagés par serment sur les Saints Evangiles, dès leur affiliation à l'Eglise, à s'abstenir, *entre eux*, de l'emploi de l'or comme signe des relations vitales.

Celles-ci devaient s'établir désormais par voie d'échange, comme il convient entre hommes fraternellement régénérés par la grâce. Les évêques devenaient les médiateurs chargés de régler les droits et les devoirs de chacun suivant ses besoins et ses aptitudes, et de supprimer les injustices sociales en assurant la vie de tous. C'était le communisme et la mutualité s'emparant peu à peu du monde entier, par la propagation de l'idée catholique.

Des hommes, unis dans l'amour du Christ, rassemblés autour du céleste festin de l'Agneau, épris de justice et d'équité, pouvaient, sans aucun inconvénient et avec de nombreux avantages, régler leur vie matérielle, sans que l'or intervînt comme signe d'échange. Les chrétiens eussent eu recours les uns aux autres, de préférence, dans tous les actes commerciaux, selon ce que leur prescrivaient, d'ailleurs, les canons des Conciles, qui interdisaient les relations des néophytes avec les Juifs et les Gentils.

Dans les rapports extérieurs, et inévitables seulement, avec les individus ne faisant pas partie de la communauté chrétienne, l'usage des espèces monétaires eût été continué jusqu'à ce que ceux-ci fussent venus peu à peu se ranger sous la bannière du Christ, et s'affilier à la secte nouvelle qui avait projeté de devenir l'Assemblée Universelle, unique et internationale.

L'argent n'eût plus été alors qu'un moyen de défense vis-à-vis du monde, vis-à-vis des métallistes et de tous ceux qui n'auraient pas adhéré encore à la convention anti-monétaire de l'Eglise, mais que les chrétiens n'eussent pu employer entre eux comme rétribution de leurs travaux et de leurs services.

Ceux-ci se fussent trouvés dans la situation, moins la vie conventuelle, de ces moines dont les communautés surgissaient alors de toutes parts. Les frères d'un même couvent vivaient sans échanger entre eux d'espèces monnayées. Leur existence était assurée par la communauté qui n'employait l'or que dans ses rapports avec l'extérieur.

Mais la vie monacale était une exception, une spécialisation dans le catholicisme; elle restreignait la portée de son œuvre anti-monétaire aux limites du couvent. C'est dans la société chrétienne tout entière, qu'il fallait transporter l'application de ce grand principe. Par l'extension rapide, incessante, qu'elle prit bientôt, par son apostolat, par son envahissement miraculeux du monde, elle seule pouvait entreprendre fructueusement de diminuer peu à peu l'empire de l'or et d'expulser le Maudit de cette possession.

Ce n'est pas sans un étonnement profond que les Gentils eussent considéré la prospérité croissante de cette société, se dirigeant, se gouvernant intérieurement sans or, et dont les membres, ayant placé leurs intérêts en commun, se fussent abstenus entre eux de l'échange d'espèces métalliques.

La puissance de cette société se fût décuplée; l'or, déprécié, eût subi bientôt une baisse considérable en présence d'une telle multitude possédant les moyens de s'en passer; il fût resté comme un embarras et un fardeau inutile aux mains des derniers hommes attachés aux civilisations abolies. Les chrétiens eussent vraiment rendu l'or à César, achevé la Rédemption restauré l'humanité à la Lumière intégrale.

Un impitoyable dilemme s'offre à notre sens philosophique. Ou bien le Christ n'a pas enseigné de supprimer l'or au sein de la société chrétienne; il ne faut donc pas le haïr; il n'est pas l'ennemi; il n'est pas un obstacle à la vie parfaite et l'on ne peut défendre au chrétien de l'aimer et d'en réaliser la conquête. Ou bien il est haïssable, il est compris dans les pompes et les œuvres sataniques; alors il doit être supprimé totalement entre chrétiens et banni de l'Eglise.

La haine séculaire du chrétien contre le juif est puissamment instinctive hautement symbolique.

Le juif est l'homme de l'argent; le chrétien l'homme de la pensée.

La Thorah de Moïse est la constitution d'une société basée sur le numéraire, tandis que l'Evangile en prescrit la suppression totale. Le chrétien a conscience intuitivement de cette différence; il sait que son devoir l'oblige à une négation de l'argent, dont il ignore la formule de réalisation. Ainsi, ces deux sectes d'hommes se révèlent-elles, constamment, ennemies irréconciliables.

C'est l'existence seule de l'or qui, de tout temps, a rendu impossible la pratique intégrale des préceptes du catholicisme. Sa présence parmi les chrétiens les a égarés dans les contradictions d'une inexplicable conduite. L'or a littéralement tué l'Eglise.

L'or est le plus grand ennemi du Christ. Ce n'est pas sans dessein que le même symbolisme sert à les désigner, qu'ils ont été assimilés l'un et l'autre au Soleil, et que le vocable de la Lumière, *Or, Oriens*, leur a été appliqué.

L'or a usurpé la puissance et le royaume qui ne devaient appartenir qu'au Christ. Il est la contre-partie ténébreuse de celui-ci, le pôle négatif de sa mission rédemptrice.

Le Christ est l'Esprit; l'Or est la Matière, et la matière sous sa forme la plus lourde, condensée sous le plus petit volume.

Tandis que le Christ a régénéré les hommes, l'or a tué en leur cœur le ferment de la charité et de l'amour, pour y développer l'égoïsme.

Ce ne sont pas les malheureux, condamnés à la poursuite effrénée de l'or, dans une civilisation où il est impossible d'agir autrement, qu'il faut blâmer et flétrir, mais ceux qui l'ont érigé en signe tout-puissant des rapports humains, les Césars qui l'ont façonné à leur effigie.

La psychologie de ce signe est un sujet extrêmement vaste et complexe, auquel un autre ouvrage sera consacré; nous voulons simplement indiquer ici les points connexes qui l'unissent à son inévitable compagnon et vassal : le militarisme.

L'or a usurpé sur la pensée une place considérable à laquelle on n'a jamais pris garde. Il a acquis une prépondérance monstrueuse, qui fait la honte de l'humanité.

La suprématie du monde appartenait de droit à l'être intellectuel, à l'homme de science et de pensée; il l'a lâchement abdiquée entre les mains du capitaliste.

C'est un des inconvénients, un des méfaits de l'or, d'être le fauteur de toutes les injustices sociales et un instrument d'oppression des êtres inférieurs, épais et grossiers, envers les âmes d'élite. Dans toutes les entreprises humaines, ce ne sont ni le cerveau qui les a conçues, ni le bras qui les a exécutées, qui sont le plus largement récompensés, mais bien le possesseur du capital, intermédiaire onéreux, sans autre utilité véritable que celle que lui prête une organisation sociale vicieuse, basée sur le monétarisme.

On est parvenu à ce résultat merveilleux, que le talent et le savoir, seules supériorités vraies, ne peuvent rien sans l'appui, le soutien et l'aide de l'or; et lorsque celui-ci consent à leur prêter ce secours, c'est pour opprimer, contraindre, persécuter, entraver, annihiler l'essor de la pensée, en pliant celle-ci à des règles étroites et à des conventions odieuses.

Un être sans intelligence, inutile et nul, voire même

parfois nuisible, a sa vie plus solidement assurée, s'il possède des rentes, que l'homme érudit et savant dont la bourse est vide. Le premier pourra encore augmenter mécaniquement ses revenus sans grand effort intellectuel, et en profitant simplement du travail des autres, tandis que le second, destiné à végéter misérablement si le capital lui fait défaut, se verra obligé de vendre ses services au premier, pour un salaire dérisoire.

L'artiste, le poète, le savant, le philosophe, le penseur, sont tous à la merci de cette vacuité encombrante et impitoyable : le Capitaliste. Ils ont tous été exploités par lui au début et, souvent, durant le cours entier de leur vie. D'admirables projets n'ont pu être exécutés ; des œuvres de génie ont avorté pour cette mesquine raison : manque d'or.

Telle est la base qui a été donnée à l'édifice social, et que les hommes considèrent comme intangible et définitive !

Dans ce système, ce n'est plus la valeur personnelle, mais l'importance du portefeuille qui décide du degré d'honneur et d'estime qu'on accorde à un homme ; celui-ci s'avance dans la vie, précédé du chiffre de sa fortune, qui lui tient lieu et place d'individualité. Ce chiffre détermine le taux de la confiance morale à laquelle il a droit.

Lorsqu'on voit prodiguer à un homme les signes extérieurs de l'honneur et du respect, lorsqu'on voit les têtes se découvrir devant lui, les échines se courber, les portes s'ouvrir toutes grandes, des serviteurs empressés se précipiter au-devant de lui pour lui aplanir toutes les difficultés de l'existence, on ne peut affirmer que cet homme soit vertueux ou savant; c'est accidentel et plutôt rare; mais ce qu'on peut soutenir hardiment sans crainte d'erreur, c'est que cet homme est riche. Il n'est pas de beauté morale ou intellectuelle à laquelle on décerne de pareils hommages en ce monde.

Il faut que cette puissance néfaste de l'or soit bien considérable, pour que l'Eglise, qui le dénonce comme l'ennemi, n'ait pu lui résister, l'ait laissé envahir ses sacrements et ses offices, usurper la place des sentiments, des émotions et des regrets, dénaturer le sens de ses actes et de ses paroles!

Lorsque la pierre austère de nos temples se revêt de noir, lorsque cette sainte Mère des petits, des humbles et des pauvres s'endeuille tristement, jetant à tous les échos d'une ville, le carillon funèbre de ses cloches, que la grande voix des orgues gémit, se lamente et pleure, dans le scintillement des cierges, sous les voûtes des cathédrales; lorsqu'elle fait entendre son *Dies Iræ* terrible, lorsqu'elle déploie le magnifique manteau de sa poésie sublime qui parle si éloquemment à notre cœur, qui arrache à toute âme sensible et extra-terrestre des sanglots et des larmes, soyez certains que c'est encore pour un riche dont elle n'a cure, qui souvent ne l'a ni défendue ni aimée, mais qui l'a payée pour obtenir ses honneurs, et jamais pour un saint, mort dans la pauvreté et l'accomplissement du devoir obscur.

Ainsi, l'Eglise, pour n'avoir pas su éliminer l'or de son sein, a été vaincue par lui. Elle est la victime d'une civilisation dont elle devait triompher en la réformant.

L'or travestit et dénature les sentiments les plus purs. Les hommages, les regrets et les pleurs, manifestations spontanées et nobles, détournées par lui de leur sig· fication première, se vendent et s'achètent. Les act les plus sincères à l'origine, dégénèrent en une perpétuelle comédie, et devienennt, à son contact, apocryphes.

On saisit aisément l'idée supérieure qu'exprimait un Beethoven, en écrivant, en tête d'une de ses meilleures pages : *Marche funèbre sur la mort d'un héros ;* et l'on s'indignerait s'il eût mis : *sur la mort d'un millionnaire.*

C'est cependant aux obsèques d'oisifs richissimes, d'agents de change, de notaires ou d'habiles vendeurs de victuailles, qui n'eurent rien d'héroïque, qu'on exécute couramment son chef-d'œuvre.

Le caractère essentiel du numéraire est donc d'être usurpateur, puisque tout viveur peut, moyennant quelques billets ou quelques poignées d'or, être entouré des signes extérieurs d'une gloire à laquelle il n'a pas droit, passer ainsi pour un héros, et priver les héros véritables et obscurs de la pensée et de la vertu, du décor poétique que le génie humain avait créé pour eux et leur avait expressément destiné.

Ce que l'effort artistique a produit de plus pur, de plus élevé, de plus beau et de plus sublime, est employé à orner la vie et la mort de celui qui possède, quel que soit son mérite ou son démérite.

C'est une conception de la hiérarchie sociale, à peine digne d'une tribu sauvage, que celle qui a pu décider qu'un quintal d'un métal rare, conservé dans un coffre par un individu, l'élevait à un rang supérieur, lui conférait un caractère d'honorabilité, le rendait digne d'une confiance spéciale, de la considération particulière qu'on accorde à tout homme qui paye, geste facile, dont il n'y a pas à tirer grand mérite lorsqu'on possède une bourse bien garnie.

L'homme riche est d'avis que le numéraire constitue un excellent système qu'il n'y a pas lieu de modifier. Il trouve très naturel qu'il y ait des pauvres. Il croit aussi, comme de Maistre, que c'est *nécessaire,* et il est porté à dire aisément que « *Dieu* l'a voulu ainsi », sans réfléchir que la pauvreté n'est que le résultat de notre détestable organisation monétaire. Il sait fort bien, en même temps, faire une obligation d'être aussi honnête que lui, à l'homme misérable et qui a faim; mais il oublie qu'au-dessus du droit de propriété, il est un droit imprescriptible que tout être apporte avec lui en venant en ce monde, et qui ne peut lui être dénié, quels que soient ses infirmités, ses inaptitudes, ses défauts et même ses vices : le droit à la Vie. La société peut restreindre la liberté de ceux de ses membres qui se rendent nuisibles, elle doit, néanmoins, si elle est bien organisée, la subsistance à tous.

Or, ce droit imprescriptible, le capital, par son existence, l'a annihilé. Désormais, pour vivre, il faut posséder un certain nombre de circonférences métalliques frappées à l'effigie d'un parvenu. Notre vie, ce don, ce bienfait du Créateur, ce chef-d'œuvre, cette chose admirable, inestimable et précieuse, est liée, enchaînée à quelques misérables sous. L'or s'est fait, sur la terre, qui nous a été donnée en apanage. notre tyran. Il est des gens qui sont morts, faute de posséder quelques parcelles d'une matière brillante que d'autres ont en surabondance, et par lesquelles ils eussent pu se procurer du pain ou se guérir d'une maladie !

De telles conventions sociales, lorsqu'on les examine à la lumière de la saine philosophie, apparaissent immondes.

Les Chrétiens, qui connaissent cet état de choses, se contentent de le déplorer. de conseiller l'acte éleemosynaire notoirement insuffisant, sans avoir le courage d'affirmer qu'une telle organisation doit être énergiquement désavouée, hardiment abattue

Il y a bien longtemps qu'ils eussent dû entreprendre des études sociales, rechercher les causes du paupérisme, expliquer le fonctionnement des rouages financiers, dénoncer l'injustice du capitalisme, créer des moyens d'échange plus équitables entre les membres de la société catholique, en un mot, devancer les novateurs qui sapent hardiment aujourd'hui, mais irraisonnablement, le vieil édifice des lois, des coutumes et des mœurs.

La bourgeoisie, soucieuse uniquement de conserver son or, a trouvé plus simple d'en faire un objet sacro-saint. Il lui importe peu de savoir si ce moyen, empirique et arbitraire, de représenter les droits de chacun, est inexact, si toute une partie de l'humanité n'est pas profondément lésée par son emploi. Elle tient essentiellement à le garder ; intransigeante à toutes les réclamations légitimes et logiques, à tous les essais de philosophie économique tendant à renverser sa puissance. Aussi le vol est-il le seul délit pour lequel elle réserve toutes ses rigueurs et qu'elle ne pardonne jamais.

La société civile et laïque fait peu de cas de toutes les vertus prêchées par le christianisme ; elle n'en a retenu qu'une seule : l'honnêteté. Dans la pensée moderne, il suffit, pour être honorable, de n'avoir jamais dévalisé un coffre-fort.

Tous les crimes s'absolvent aujourd'hui ; on s'attache à les laver de toute idée de honte ; on enseigne une prétendue morale par laquelle tout instinct, toute perversité a le droit de s'exercer librement, sauf le vol auquel on ne prodigue pas cette même tendresse, parce que celui-là est le seul qui mette en péril la suprématie du veau d'or, la toute-puissance du Moloch, et qui touche la bourgeoisie en plein cœur, au seul endroit vulnérable et sensible, en ses plus chères affections : la richesse.

C'est pourquoi la bourgeoisie est instinctivement militariste. Elle a conscience d'être dans une situation qui peut ne pas sembler à tous absolument légitime, et elle sait qu'elle a besoin de la force pour s'y maintenir.

C'est soi-disant pour la défense de la Patrie, par haine de l'étranger qu'elle entretient sur le pied de guerre de formidables armées ; mais vienne un soulèvement intérieur où son or est menacé, elle montre qu'elle se soucie peu de la solidarité patriotique, qu'elle sait fort bien répandre, s'il le faut, le sang national, et retourner contre ses prétendus frères, les armes destinées à l'ennemi. La guerre civile, détestée en apparence, considérée hypocritement comme la plus affreuse calamité, est, en réalité, prévue, tacitement préparée.

L'armée est avant tout la protectrice du capital ; et c'est le motif pour lequel les catholiques sont, aujourd'hui, militaristes, contre leur propre doctrine, contre leur enseignement séculaire, et même contre toute espèce de raison. C'est parce qu'ils n'ont pas su s'affranchir du joug et de l'esclavage du numéraire, et qu'ils ont commis l'impardonnable erreur de bâtir leur édifice sur l'or, tout comme la société laïque et bourgeoise dont ils ont adopté, peu à peu, les préjugés qu'ils défendent ardemment.

Les chrétiens ont constitué l'Eglise en société riche, et ils craignent pour leurs richesses et leurs possessions. C'est pour sauvegarder notre belle civilisation monétaire qu'ils sont invinciblement attachés à l'armée ; voilà le secret de la sympathie qu'ils affectent pour le sabre. Ils crucifient le Christ doublement : *Par l'Or et par le Fer,* suivant une formule célèbre. Ils n'ont pas su comprendre que l'or était l'ennemi essentiel du Christ et que celui-ci était l'Or véritable, l'or désigné par les alchimistes dans leur grand secret, en opposition avec l'or vulgaire, ténébreux, sophistique et satanique.

Les ordres religieux et militaires du Moyen-Age, les Hospitaliers de Saint-Jean, les Chevaliers Teutoniques, les Templiers furent doublement coupables en osant placer sous l'égide du Christ ce qu'il réprouve le plus : la force et la richesse, le maniement des armes et le commerce de l'argent ; le catholicisme tout entier adopte aujourd'hui la même conduite et s'achemine ainsi peu à peu vers sa perte définitive.

Une dernière chance de salut lui reste : se placer hardiment à la tête des novateurs modernes et les devancer, à leur grand étonnement ; se rendre à l'évidence et comprendre que le militarisme est maudit, que ses jours sont comptés, et que l'avenir est à l'internationalisme, et qu'il faudra, bon gré mal gré, se rallier un jour à cette opinion qui deviendra universelle.

Qu'il entreprenne donc, tout en conservant l'intégrité de ses dogmes, de sa morale et de sa liturgie, de délivrer l'humanité de la tyrannie financière et militaire ; il revivra, et à cette condition seulement, des jours de gloire, et ramènera en son sein tous ceux qui se sont séparés de lui.

XIV

La seule arme dont les chrétiens puissent se servir contre leurs ennemis, c'est la prière. dynamisée par l'union mystique des âmes.

A toutes les coalitions du militarisme et de la finance contre la pensée, à toutes les manifestations de la force brutale, un disciple de Jésus ne peut opposer, comme son Maitre, que le geste impassible et la parole sereine, disant sa quiétude et sa confiance, et énonçant les thèmes lumineux de salvation, cristallisés en des formules d'impeccable logique.

Telle fut l'attitude des Martyrs devant leurs bourreaux, telle fut celle de tous les Saints devant leurs persécuteurs, telle est celle que nous devons adopter pour répondre à toute oppression, à toute iniquité, à toute violence.

Le vrai chrétien ne hait pas même ses ennemis; il ne porte pas les armes, ne répand pas le sang du prochain, n'adhère à aucun patriotisme lui commandant de détester les nations voisines ; il n'adore pas de Dieu national qui protège un peuple au détriment d'un autre et ordonne des guerres prétendues saintes. Le vrai chrétien est éminemment pacifique.

Chaque fois que le catholicisme a inspiré, ou approuvé, ou commis des actes de violence, on peut affirmer hardiment qu'il est sorti de la voie, à lui tracée par le Christ, pour verser dans l'ornière des ténèbres.

Toute guerre religieuse est un non-sens qui mérite, de notre part, une réprobation absolue.

L'attitude menaçante, vengeresse et offensive, est incompatible avec toute la morale évangélique.

Le monarque guerrier et chrétien, tel que le furent Karlemagne ou Saint Louis, est un produit d'époques barbares, auquel une incontestable grandeur nous a fait prêter un caractère de perfection. Nos yeux se sont plu à contempler ces personnalités colossales à travers le prisme de la légende ; mais nous avons oublié qu'elles attestaient une incompréhension totale de l'œuvre divine dont le plan a été tracé par le Christ lui-même, au *Sermon sur la Montagne*, et qu'en aidant cette œuvre, de la force physique et du secours des armes, elles la détournaient de son but et en compromettaient le succès.

Nous ne pouvons admettre l'auréole de sainteté dont on a voulu décorer le front des monarques qui ont tiré l'épée. La piété qui a surmonté le portail de nos cathédrales d'une galerie de rois militaires et concubinaires n'est plus la nôtre. Ceux qui ont répandu le sang des hommes ne sauraient devenir nos intercesseurs dans l'au-delà, auprès de la Divinité, puisqu'ils se sont à jamais éloignés d'elle par leur astralité impure.

Constellé comme une châsse, menaçant comme une forteresse, à la fois doux, suave et brutal, le XIIIe siècle, tout en proclamant la gloire du Christ et en s'inspirant de l'Evangile, ne fut, avec sa rude et magnifique poésie, qu'une déformation de ce même Evangile.

Le Moyen-Age apparait merveilleux, avec ses cathédrales, ses abbayes, ses saints, ses vitraux, sa liturgie, ses missels enluminés, ses admirables écrivains mystiques, son orfèvrerie, sa poésie, ses meubles, ses costumes, son art divin, en un mot; ce fut le résultat de l'effort civilisateur et pacifique dont l'inspiration appartient à l'Eglise. Mais par ses lois, ses mœurs militaires, ses cruautés, ses luttes formidables, ses disputes de royaumes, de territoires et de successions, il doit être entièrement désavoué. C'était la barbarie Franque, Saxonne et Normande, qui reparaissait constamment, indéracinable.

Quelques siècles seulement auparavant, les rois et les dignitaires du royaume n'étaient que des chefs de hordes et de tribus presque sauvages; cette société s'était faite chrétienne, surtout de nom; elle s'était fixée au lieu d'errer; elle s'était bâti des maisons au lieu de vivre à cheval et de camper sous des tentes, mais elle n'avait rien changé à ses coutumes, à son amour des armes, à son insatiable désir de combat, de vengeance, de domination. Ce furent ces hommes qui préparèrent l'apothéose moderne du patriotisme militaire, qui forgèrent les fameuses *âmes nationales*, et qui créèrent le système redoutable des *grandes puissances* que nous subissons aujourd'hui.

Ce n'est certes pas à la doctrine qui inspira aux hommes d'élever la cathédrale d'Amiens ou d'écrire l'*Imitation* et la *Règle de Saint-Benoît*, qu'il convient d'appliquer les épithètes d'obscurantisme et d'ignorance qu'on a déversées sur le Moyen-Age; mais bien aux rois, aux barons, aux seigneurs féodaux illettrés, imbus de militarisme, qui, au lieu de suivre le plan primitif de pacification et d'internationalisme que leur avait dicté l'Eglise, détournèrent celle-ci de sa voie véritable, la pervertirent, l'entraînèrent à former avec eux la coalition insensée de l'Etat, conception antichrétienne, par laquelle l'Eglise, qui n'avait pas su rester indépendante et libre, devait se trouver brisée un jour.

Aussi le Moyen-Age, par ses lois et ses mœurs, était-il plus loin que nous encore, de l'Eglise primitive et de l'idéale fraternité de ses membres. C'est une page à jamais tournée du livre des annales chrétiennes, une fresque que nous ne pourrions restaurer intégralement sans crime.

Les Croisades qui nous ont longtemps éblouis par la magie féerique de leur décor et par l'immense acte de foi qui les inspira, ne sont pas exemptes du reproche que nous adressons à toute guerre.

Reconquérir le tombeau du Christ était une admirable pensée, l'acte international par excellence, le point vers lequel devaient converger tous les vœux de la catholicité; mais cette conquête devait se réaliser sans violence, par la prière, par un exode immense de la chrétienté tout entière, par un envahissement lent et progressif de la Terre-Sainte.

Le moyen choisi fut, au contraire, essentiellement antichrétien; ce fut celui que les Romains avaient employé pour conquérir le monde, et les Barbares pour détruire la puissance de Rome, le moyen cher aux chevaliers issus des Barbares: la Guerre!

La brutalité soldatesque des châtelains illettrés et des preux féodaux s'éprit joyeusement d'une entreprise qui flattait ses goûts belliqueux, où il y avait des coups à distribuer et des visières à rompre, sous prétexte de faire pénitence.

On a négligé de remarquer les deux mouvements bien distincts dont se composa la première Croisade : celui de Pierre l'Ermite, et celui de Godefroy de Bouillon. Un enseignement précieux s'en dégage cependant. Le premier nous donne la formule pure, ingénue et vraie, de la seule conquête possible de la Terre Sainte; c'est une foule houleuse d'hommes, de femmes et d'enfants, sans armes, qui se porte en masse vers Jérusalem, en chantant des hymnes. Le second revêt l'apparence exacte d'une armée. C'est le mode de la force corporelle, qui prévalut dans toutes les Croisades suivantes, sans que nul ne s'aperçût de l'erreur que commettait ainsi le vieux monde occidental !

L'opinion de Raymond Lulle qui, plus tard, rêvait de reconquérir la Palestine par la voie pacifique, passa inaperçue. On ne comprit pas que la Croisade où Frédéric II traita avec les Turcs et leur acheta la ville sainte à prix d'argent, valait mieux que celle où Richard Cœur-de-Lion mangea des têtes humaines.

On préféra guerroyer à outrance, et ainsi le nom du Christ et la sainteté du but final couvrirent d'énormes excès. Les Croisés se livrèrent à des violences et des rapines que les écrivains de l'histoire Byzantine ont rapportées avec amertume.

Rutebeuf disait d'eux :

Si ne valent ne ce ne quoi
Quand ce vient à la revenue

En sorte que ces expéditions, abstraction faite de leur motif, ne différaient pas des guerres ordinaires, dont elles revêtirent le caractère odieux et cruel.

Aussi n'aboutirent-elles jamais à un succès complet.

Elles cessèrent misérablement, s'éteignirent faute d'enthousiasme ; et lorsque Saint Louis se croisa pour la dernière fois, ce fut au milieu d'un mécontentement général qui fut ouvertement exprimé par ses sujets :

« Je entendi, dit Joinville, que tuit cil firent pechié mortel qui li loerent l'alée. »

En tirant l'épée, les Chrétiens abjurèrent la Lumière éternelle qui leur avait été révélée. Le Christ n'accepta pas un hommage qui se traduisit par ce lac de sang qui s'éleva d'une coudée dans l'église du Saint-Sépulcre, lors de sa conquête, et dans lequel plongèrent jusqu'aux genoux les chevaux des barons et des chevaliers. Ce fut une barrière infranchissable que les fidèles dressèrent entre eux et le Maître; et celui-ci leur marqua sa désapprobation en les dépossédant de Jérusalem, en leur cachant le lieu véritable de sa mort et en leur livrant un Golgotha apocryphe, tandis que le rocher authentique, le lieu du Crâne, disparut, oublié, sous la mosquée d'Omar, erreur qu'ils n'ont pas encore aperçue depuis huit cent ans!

Au XVe siècle, Jeanne d'Arc nous offre la manifestation la plus remarquable et la plus caractéristique de l'esprit religieux uni à l'esprit militaire et patriotique.

Cette figure incarne si bien le christianisme particulariste et décadent des modernes, que ceux-ci n'ont pas manqué de lui prodiguer les témoignages les plus extravagants d'une admiration exagérée. On en a fait une sainte; on a élevé sur les autels une femme qui a revêtu le costume masculin, porté les armes et tiré l'épée: on l'a placée au pinacle de l'édifice catholique; on n'a pas craint de la mettre en parallèle avec le Christ; on a osé comparer sa mission à celle du Sauveur et considérer son apparition comme le fait religieux le plus important depuis la mort du Dieu-Homme; on a assimilé ses fait d'armes à une seconde Rédemption, on l'a appelée le Second Messie, le Christ féminin! Il s'est trouvé, de nos jours, un évêque pour recueillir les *Septante paroles de Jeanne d'Arc*, comme on avait recueilli les *Sept paroles du Christ!*

Qu'il soit permis à un véritable chrétien de contester la mission divine de Jeanne d'Arc.

Si cette mission eût été authentique, elle se fût accomplie sans épée, sans cotte de mailles, sans hommes d'armes, sans excitation à la violence et à la lutte.

Les œuvres de Dieu portent un autre caractère. Il est un criterium infaillible auquel on reconnait les véritables envoyés du Ciel, c'est leur attitude pacifique et désarmée, modelée sur celle du Maître.

Qu'on se rappelle l'extraordinaire conduite, tout opposée et bien autrement glorieuse, que tint le pape saint Léon le Grand en pareille circonstance, lorsque les Huns d'Attila tentèrent d'assiéger Rome.

Le pontife sort de la ville, sans armes, presque seul; il s'avance jusqu'au Mincio, à la rencontre d'Attila. Il se présente devant lui, lui adresse quelques paroles, et voici que le Barbare, étonné, cédant à une volonté supérieure, s'incline devant tant de grandeur, renonce à son entreprise et se détourne de l'Italie! Quel mystérieux colloque eut lieu entre ce faible vieillard, héritier d'une doctrine de miséricorde, et ce sauvage, apôtre de la destruction et de la mort? Quel plan supérieur de poliocertique hyperphysique le saint dévoila-t-il à son brutal interlocuteur? Quelle clef secrète de l'histoire universelle lui confia-t-il? Quelle lumière fit-il jaillir soudain à ses yeux? Quel mot d'ordre venu des puissances d'en haut lui traduisit-il, pour que cet homme qui ne croyait qu'en son épée, reculât, ébloui dit-il, par la vue d'une apparition divine planant au-dessus du pontife?

Tel est le signe indiscutable de la mission céleste. Il n'est pas de prouesse guerrière, de prodige de valeur, de résistance courageuse et désespérée qui vaille cet acte simple, admirable, silencieux, des véritables imitateurs du Christ.

On le retrouve plusieurs fois dans les annales chrétiennes.

Saint Loup, à Troyes, se présenta, sans armes, aux portes de sa ville, devant ce même Attila qui témoigna à l'évêque un respect profond et s'éloigna de la cité. Saint Exupère, évêque de Toulouse, éloigna, par une simple objurgation, les armées des Alains, des Suèves et des Vandales, réunies pour sa destruction. Au siège de Chartres par Rollon, vers 911, Waltelmus, évêque de cette ville, sortit à la tête de son clergé et du peuple en chantant les litanies des Saints; et les Normands s'enfuirent, saisis de terreur. A Vérone, saint Antoine de Padoue faisait trembler, par sa seule parole, Eccelino le Féroce. Au XIIIe siècle, lors d'une invasion musulmane en Italie, sainte Claire se plaça sur le seuil d'une porte d'Assise, élevant une custode contenant l'hostie consacrée; et les Sarrasins qui l'assiégeaient reculèrent, et s'enfuirent épouvantés!

Voilà comment Dieu procède. Le geste de ces héros dont on tait la gloire, surpasse, en splendeur et en magnificence, celui de Jeanne d'Arc, excitateur de la vengeance. Ils avaient mieux compris l'esprit chrétien; ils savaient surtout quelle puissance invincible il recèle à l'état d'absolue pureté, lorsqu'aucune pensée de haine, lorsqu'aucune mixtion de militarisme ne vient l'altérer ni le déformer.

Lorsque le pape Etienne III écrivit à Pépin le Bref pour le prier de venir exterminer les Lombards qui assiégeaient Rome sous la conduite d'Astolphe; lorsque Adrien Ier implora, pour la même raison, le secours des armes de Charlemagne, ces pontifes reniaient l'exemple de saint Léon le Grand et la tradition du geste héroïque et pacificateur qu'il leur avait léguée.

« Si vous aviez la foi, vous transporteriez les montagnes », disait le Maître. Si nous avions la foi, nous n'aurions pas besoin d'armes pour résister à nos ennemis et pour paralyser leurs bras.

La foi de Jeanne d'Arc n'était déjà plus la foi des apôtres et des martyrs, cette foi uniquement confiante en la puissance de Dieu et en la protection du Christ.

Les dernières splendeurs du XIIIe siècle s'étaient éteintes. Le vaste idéal d'internationalisme religieux n'existait plus dans la mémoire d'aucun chrétien.

Après les ténèbres du XIVe siècle, si éprouvé par les horreurs de la guerre de Cent Ans, en cette fin tourmentée du Moyen-Age où le rougeoiement des vitraux s'attise de lueurs d'incendie, et où émergent des figures à hennin, bizarres ou sinistres, mi-artistiques, mi-barbares : Ysabeau, Jean-sans-Peur, Agnès Sorel et Juvénal des Ursins, les derniers vestiges de la vraie société chrétienne, internationale et unitaire, s'effacent. Un évêque de Poitiers, Hugues de Combarel, réclame, en 1426, à la réunion des Etats de Mehun-sur-Yèvre, la création des armées permanentes. De ce chaos va surgir le scepticisme de la Renaissance et, avec lui, nos grandes entités nationales, ennemies irréconciliables.

Jeanne d'Arc incarne donc bien l'esprit patriotique, *l'âme de la France*, mais non l'âme catholique; elle est une gloire incontestablement nationaliste, mais ne saurait être une gloire chrétienne. Elle apparaît au déclin des idées religieuses, à la façon du spectre échevelé de la Patrie, dans Lucain, et au même moment psychologique que chez les Romains, lorsque les hommes, ne croyant plus en Dieu, se forgent une idole ridicule : l'Etat. Elle apporte avec elle le préjugé, tout patriotique, de la supériorité du concitoyen sur les autres hommes.

La vue du sang français seul l'afflige, et lui fait « dresser, dit-elle, les cheveux sur la tête »; mais elle a perdu la notion du « sang chrétien », aussi douloureux à voir couler, à quelque nation qu'il appartienne.

L'antagonisme du catholicisme et du patriotisme moderne se dessina nettement en son procès. « Dieu hait-il les Anglais? » lui demanda-t-on. Question embarrassante pour une chrétienne qui se disait envoyée de Dieu, et qu'elle élude sans la résoudre : « Je n'en sais rien, répond-elle habilement, mais je sais qu'ils seront chassés de France. »

On dit qu'elle refusa de combattre, le jour de l'Ascension, de peur de profaner la sainteté de la fête. Scrupule étrange! qui révèle une bien indigente conception de la morale religieuse. Le meurtre n'offense-t-il Dieu que les jours fériés? Se croit-on absous pour avoir évité l'homicide pendant les solennités religieuses, tandis qu'on le commet les autres jours?

Jeanne d'Arc prétendit se disculper en disant qu'elle n'avait jamais tué personne, ni fait usage de son épée. Néanmoins elle la portait à la main, la brandissait d'un geste énergique de commandement; c'était donc, pour elle, le symbole évident et antipacifique du meurtre; et les guerriers qu'elle entraînait à sa suite accomplissaient hardiment l'égorgement, auquel elle les excitait, et dont elle se disait cependant innocente.

Elle fut, comme Larochejacquelein, militariste dans toute l'acception du terme.

« Bienheureux les pieds de ceux qui évangélisent la paix! » dit saint Paul. La gloire de ces paroles ne peut lui appartenir. On ne trouve, en sa carrière, aucune pensée pacifique, aucune tentative de conciliation et d'apaisement, aucun effort vers une trêve ou un traité, aucun essai d'exhortation à la manière de saint Léon le Grand, aucune inspiration de prendre en main le crucifix au lieu de l'épée, de se jeter entre les deux partis, de leur faire déposer les armes en leur montrant le signe de l'espérance, du salut et de la fraternité universelle.

« Les Bardes, dit Claude Fauchet, donnèrent une telle authorité à la Poésie, qu'aucuns poètes, se mettans entre deux armées appaisèrent maintefois la fureur des gens d'armes prests à choquer. »

Jeanne d'Arc, au contraire, ne connait que l'emploi de la force, que le principe de la revanche militaire, de l'honneur national à tout prix, fût-ce au prix du sang de milliers d'hommes. Nous ne saurions donc la considérer comme un second Messie ; nous ne saurions la placer au rang de ces martyrs qui ne versèrent d'autre sang que le leur, ni la compter parmi les saintes femmes, à côté de sainte Elisabeth de Hongrie, sainte Catherine de Sienne, sainte Claire d'Assise, sainte Thérèse, sainte Rose de Lima et autres idéales et pures figures qui pratiquèrent toutes les vertus de leur sexe, sans jamais participer aux folies militaires des hommes. Le fait de délivrer un pays des étrangers, par le moyen des armes, n'a rien, en soi, qui justifie aucune prétention à la sainteté et au messianisme. Jeanne d'Arc eut des imitatrices célèbres, aujourd'hui peu connues et oubliées : Jeanne Hachette, qui repoussa les Bourguignons sous les murs de Beauvais; Philis de la Charce, qui combattit à cheval lors de l'invasion de Philippe de Savoie; et, cependant, nul n'a jamais songé à les élever sur les autels de l'Eglise.

On a prétendu que la mission de Jeanne d'Arc devait aboutir à la création d'un royaume Palestinien, dont la capitale eût été Jérusalem, et où devait régner Charles VII, arbitre de tous les peuples, les obligeant à la paix universelle. Tel fut, peut-être, son dessein; il attestait un sens profond des destinées du catholicisme, de sa signification occulte et des forces qui le régissent. C'était, évidemment, poursuivre le but unique, le but même des Croisades, et connaître la voie de la Vérité et de la Lumière. Mais le moyen employé était antichrétien; la guerre eût été le piédestal de cette paix universelle, et la fraternité définitive eût procédé aussi d'une origine impure. Le Christ n'accepta pas que l'intégrité de son Royaume fut restaurée dans le sang des batailles; il brisa l'héroïne dans sa gloire, renversa ses projets, et Jérusalem échappa, une fois de plus, à la chrétienté. La mission de Jeanne d'Arc n'aboutit pas, signe évident qu'elle n'était pas divine; le bûcher remplaça, pour elle, l'entrée triomphale à Jérusalem, capitale du monde; dure expiation, châtiment cruel d'avoir mêlé la souillure des armes à l'immarcessible pureté de l'idée chrétienne.

Encore ce châtiment fut-il problématique, et ce bûcher contesté.

On ignore aujourd'hui que l'opinion de la « survivance » de Jeanne d'Arc se répandit, quelques années après, dans le royaume, étayée de témoignages et d'actes plus probants que celle, si célèbre, de Louis XVII !

On prétendit qu'une femme de mauvaise vie, peut-être une simple effigie, avait été brûlée vive à sa place, tandis que des mains charitables l'avaient aidée à s'échapper de sa prison. Ce soupçon se propagea parmi la population de Rouen, le jour même de sa mort prétendue : la mitre ridicule qu'on avait placée sur sa tête était destinée, disait-on, à dissimuler la supercherie, et les Anglais furent obligés d'écarter les cendres du bûcher pour démontrer qu'elle avait été arse, ce qui ne démontrait rien, mais indiquait les doutes évidents de la foule. Toujours est-il qu'elle vint à Orléans en 1439, huit ans après son supplice ; elle fut reconnue par sa mère, par ses frères, entre autres par Pierre d'Arc Dulis qui l'avait accompagnée dans tous ses exploits, et par le trésorier Bouchier, chez lequel elle avait logé : on fit, en son honneur, des fêtes magnifiques ; et un acte, conservé dans les archives d'Orléans, atteste que le 30 mai 1439, on supprima le service qui se faisait à Saint-Samson pour le repos de son âme, puisqu'elle était vivante ! On découvrit également, au XVIIe siècle, d'autres actes spécifiant qu'elle s'était mariée en 1436 en Lorraine, au seigneur Robert des Armoises et qu'elle avait fondé une famille dont les descendants existaient encore vers le milieu du XIXe siècle.

Il est difficile de discerner la vérité parmi de telles incertitudes; nous mentionnons celles-ci pour souligner l'imprudence avec laquelle on a comparé au Messie, une femme dont la mission ne comporta pas le caractère pacificateur des vrais envoyés du Ciel.

L'idée de placer une guerrière sur les autels de l'Eglise, tandis que l'Eglise ordonnait autrefois des pénitences à tous ceux qui avaient combattu dans une guerre, même juste, est une idée bien moderne, décadente et tout à fait digne de ce XIXe siècle qui a étonné le monde par son chauvinisme.

Elle surgit au moment où le militarisme s'effondre; et il semble que ce soit bien là le dernier effort du Maudit contre le triomphe définitif de l'antipatriotisme et contre la résurrection et l'apothéose prochaine de notre ancien internationalisme chrétien.

XV

Un immense mouvement d'hostilité contre le militarisme et l'idée de Patrie s'est, de nos jours, énergiquement affirmé.

Après tant de siècles d'aberration, après le culte fanatique des Césars et des Napoléons, l'adoration des brutes guerrières et autocratiques, le sacrifice continu à Moloch, l'humanité s'est soudain réveillée, les yeux désillés enfin.

Certains ont ressenti le dégoût du sang versé et compris la coupable faiblesse de l'obéissance à des ordres irraisonnés. Leur conscience s'est révoltée à la pensée d'être contraints, par quelques porteurs de galons, à tuer l'individu inconnu qui, lui-même, n'a pris les armes que sous l'influence d'une contrainte semblable. L'idole de la Patrie s'est écroulée à demi, retenue dans sa chute par les efforts désespérés de ses derniers et irréductibles partisans.

On eût voulu trouver l'Eglise à la tête de cette cause sublime et sacrée entre toutes, revendiquant, au nom du Christ, l'abolition de ces derniers vestiges de la barbarie d'autrefois.

C'était essentiellement son œuvre. Sa place était là, et non dans les rangs des intéressés à la guerre, des amateurs d'hécatombes qui rêvent la lutte éternelle entre les hommes, des rétrogrades attachés à la gloire sanglante et répugnante du passé.

Elle qui a enseigné, avant toutes les philosophies, la douceur dans les rapports sociaux, la fraternité universelle, le pardon des injures et le respect de la vie, comment ne sut-elle pas distinguer que son devoir l'obligeait à s'affirmer hautement antipatriote et antimilitariste ?

Elle devait donner l'exemple, apprendre aux hommes à démolir les barrières que maintiennent l'orgueil des souverains et les absurdités de la diplomatie, à renverser les frontières, à lutter contre les préjugés innombrables qu'engendre la prétendue supériorité du sol natal.

« Il n'y a pas eu un progrès dans nos sociétés dont le christianisme n'ait été l'auteur, écrivait Mgr Dupanloup, dans sa lettre à Victor Hugo ; il n'y a pas une réforme bienfaisante que l'Evangile n'ait inspirée aux hommes, qu'il n'ait lui-même introduite ou préparée dans les lois. »

C'est donc à lui de préparer, de réaliser la réforme bienfaisante de l'antipatriotisme, et de lever cette chape de plomb qui pèse sur le monde.

Il fut un temps où l'Eglise représentait l'avenir devant la civilisation romaine, croulante et pourrie ; elle incarnait toutes les idées nouvelles, toutes les notions de progrès, de salut, d'espérance, de lumière et de liberté. Elle était jeune, ardente et vigoureuse; on la vit prendre l'initiative de toutes les réformes, se placer à la tête de toutes les revendications sociales, ce qui explique la puissance extraordinaire qu'elle conquit dans les premiers siècles, et l'extension rapide avec laquelle elle se propagea en Europe. Ses fidèles étaient des révolutionnaires qui apportaient au monde une formule vitale inédite et meilleure. L'Eglise s'éleva contre la cruauté des sacrifices druidiques, contre l'aruspicine humaine, pratiquée par les Gaulois, contre les épreuves judiciaires, contre le duel. Lorsque les communes s'émancipèrent du joug des feudataires, pour élever les cathédrales et les beffrois sous la sauvegarde des premières chartes, ce fut à l'ombre de l'Eglise, sous la bannière de ses saints que purent se créer ces associations corporatives qui ont formé les grandes cités modernes.

Aujourd'hui, elle s'obstine à représenter le passé, non dans ses grandeurs, mais dans ses faiblesses. Elle soutient les dynasties caduques et les régimes abolis avec tout leur cortège de droits injustes et de devoirs tyranniques; elle s'efforce de ressusciter le cadavre des nations décadentes et des races avilies; elle reste attachée à tout ce qui est devenu odieux aux hommes, à tout ce qu'ils rejettent comme périmé, à ce qu'elle croit être des principes d'ordre: à la bourgeoisie, au capital, à la basoche et à l'armée, au lieu de suivre les aspirations nouvelles de la société et de devancer les novateurs les plus hardis, dans la voie des réformes et des transformations politiques.

Dans les luttes opiniâtres qui agitent notre siècle pour la formation d'une société meilleure, on eût dû trouver l'Eglise au premier rang. Elle vient régulièrement au dernier.

Au lieu de la brillante cohorte qui a produit les Saints, les Martyrs, les Confesseurs et les Vierges, elle traîne avec elle tout un clan de podagres et de pusillanimes, cramponnés irrésistiblement aux vieux us, aux formules ridicules ou odieuses que nous ont léguées l'aberration de nos barbares ancêtres, et qu'ils croient éternels et indispensables à l'Eglise!

Cependant l'occasion était merveilleuse, pour les chrétiens, de manifester combien la doctrine du Christ était vivante, immortelle, indestructible, toujours renaissante, comme le Phœnix, de ses cendres, génitrice d'idées nouvelles, propagatrice de théories pacifiques, et contenant en réserve, dans ses principes, la solution de tous les problèmes politiques.

Par leur universalité, par la fraternité qui doit régner entre eux, par l'enseignement de leur Maître, ils étaient incontestablement désignés pour seconder l'effort antimilitariste moderne, et se placer à sa tête.

Malheureusement, comme c'est leur coutume depuis plusieurs siècles, les chrétiens furent au-dessous de leur mission. Ils faillirent à leur suprême devoir. Ils reculèrent, tandis que l'humanité avançait; ils particularisèrent au lieu de catholiciser; ils s'accrochèrent à une coutume sauvage, se nationalisèrent, et célébrèrent, dans une divagation aberrée, l'uniforme, le sabre, le képi, le canon et la culotte de peau! Il semblait qu'en touchant à l'armée et à la guerre, on eût touché au Christ lui-même!

Il advint que l'idée généreuse que les chrétiens n'avaient pas eue, germa, pour leur honte, dans les bas-fonds de la société.

La propagande antimilitariste qui devait, logiquement, naître à la table sacrée, au sein de l'assemblée des fidèles unis par la fraction du pain autour de l'autel, dans l'amour du Christ, s'éleva, au contraire, de la lie du peuple.

On vit, avec étonnement, des anarchistes, des hommes à bombe, rudimentaires, ignorants et illogiques dans leurs actes, devenir les inconscients apôtres de cette théorie grandissante, prêcher le désarmement au nom de principes humanitaires qu'ils ne pratiquaient pas, puisqu'ils employaient eux-mêmes la violence, et répandaient le sang pour la propagande brutale de leurs idées!

Et nul, parmi les catholiques, ne songea à dénoncer l'usurpation de cette doctrine, et à restituer au Christ la gloire de l'avoir enseignée le premier, lorsqu'il prêcha la douceur et prononça l'admirable parole : « Remettez l'épée dans le fourreau. »

Je devins antimilitariste en 1886, en lisant de Maistre.

Aucune voix ne se faisait alors entendre, en Europe, pour protester contre la guerre. Celle-ci était élevée à la hauteur d'une religion, contre laquelle il n'était pas permis de blasphémer. On pouvait nier Dieu sans cesser d'être considéré comme honorable; mais on n'eût osé attaquer le principe des Patries sans être méprisé et persécuté. L'internationalisme n'existait pas. *L'âme française* caressait encore le rêve intelligent et haut de bombarder Berlin parce qu'on avait bombardé Paris, ce qui n'eût fait qu'ajouter une calamité à une autre calamité, et démontrer l'oubli de plus en plus complet des vraies idées chrétiennes.

Quelques années après, les pensées de ce livre étaient rassemblées; il pouvait paraître; mais des circonstances indépendantes de ma volonté m'interdirent de le publier.

L'antipatriotisme se prit à surgir depuis, de toutes parts. L'humanité vomit soudain son dégoût du militarisme. Je compris que c'était une de ces idées qui n'appartiennent pas à un seul homme, mais qui flottent dans l'air, saturent l'atmosphère intellectuelle de toute une génération, puis explosent enfin, caractérisant un temps et une époque.

C'était une phase entière de l'histoire sociale qui allait tomber pour jamais dans le passé; la dernière heure du militarisme avait sonné; il agonisait, s'écroulait visiblement, parce que la conviction patriotique qui l'avait soutenu jusqu'alors s'éteignait pour ne jamais renaître.

Je vis dans ce nouveau courant d'opinion, la grande cause de l'avenir, dont le succès était assuré, celle qui triompherait de tous les obstacles, dans un temps peu éloigné, et qui briserait et emporterait les hommes assez téméraires pour réagir, et opposer leur volonté à la toute-puissance de la sienne.

Mais je vis, à regret, les chrétiens déserter cette cause qui était la mienne, se ranger dans le camp opposé, contre leurs enseignements mêmes, contre toute humanité, et devenir les défenseurs de l'armée, les protecteurs du nationalisme, et manifester le plus ardent désir de conserver précieusement, parmi les peuples, les habitudes de la guerre.

Des hommes, qui faisaient profession de haïr le Galiléen, rêvaient seuls de la paix universelle à laquelle les chrétiens ne pensaient plus! L'Idée était prostituée, gâchée, vilipendée! Et pourtant, elle est la formule de l'avenir; elle aura raison du militarisme, mais hélas! sans l'appui des chrétiens; et ceux-ci, ayant failli à leur devoir, ayant manqué au serment qu'ils avaient fait à leur Maître, de pacifier, d'unifier tout l'univers, se trouveront, encore une fois, amoindris, diminués, dépassés par leurs ennemis et leurs per-

La gloire de délivrer l'humanité d'une coutume barbare, échappera à l'Eglise qui doit être la Lumière, l'auxiliatrice de tous ceux qui souffrent et qui pleurent, la libératrice des opprimés, la rédemptrice des esclaves.

Elle se ralliera fatalement, dans la suite des temps,

au parti dont l'opinion aura prévalu; mais l'honneur d'avoir suscité cette opinion ne lui appartiendra pas.

Mon livre n'est donc pas seulement l'expression de mes idées personnelles; il lègue, aux hommes de l'avenir, un des sens oubliés de la tradition catholique, et rend témoignage que l'Eglise est au moins représentée par un de ses membres, dans la grande lutte entreprise pour la destruction du nationalisme dans le monde.

La plupart des hommes ignorent tout de l'histoire. Ils ne soupçonnent pas les transformations successives et profondes qui ont modifié la société. Ils sont portés à considérer l'état actuel des choses comme inamovible, et ils ne veulent même pas examiner s'il est possible de l'améliorer. Ils ont trouvé, dès leur naissance, la terre couverte d'armées; ils n'en ont point vu supprimer; il faut donc qu'il en soit éternellement ainsi; et leur intelligence ne peut concevoir un univers civilisé sans régiments ni casernes.

La force d'inertie constituera l'obstacle le plus sérieux au désarmement. Le novateur qui demande l'abolition d'une coutume barbare, est presque considéré comme un criminel.

Combien d'usages, aujourd'hui heureusement abolis, ont paru, jadis, légitimes, et de durée éternelle?

Par contre, combien de droits, qu'il nous semble tout simple et tout naturel de posséder, furent considérés, autrefois, comme des hardiesses?

Et quod nunc ratio est, impetus antè fuit,

dit, très justement, Ovide; et il serait facile d'en multiplier les exemples.

Au XIe siècle, les hardis instigateurs des premières chartes communales se heurtèrent à l'opposition de l'Eglise. Surprise de cette nouveauté, elle les excommunia au Mans, en 1070, à Cambrai, en 1076, à Beauvais, en 1098. Cependant, trente ans plus tard, elle prenait elle-même la tête de ce mouvement; en 1108, ce fut l'évêque de Noyon, Baudry de Sarchainville, qui rédigea lui-même la charte de cette cité; et en 1128, ce fut l'évêque Godefroy qui rétablit la charte de Laon de 1109, que Louis VI avait détruite en 1112.

Des sociétés et des ligues se sont formées, au XIXe siècle, pour l'abolition de l'esclavage au pays noir; et nul n'a été surpris de voir l'Eglise soutenir puissamment ces entreprises. Cette œuvre de miséricorde est parfaitement adéquate à la doctrine généreuse et salvatrice du catholicisme, Pie II, Paul III, Urbain VIII et Grégoire XVI la conseillèrent énergiquement. Saint Vincent de Paul y consacra une partie de sa vie.

Le principe de la liberté individuelle est considéré comme tellement indiscutable, qu'il répugne, aujourd'hui, d'admettre l'avilissement de l'homme au rang d'une marchandise, d'un bétail achetable et vendable au gré d'un propriétaire ou d'un trafiquant.

Pourtant il fut une époque où l'idée contraire, profondément enracinée, prévalait. L'esclavage était regardé comme une institution juste, légitime, équitable, immuable.

Il semblait naturel aux Romains qu'il y eût des maîtres et des esclaves, comme, chez nous, des riches et des pauvres.

Il est spécifié énergiquement dans le *Digeste*, que « la principale division des hommes consiste en ce que tous sont : ou libres, ou esclaves, *aut liberi aut servi.* »

Nul ne se demanda jamais si cette liberté n'était pas également un droit imprescriptible pour ceux qui subissaient l'oppression d'un maître ; et quiconque eût essayé de renverser un si bel ordre de choses, approuvé par l'Etat et sanctionné par des lois, quiconque eût osé écrire contre la servitude, le livre que j'écris aujourd'hui contre le militarisme, eût été considéré comme un perturbateur de l'ordre public, et eût certainement payé son audace, de sa tête.

Le *Digeste* émettait encore cette pensée consolante : « D'après le droit naturel, tous les hommes sont libres ; c'est par le *droit des gens, jure gentium*, qu'a été introduite la servitude. » Parole absurde et vide de sens, verbiage inconscient de jurisconsulte, au moyen duquel on étouffe les protestations de la conscience, et qui se répète triomphalement plus loin : « c'est aussi par le *droit des gens* qu'ont été introduites les guerres ! »

Lorsque la Gaule devint une colonie Romaine, elle prit les usages de la métropole, et la grande division des hommes, en maitres et en esclaves, y fut introduite; lorsque le monde romain se fit chrétien, les dieux furent renversés, mais la société subsista encore longtemps sur les mêmes bases.

L'esclavage fut maintenu malgré le baptême, malgré la civilisation chrétienne, malgré l'opinion de saint Jean Chrysostome et de saint Grégoire de Nysse, malgré l'exemple de plusieurs Romains illustres qui avaient affranchi leurs esclaves en se faisant chrétiens; et l'Eglise fut longtemps sans comprendre qu'il dissonait avec sa doctrine idéale. Depuis l'époque gallo-romaine, en passant par la période karolingienne, jusqu'au Moyen-Age féodal, nous constatons l'existence d'esclaves, c'est-à-dire d'hommes attachés à la terre, auxquels il était interdit d'orienter eux-mêmes leur destinée. On les nommait serfs, ce qui est exactement le mot *servi*, qui désignait les esclaves de Rome.

Nous lisons, dans Frodoard, que le fameux saint Remi, évêque de Reims, possédait des esclaves qu'il légua en héritage à cette ville; il en affranchit quelques-uns, en légua d'autres à diverses personnes, en spécifiant bien ceux qu'il n'affranchissait pas; et ce pieux prélat, dont la haute vertu fut célébrée de tous ses contemporains, n'a pas eu un seul instant la pensée qu'il leur devait la liberté à tous.

Au VIIIe siècle, le fameux Alcuin, protégé de Charlemagne, abbé de Saint-Martin de Tours, possédait, à lui seul, vingt mille esclaves.

Sous Louis le Débonnaire, un autre évêque de Reims, Ebbon, fit restituer au domaine épiscopal tous les serfs qui avaient déserté, ce qui fut considéré comme un acte méritoire.

Frodoard nous donne encore le texte des décisions d'un concile, tenu en 625, dont le XIIIe canon est celui-ci : « Que les Chrétiens ne seront vendus ni aux Juifs, ni aux Gentils. Que si quelque chrétien est obligé, par la nécessité, de vendre ses serfs chrétiens, *il ne les vende qu'à des chrétiens.* S'il les vend à des Juifs ou à des païens, il sera retranché de la communion. »

Que pense, de ce canon, l'Eglise qui considère aujourd'hui l'esclavage comme une coutume monstrueuse, et qui milite ardemment pour l'abolir, comme si elle avait toujours pensé ainsi ?

Sans doute, cette coutume était puissamment ancrée dans les mœurs occidentales, puisque ce ne fut qu'au concile de Latran, en 1167, que le pape Alexandre III prescrivit définitivement l'abolition de l'esclavage, et déclara que tous les chrétiens devaient être exempts de servitude.

Il avait fallu onze siècles, depuis la venue du Christ, pour que l'Eglise osât prononcer cette sentence, dont l'exécution complète se fit encore longtemps attendre.

Néanmoins, l'usage barbare était enfin terrassé

et vaincu. Il en sera de même du militarisme, de la caserne et de la guerre, qui peuvent paraître encore indispensables et naturels, aux hommes peu aptes à réfléchir sur les causes et le but de la vie, mais qui, dans cent ans, seront devenus odieux à tous les peuples.

Le temps viendra où la guerre, qui paraît encore de la gloire à tant d'individus, sera tenue pour une des monstruosités les plus inexplicables du passé ; on parlera alors avec horreur et dégoût de ce souvenir aboli, on racontera avec étonnement que les hommes, en ce temps, s'entretuaient en masses, sans motif, uniquement pour entretenir la prospérité de leurs manufactures d'armes et de leurs fonderies nationales de canons, et démontrer la discipline de leurs armées.

L'Eglise, à ce moment, sera certainement antimilitariste par la force des choses, comme elle est devenue antiesclavagiste ; et elle emploiera ses forces à détruire les derniers vestiges de la guerre qui pourront subsister encore. Pourquoi ne devancerait-elle pas, dès maintenant, l'évolution trop lente, mais inévitable, de l'opinion générale? Quelle ne serait pas l'autorité de ce geste sur les pacifistes antichrétiens, qui se trouveraient soudain dépassés par ceux qu'ils considèrent comme l'ennemi réactionnaire?

La grande évolution antipatriotique doit être accomplie par le catholicisme. C'est le devoir strict de celui-ci ; c'est sa mission, sa voie. Les peuples ne veulent plus de guerres, plus de militarisme ; c'est un signe des temps. Ils obéissent ainsi à la voix tardive d'un instinct humanitaire qu'on ne peut qu'approuver. C'est une idée chrétienne qui a germé hors de la chrétienté, et que nous devons restituer à celle-ci.

Il importe de dégager l'anarchie de l'idée d'antipatriotisme et de la replacer sous l'égide du Christ qui, le premier, l'a révélée, et a désiré, non la prospérité et la supériorité exclusive des Francs, mais la fraternité entre tous les hommes. C'est seulement au nom de la Croix, *spes unica*, que cette idée s'étendra avec rapidité, et portera des fruits véritables; c'est parce que l'appui divin de la Croix lui a manqué jusqu'à présent, qu'elle a rencontré tant d'obstacles et d'hostilités à son développement.

Les hommes qui, de nos jours, l'ont propagée et prêchée, n'étaient pas dignes d'elle. Ils ont attaqué indifféremment et confondu dans leur haine, la patrie, la religion et la famille. Or toute formule qui unit ses adeptes pour le bien et qui les civilise, a droit à notre sympathie.

L'idée de Patrie est factice, conventionnelle, vide de sens, instigatrice d'actes sanguinaires; elle unit les hommes pour la guerre et pour la haine de l'étranger. L'idée de famille, au contraire, est inattaquable parce qu'elle réside dans la nature même et qu'elle est basée sur le lien du sang; l'idée de religion est respectable parce qu'elle est une consolation, un refuge, un soutien pour ceux qui souffrent et qui pleurent, et une certitude pour les mystiques.

Les antimilitaristes n'eurent pas ce discernement; ils nuisirent à leur cause en la revêtant d'une étiquette antireligieuse, blessant ainsi les êtres sensibles, les âmes poétiques et aimantes, dans leurs plus chères affections; et nul n'osait adhérer à la vérité qu'ils énonçaient et qu'on sentait cependant indiscutable, de peur d'être compris parmi ceux qui rêvent, sous le nom de guerre sociale, la destruction incohérente et la désorganisation de la société.

Une œuvre, magnifique d'envergure, la plus noble à accomplir, s'offre donc actuellement au catholicisme: la suppression du militarisme. Lui seul a qualité pour la réaliser, sans violences, dans toute sa perfection, parce qu'elle est conforme à la doctrine qu'il a toujours enseignée.

Pour le catholique, il n'est qu'une nation, la nation chrétienne; et les membres de cette nation sont disséminés par toute la terre.

Le sort des patries, des peuples, des races ou des trônes, doit lui être indifférent; il ne peut s'y intéresser, et c'est un devoir pour lui de ne pas participer aux luttes humaines, et de refuser de prendre les armes. « Nous n'avons pas ici de cité permanente, a dit saint Paul; mais nous cherchons la Cité future .» Si, dans les prochaines guerres européennes, l'élément chrétien était bien résolu, jusqu'à la mort, à faire défaut, les souverains seraient obligés de renoncer à la manière accoutumée de vider leurs querelles, et songeraient sérieusement au désarmement. L'ère militariste serait depuis longtemps close, s'il en eût été ainsi dès l'origine; jamais, dans un disciple du Christ, on n'eût dû trouver un soldat.

Le catholicisme doit s'élever au-dessus des formules humaines. Il doit ignorer les contingences politiques et les impédiments terrestres. Il faut prévoir que les bases des civilisations modernes, les patries, les royautés périront; le régime de la propriété subira lui-même, dans sa forme actuelle, des changements considérables. Si le catholicisme veut s'attacher indissolublement à ces principes temporels comme s'il était indispensable de les conserver, il périra avec eux. S'il se garde pur, exempt de toute alliance compromettante avec des institutions ou des opinions éphémères qui le diminuent, il leur survivra au contraire.

Dieu seul, telle est la devise d'avenir, qui rend l'Eglise libre, forte, puissante, insaisissable, qui l'érige en Etat au-dessus de tous les Etats, en nation disséminée parmi toutes les nations, échappant à leur pouvoir tyrannique et les dominant toutes.

Dieu et Patrie, c'est l'expression de toutes les idées rétrogrades obscurantistes et antihumanitaires; c'est la chute certaine de l'Eglise, la mort à bref délai; c'est la dualité, la dissociation, le néant.

XVI

« Théories monstrueuses et malsaines! », se plaisent à dire volontiers nos adversaires, en nous lisant; « Triste livre, produit infâme des époques de décadence sans honneur et sans courage! »; et en déversant leurs injures sur cet essai désintéressé de retour à la primitive doctrine du Christ, ils ne manqueront pas de clamer que l'amour de la patrie rend seul un peuple viril et fort; ils parleront des gloires nationales, des grands hommes dont le pays est fier, qui lui ont conquis ses libertés et formé sa langue, dont les statues se dressent aux carrefours, et qui furent, eux, éminemment patriotes.....

Examinons donc s'il n'en fut pas, parmi ceux-ci, quelques-uns, précurseurs hardis de la formule définitive que nous révélons aujourd'hui, qui osèrent élever des doutes contre la dévotion patriotique.

Au premier rang des antimilitaristes, nous citerons Pascal et La Bruyère.

Ceux qui nous accusent de propager une doctrine de déliquescence et de décivilisation ignorent sans doute l'histoire littéraire, et seront étonnés d'entendre ici ces noms. Nous tenons donc deux classiques, deux gloires nationales incontestées, dont le nom décore nos places publiques, nos rues et nos lycées. Ce sont deux maîtres de la langue et de la pensée françaises, deux grandes figures auxquelles le pays décerne ses hommages.

Oserait-on nous les présenter comme des modèles de patriotisme? Ne méritent-ils pas les mêmes épithètes injurieuses qu'on nous adresse?

Voici les paroles de Pascal. Elles sont sublimes de netteté et de concision. Elles sont tirées de ces *Pensées* que l'on cite souvent comme un des plus beaux livres qu'ait produits le génie humain.

« Pourquoi me tuez-vous? Eh! quoi, ne demeurez-vous pas de l'autre côté de l'eau? Mon ami, si vous demeuriez de ce côté, je serais un assassin, et ce serait injuste de vous tuer de la sorte; mais puisque vous demeurez de l'autre côté, je suis brave et cela est juste. » (*Pensées*, 1re partie, art. IX, paragr. III.)

Pascal, janséniste, se rencontre ici avec les jésuites, ses adversaires, sur le terrain internationaliste. Telle est la puissance de la vérité intangible.

J'ignore si MM. Barrès, Déroulède et autres catholiques patriotes connaissent cette pensée et la trouvent de leur goût; elle émane cependant d'un catholique incontesté, et d'un franaçis de la grande époque?

En quelques mots d'une logique rigoureuse, on ne pouvait mieux flétrir le principe absurde de la frontière, l'idée de patrie et la coutume sauvage de la guerre.

La pensée est parfaite, complète ; elle ne nécessite aucun commentaire ; et la prolixité du présent livre serait sans excuse auprès de tant de concision, s'il n'était pas évident que cette phrase admirable est restée totalement inconnue et incomprise. On redira demain que Pascal est un génie duement national, en dépit de cette affirmation nette de son antinationalisme ! Telle est l'aberration des hommes et la force de leurs préjugés, qu'un raisonnement si simple n'a pu les convaincre ni les toucher, et qu'il nous faut accumuler arguments sur arguments pour démontrer ce que tout homme devrait naturellement comprendre en écoutant simplement la voix de sa conscience.

Les paroles de La Bruyère sont également remarquables. Puissantes, ironiques et singulièrement amères, elles laissent percer un mépris avéré pour une humanité vers laquelle les dieux se sont abaissés, et qui n'a pas su prêter l'oreille aux discours de la sagesse.

« La guerre a pour elle l'antiquité ; elle a été, dans tous les siècles ; on l'a toujours vûë remplir le monde de veuves et d'orphelins, epuiser les familles d'heritiers et faire périr les frères à une même bataille. De tout tems, les hommes pour quelque morceau de terre de plus ou de moins sont convenus entr'eux de se depoüiller, se brûler, se tuer, s'égorger les uns les autres; et pour le faire plus ingénieusement et avec plus de sûreté, ils ont inventé de belles regles qu'on appelle l'Art militaire; ils ont attaché à la pratique de ces règles, la gloire ou la plus solide réputation; et ils ont depuis enchéri de siècle en siècle sur la manière de se détruire reciproquement.....

« Le peuple paisible dans ses foyers, au milieu des siens et dans le sein d'une grande ville où il n'a rien à craindre ni pour ses biens ni pour sa vie, respire le feu et le sang, s'occupe de guerres, de mines, d'embrasemens et de massacres, souffre impatiemment que des armées qui tiennent la campagne ne viennent point à se rencontrer; ou si elles sont une fois en présence, qu'elles ne combattent point, ou si elles se meslent, que le combat ne soit pas sanglant et qu'il y ait moins de dix mille hommes sur la place..... Quelques-uns consentiroient à voir une autre fois les ennemis aux portes de Dijon ou de Corbie, à voir tendre des chaînes et faire des barricades pour le seul plaisir d'en dire ou d'en apprendre la nouvelle. (*Caractères*, chap. X.)

« Je consens que vous disiez d'un homme qui court le sanglier, qui le met aux abois, qui l'atteint et qui le perce, voilà un brave homme. Mais si vous voyez deux chiens qui s'abboyent, qui s'affrontent, qui se mordent et se déchirent, vous dites : voilà de sots animaux, et vous prenez un bâton pour les séparer.

Que si l'on vous disoit que tous les chats d'un grand païs se sont assemblés par milliers dans une plaine, et qu'après avoir miaulé tout leur saoul, il se sont jettés avec fureur les uns sur les autres et ont joué ensemble de la dent et de la griffe, que de cette mêlée il est demeuré de part et d'autre neuf à dix mille chats sur la place, qui ont infecté l'air à dix lieuës de là par leur puanteur; ne diriez-vous pas, voilà le plus abominable *sabat* dont on ait jamais oui parler? et si les loups en faisoient de mesme, quels hurlemens, quelle boucherie!

« Et si les uns ou les autres vous disoient qu'ils aiment la gloire, concluriez-vous de ce discours, qu'ils la mettent à se trouver à ce beau rendez-vous, à détruire ainsi, et à anéantir leur propre espèce, ou, après l'avoir conclu, ne ririez-vous pas de tout votre cœur de l'ingénuité de ces pauvres bestes? Vous avez déjà, en animaux raisonnables, et pour vous distinguer de ceux qui ne se servent que de leurs dents et de leurs ongles, imaginé les lances, les piques, les dards, les sabres et les cimeterres, et à mon gré fort judicieusement, car avec vos seules mains, que pouviez-vous vous faire les uns aux autres, que vous arracher les cheveux, vous égratigner au visage, ou tout au plus, vous arracher les yeux de la tête : au lieu que vous voilà munis d'instrumens commodes, qui vous servent à vous faire réciproquement de larges playes d'où peut couler votre sang jusqu'à la dernière goutte, sans que vous puissiez craindre d'en échaper. Mais, comme vous devenez d'année à autre plus raisonnable, vous avez bien enchéri sur cette vieille manière de vous exterminer : vous avez de petits globes qui vous tuent tout d'un coup, s'ils peuvent seulement vous atteindre à la tête ou à la poitrine; vous en avez d'autres plus pesans et plus massifs qui vous coupent en deux parts ou qui vous éventrent sans compter ceux qui tombant sur vos toîts, enfoncent les planchers, vont du grenier à la cave, en enlevent les voutes et font sauter en l'air avec vos maisons, vos femmes qui sont en couche, l'enfant et la nourrice; c'est là encore ou *gist* la gloire, elle aime le *remuë-ménage*, et elle est personne d'un grand fracas... » (*Caractères*, chap. XII.)

Ces lignes si hardies ont été écrites à l'époque des conquêtes de Louis XIV; et il est singulier que cette époque, si patriotiquement gallicane, soit la seule dans laquelle des velléités antiguerrières aient osé se manifester dans la pensée chrétienne.

Massillon, en son *Petit Caresme*, au sermon de la Purification, adressa à Louis XIV cet étonnant discours : « Sire, regardez toujours la guerre comme le plus grand fléau dont Dieu puisse affliger un empire. *Cherchez à désarmer vos ennemis plutôt qu'à les vaincre*. L'Empire sur lequel le Ciel vous a establi est assez vaste; soyez plutôt jaloux d'en soulager les misères que d'en étendre les limites. Mettez plutôt votre gloire à réparer les malheurs des guerres passées, qu'à en entreprendre de nouvelles. »

Désarmer les ennemis plutôt que les vaincre! N'est-ce pas conseiller la transaction, la négociation pacifique, la capitulation, l'achat de la paix tel que celui que Charles le Gros fit accepter aux Normands, ce pourquoi on a voulu le couvrir de honte? N'est-ce pas condamner absolument la mission guerrière de Jeanne d'Arc qui ne songea qu'à vaincre et non à traiter avec les oppresseurs!

Un chrétien devrait savoir qu'il est toujours possible de se rendre noblement, en martyr, sans rien perdre de sa dignité, en proférant envers l'ennemi des paroles de pardon. Le Christ résista-t-il à ses bourreaux? S'il l'eût tenté, s'il eût fait le coup de poing contre les soldats de Pilate qui l'arrêtèrent, n'eût-il pas détruit tout le prestige, toute la séduisante poésie de sa vie légendaire? Eût-il conservé un seul adepte? Eût-il été celui qui console et qui panse toute blessure? Or quelle gloire, parmi les gloires humaines, est comparable à la sienne?

Bossuet rappelait aussi, dans son *Discours sur l'Histoire Universelle*, que Numa Pompilius avait créé à Rome un collège de féciaux destinés à prévenir les guerres et à tout concilier avant d'en venir aux mains. « Sainte institution s'il en fut jamais, s'écrie-t-il, et *qui fait honte aux chrétiens*, à qui un Dieu venu au monde pour pacifier toutes choses, n'a pu inspirer la charité et la paix! »

L'abbé de Fleury, quoiqu'ayant fait ailleurs l'apologie des mœurs guerrières des Romains, parut comprendre, cependant, que de telles mœurs ne concordaient pas absolument avec l'Evangile, et que l'idéal chrétien ne consistait pas à gagner des batailles et à réaliser des armements formidables.

Un ressouvenir de la véritable morale du Christ lui arracha ces aveux : « Les chrétiens ne sont pas si propres à devenir des conquérans, parce que les grandes conquêtes ne sont la plupart, que d'illustres brigandages. La guerre et les hostilités sont contraires à la piété (nous le croyons sans peine !) comme à la justice et à toute la règle. »

Parmi les précurseurs de l'antimilitarisme, il conviendrait de citer encore Thomas Morus qui, au XVIe siècle, réprouvait la guerre et surtout le système des armées permanentes, adopté en France ; puis Spinoza qui concluait à la suppression de la guerre par voie progressive, par la confédération toujours croissante des Etats, en cette phrase onéreuse : « Plus il y a d'Etats qui font la paix ensemble, moins chacun d'eux est redevable aux autres, moins par conséquent chacun d'eux a le pouvoir de faire la guerre, mais plus il est tenu de rester fidèle aux conditions de la paix, c'est-à-dire moins il est son maître, et plus il est tenu de s'accommoder à la volonté commune des confédérés. »

En réduisant la pacification universelle à une question de traités, ce philosophe comprenait fort bien que les guerres ne sont que l'œuvre factice des diplomates, que les souverains seuls se haïssent et non les peuples, leurs esclaves, qui sont inconscients. Mais il ne discernait pas que ce procédé ne pouvait aboutir parce que les diplomates n'ont pas la sincérité des philosophes, et qu'ils n'ont aucun intérêt à cette pacification; et il ignorait qu'un jour, interviendrait une force plus puissante qu'un réseau inextricable de traités protecteurs : la volonté des hommes de ne plus tuer, de ne plus obéir à ceux qui les régissent. Seul, le dégoût de l'homicide et de la gloire militaire sera le véritable libérateur des peuples.

Depuis la parole de ces premiers prophètes de la paix, on croirait que l'humanité eût dû s'approcher quelque peu de cette perfection lumineuse, qui apparaît comme le but définitif de la société régénérée, se dépouiller de la défroque de barbarie sanglante qu'elle traîne avec elle depuis tant de siècles. Néanmoins, nous ne retrouverons plus, sous une plume chrétienne, d'aussi véhémentes et formelles protestations contre la guerre. Celles-ci proviendront d'hommes étrangers à notre foi, que le signe du salut n'aura pas régénérés. Quant aux derniers tenants du Christ, oubliant la leçon ébauchée par Bossuet, Massillon et Pascal, ils se montreront, pendant tout le XIXe siècle, ivres de gloire militaire, prêchant les revanches meurtrières et forcenées, souhaitant de tout leur cœur l'apothéose du régime du sabre, désirant les guerres prochaines, pour s'y révéler bons soldats.

Le début du XIXe siècle fut étrangement funeste. Bonaparte, le Monstre, l'homme du canon, accapara tous les cœurs, toutes les intelligences. Les Français lui sacrifièrent, comme aux Molochs antiques, leur progéniture, leur vie.

Les hommes incapables de penser, et qui n'admiraient que le geste brutal et l'effusion du sang, le couvrirent de toute cette fausse gloire qu'on décerne aux conquérants. On l'encensa, on l'adora; et dans le délire universel. les plus doctes divaguèrent.

On vit Fabre d'Olivet, ce maître de la philologie occulte, placer au début de ses *Lettres sur l'Histoire*, cette dédicace incroyable, emphatique, échevelée, folle :

« Si j'avais eu quelques titres à la célébrité; si me reposant sur les efforts que j'avais faits pour mériter l'indulgence de mes contemporains, j'eusse assez présumé de mon ouvrage pour croire qu'il obtiendrait encore celle de la postérité, j'aurais orné son frontispice d'un nom déjà vivant dans l'avenir, et je l'aurais dédié à BONAPARTE. Mais, comme Apelle, parmi les Grecs, avait seul le droit de peindre Alexandre, ainsi il ne doit appartenir qu'à l'homme éprouvé par des succès, *de prétendre à l'honneur de louer Bonaparte* : ce nom, voué à l'immortalité, ne doit pas *être profané* sur les *pages éphémères* d'un livre dont le succès est au moins douteux et qui n'a ni garans ni appuis dans la carrière littéraire.

« Ces considérations puissantes en éclairant mon zèle ont mis des bornes à ma reconnaissance ; je n'ai point eu la présomption de faire une dédicace ; seulement, pénétré de la faiblesse de mon ouvrage, et redoutant pour lui les outrages de l'ignorance et les morsures de la critique, j'ai invoqué le nom de BONAPARTE comme celui du génie tutélaire des arts, et je l'ai placé ici, semblable aux anciens qui couvraient de l'ombre du laurier la porte de leurs maisons et l'autel de leurs Dieux, pour les garantir des atteintes de la foudre. »

Ainsi, le prestige de la guerre a pu envoûter un penseur et un sage, qui avait célébré avec tant d'émotion la Vie « ce bienfait de la Divinité », et l'inciter à s'annihiler à ce point, en une posture plate, devant un général, un militaire, un chef de grognards, un homme qui tue, et, par profession, détruit la vie !

En cette période troublée, la guerre fut si fréquente, qu'elle passa dans les mœurs. On en vint à la considérer sans frayeur, sans répugnance ; on prit goût aux expéditions sanguinaires ; et la vie nomade des barbares, nos ancêtres, sembla devoir réapparaître.

Pendant vingt ans, le pavé de toutes les villes d'Europe retentit d'un cliquetis d'éperons, d'une interminable trainerie de sabres et d'un effroyable bruit de talons de bottes.

La Restauration, le Romantisme tout entier, fut

hanté par les souvenirs militaires, par la gloire atroce et spectrale des prouesses de la Grande Armée.

Deux écrivains ennemis, résumèrent alors admirablement la question de la guerre, telle qu'elle dût se poser dans la généralité des esprits de cette époque: Joseph de Maistre et Alfred de Vigny.

Nous avons cité souvent le premier. La guerre avait besoin d'un apologiste. Elle le trouva, et ce fut parmi les catholiques! On sait comment de Maistre développa, dans son *Essai sur les sacrifices,* cette étrange théorie du *salut par le sang,* non par le sang des martyrs et de ceux qui s'offrent volontairement et individuellement à la mort et aux tortures de la persécution, mais par le sang des meurtres nationaux et des crimes patriotiques. Il proclama que la guerre était divine, que la terre était avide de sang, que le Ciel ne s'apaisait que par le carnage des sacrifices. Il soutint, avec opiniâtreté cette dangereuse et néfaste théorie, oubliant que l'un des points les plus admirables de l'œuvre du Sauveur était d'avoir aboli les holocaustes sanglants et leur aspect répugnant et hideux, pour les remplacer par les magnificences du sacrifice perpétuel et non sanglant de l'Eucharistie.

Alfred de Vigny eut la gloire de combattre ces sophismes.

Cet écrivain fut véritablement antipatriote et antimilitariste, mais il n'osa pas l'affirmer ouvertement et avec énergie, et il en résulta une œuvre difficile à analyser, portant les caractères d'une indécision constante qui n'a jamais été remarquée jusqu'ici. Il fut victime de cette vie soldatesque qu'il avait embrassée volontairement; et l'amertume qui imprègne toutes ses réflexions est un exemple du supplice intérieur infligé par la conscience, à ceux qui n'écoutent pas la voix sainte qui leur conseille la paix, la miséricorde et le pardon.

Doué d'une de ces âmes délicates et sensibles à l'excès, avides d'émotions ardentes, qui vibrent à l'audition d'un vers héroïque ou au frissonnement d'une harpe, il fut assez imprudent pour rechercher, lui aussi, la gloire triviale des armes, l'enivrement des triomphes militaires, et convoiter l'apanage des brutes, la joie des êtres grossiers et butors qui s'enorgueillissent de savoir frapper.

Il fut soldat comme il l'avait désiré, et il subit toute sa vie le châtiment douloureux du choix qu'il avait fait.

L'éphémère vanité de porter un costume et des galons qu'admirait la foule, de trainer une sabretache, de paraitre un héros, d'avoir le bras en écharpe, l'avait séduit. Il paya chèrement cet égarement initial, impardonnable à un intellectuel. Il connut tous les dégoûts, toutes les désillusions, toutes les hontes de la caserne. Dans les loisirs et le désœuvrement de la vie de garnison, il paracheva l'éducation de sa pensée: il lut la Bible, les philosophes, les poètes, les moralistes; et l'acuité de perception qu'il possédait lui fit sentir, plus vivement encore, toutes les amertumes d'une carrière sinistre, bien éloignée, dans sa réalité, du rêve héroïque et glorieux, enfanté par l'imagination d'une jeunesse tumultueuse.

Son esprit était trop pénétrant, sa conscience trop droite, pour ne pas lui révéler toute l'horreur de la guerre, l'injustice des procédés militaires, l'absurdité des patries, des frontières et des querelles humaines. Il comprit tout ceci ; il eut à rougir, devant sa philosophie hautaine et fière, de son uniforme et de lui-même. Une lutte terrible eut lieu dans son âme et lui dicta ces réflexions, précieuses à recueillir de la bouche d'un soldat :

« Les armées et la guerre n'auront qu'un temps, car, malgré les paroles d'un sophiste (de Maistre), que j'ai déjà combattu ailleurs, il n'est point vrai que *même contre l'étranger* la guerre soit *divine ;* il n'est point vrai que *la terre soit avide de sang.* La guerre est maudite de Dieu et des hommes même qui la font et qui ont d'elle un secrète horreur. On ne peut trop hâter l'époque *où les armées et la guerre ne seront plus,* et où le globe ne portera plus qu'une nation, unanime enfin sur ses formes sociales, événement qui, *depuis longtemps devrait être accompli.* » (*Servitude et Grandeur militaires,* Liv. I, Chap. I.)

Le poète qui avait su pleurer Chatterton et flétrir l'égoïsme bourgeois qui causa sa mort, ne pouvait manquer de se révolter en lisant de Maistre.

Il manifesta, dans *Stello,* tout le dégoût que lui inspirèrent les aphorismes sauvages et la religion de sang du trop célèbre diplomate. Il voulut aller plus loin, écrire le réquisitoire définitif et chrétien contre la guerre, élever le monument suprême à la honte du militarisme. Mais il ne fut pas à la hauteur de sa tâche. Sa main faiblit en réalisant son œuvre. Peut-être les idées de son époque, l'ambiance intellectuelle violemment perturbée par le souvenir, encore trop proche, de Napoléon, ne lui permirent-elles pas de dégager la vérité complète, de trouver la vraie formule libératrice du monde. L'Occident était encore sous le coup de la commotion violente que lui avaient infligée les formidables campagnes de l'Empire. Les générations d'alors, ayant occupé leur jeunesse à parcourir les champs et les routes de l'Europe en des marches forcées, et épuisé leur énergie par un surmenage stérile et sans objet, n'avaient guère connu le loisir de penser et de réfléchir. Dans ce réveil général des facultés intellectuelles, il y eut quelque chose de chaotique et de confus. Des tâtonnements inévitables se produisirent, parmi la multitude des systèmes qui surgissaient. La société nouvelle cherchait sa voie; et l'on ne savait s'il fallait admirer la guerre ou la mépriser, si l'on se laisserait séduire par ses fausses splendeurs, par le clinquant de ses brillantes fanfaronnades, ou si l'on se rendrait aux beautés plus sévères, plus calmes et plus modestes, de la paix.

Alfred de Vigny, élevé dans les vieux préjugés de l'honneur militaire, du respect de l'armée et de la patrie, et du culte de l'épée, ne sut pas s'en dégager entièrement. Lorsqu'il se laisse entraîner, par la voix de sa conscience, à maudire le patriotisme et ses conséquences, il s'en repent soudain par un retour à des illusions de jeunesse qui le tiennent au cœur, ébloui par les uniformes, le commandement, les batailles, le canon, les croix d'honneur et le prestige emphatique attaché aux noms d'Austerlitz et de Marengo.

Il voudrait, certes, la fraternité entre tous les hommes, et il redoute l'accusation de ne pas aimer la patrie. Il croit à l'humanité, au désarmement, à la pacification universelle; mais il croit aussi à la France, à sa gloire, à sa supériorté, à ses canons; et, dans ce débat constant entre ses opinions intimes et les préjugés que son éducation et son époque lui avaient inculqués, il ne sait comment résoudre le problème posé par lui.

Ainsi naquit ce livre étrange : *Servitude et Grandeur militaires*, qui restera comme une œuvre hybride, d'un dualisme inexplicable, merveilleuse par les détails de ses saisissants tableaux, mais sans conclusion possible, sans portée, sans doctrine et sans but. Des phrases se suivent, absolument contradictoires, que l'on croirait provenir de deux adversaires politiques. Le penseur qui vient de souhaiter la suppression des guerres, des frontières et des patries, parle, deux lignes plus loin, de l'honneur national et de la gloire du soldat.

Par son plan et son titre même, l'ouvrage porte les traces ineffaçables de l'erreur capitale qui entache chacune de ses pages. L'auteur a découvert amèrement que le militarisme est une servitude, et, néanmoins, il a caressé le chimérique espoir d'y trouver aussi une grandeur qu'il n'a pu parvenir, lui-même, à rencontrer, et qu'il s'efforce en vain de nous faire reconnaître.

Il n'y a pas de grandeur militaire; il n'y a que de la servitude, et toujours de la servitude.

Servitude militaire; ce terme seul eût suffi; il était le vrai titre du livre; il domine celui-ci du commencement à la fin, et il a poursuivi de son impitoyable hantise, jusqu'à la dernière phrase, l'auteur, trop téméraire pour avoir rêvé une seconde partie, impossible et paradoxale; et il a imprimé à celle-ci, comme à la première, son stigmate d'infamie.

L'histoire du capitaine Renaud, qui s'y trouve présentée comme caractéristique de la grandeur militaire, est celle d'un esclave, comme les précédentes.

Un officier français, d'un coup de sabre, tue un enfant russe de quatorze ans qui sommeille. Est-ce de la grandeur?

Et lorsqu'il s'écrie ensuite, la honte au front, brusquement ressaisi par la notion de l'exact, et le reproche de sa conscience : « Etait-ce là un ennemi? » il résume mieux que la prolixité d'aucun discours, l'imbécillité de la guerre, la misérable et factice convention sur laquelle elle repose. Y a-t-il des ennemis autres que ceux que l'intérêt des souverains et des diplomates a créés, et qu'il pousse, inconscients, les uns contre les autres? A quel âge devient-on l'ennemi? si on ne l'est pas à quatorze ans, pourquoi l'est-on six ans plus tard, âge fixé par les nations meurtrières comme étant celui du soldat?

« Quelle différence y a-t-il entre moi et un assassin? » Telle est la réflexion amère que l'auteur place dans la bouche de son héros après ce bel exploit. Elle est cruelle, mais d'une impitoyable logique. C'est celle que nous faisons en nous-mêmes, chaque fois que nous voyons un soldat de retour d'une campagne: et le philosophe qui sut la formuler d'une façon si nette et si précise, est indiscutablement coupable de n'avoir pas déchiré complètement le voile qui couvrait la lumière aux yeux des hommes, et de s'être arrêté dans la révélation intégrale de la vérité antimilitariste.

Alfred de Vigny n'était pas encore le libérateur désigné pour écrire l'œuvre salutaire et définitive qui devait terrasser le monstre patriotique.

En terminant par un dithyrambe incompréhensible et confus sur l'honneur militaire (cet honneur qu'il ne parvient pas à définir lui-même, et qui doit consister, en somme, à tuer habilement beaucoup de monde), en une péroraison où il ressasse toutes les formules vides de sens, tous les poncifs démodés d'une chevalerie décadente et verbeuse, il a démontré l'impossibilité où il se trouvait de conclure un pareil livre, à la doctrine hésitante et indécise, dont toutes les scènes rappelaient, outre la servitude constante, tantôt les cruautés, tantôt les puérilités, mais jamais la prétendue grandeur du métier militaire.

Le préjugé commode et hypocrite de la *nécessité de la guerre* pénétra de plus en plus dans la généralité des esprits pendant tout le XIXe siècle. L'armée est un refuge pour tant d'incapables; elle est une carrière brillante pour tant d'individus sans talents et sans qualités, qui peuvent y acquérir honneur, considération et *gloire*, tandis que, dans la société civile, ils se fussent débattus dans l'équitable médiocrité qu'ils méritaient, que tout l'effort des classes bourgeoises, de 1848 à 1880, tendit à conserver ce précieux rouage homicide.

Fourier, Pierre Leroux, Cabet, Considérant et Proud'hon, qui semblaient antimilitaristes, croyaient tous à la supériorité de la Patrie. Emile de Girardin écrivit un livre bien terne en faveur du désarmement; mais je ne puis omettre de citer Gérard de Nerval comme le seul qui ait compris, à cette époque, tout ce qu'il y avait d'*anti-chrétien* dans le nationalisme militaire.

Il émit son opinion en une phrase unique, aussi belle et aussi vigoureuse que celle de Pascal, mais qui passa encore plus inaperçue.

« On tue à trois cents pas, dit-il, dans les ténèbres, un homme qui ne vous connaît pas et ne vous voit pas; on égorge en face, avec la fureur dans le regard, des gens contre lesquels on n'a pas de haine, et c'est avec cette réflexion (c'est la guerre!) qu'on s'en console et qu'on s'en glorifie! Et cela se fait honorablement entre des peuples chrétiens! »

Mais que pouvait une phrase, perdue et ignorée au fond d'un livre, contre les innombrables publications de propagande militariste, contre les armements sans cesse grandissants qui envahissaient l'Europe, contre la puissante organisation d'une caste guerrière, résolument décidée à ne point disparaitre, contre les tonitruantes périodes d'un Gambetta réclamant à grand fracas la présence, sous les drapeaux, du plus pur sang de la nation, pour le conduire aux hécatombes?

Sous l'influence de la littérature naturaliste de la fin du dernier siècle, le prestige séculaire et consacré, de l'armée, tendit à s'affaiblir.

Huysmans fut instinctivement antimilitariste. La recherche constante et aristocratique du sentiment rare, qu'il dissimulait sous la trivialité voulue des expressions, fut inévitablement blessée des grossières inepties de la « promiscuité des camps ». Il ne s'attacha au naturalisme que par exaspération. S'il décrivit cruellement les bas détails de l'existence moderne, c'est parce qu'ils répugnaient à ses nerfs, à la perception aiguë et artistique, innée en lui, de l'idéale beauté, à l'inverse de Zola, qui se complaisait dans l'ordure de son époque, la chantait, la proclamait magnifique.

J'avais la puberté de la sottise, a dit Huysmans. Zola n'a jamais fait un pareil aveu. Aussi doit-on à

Huysmans une page unique dans la littérature universelle: la description d'une bataille. Description exacte, précise, vraiment mise au point, dégagée de tout ce que les siècles précédents s'ingéniaient à y placer de pompeux, d'emphatique, de convenu et de théâtral, afin de dissimuler la vérité aux yeux des jeunes générations, en les illusionnant par les merveilles factices des combats héroïques.

La bataille de Huysmans, ce n'est plus le tableau solennel, sculptural, grandiose, tracé par Homère ou Virgile, ni les furibondes forfanteries du Tasse, ni les alignements officiels, invraisemblables et froids de Van der Meulen, ni les grouillis savants, aux effets académiques de torses et de poitrails de Lebrun, ni les parades de Neuville, où chaque personnage trouve le temps de prendre un pose de saltimbanque, et de mourir avec un geste de figurant, comme sur les planches d'un théâtre de foire; mais c'est la bataille imbécile, avec l'impression que doit éprouver celui qui s'y trouve, d'évoluer, dans le néant et la boue, ahuri, inconscient de ce qui se passe exactement, avec la certitude, néanmoins, que c'est stupide et vide de sens.

« Jeté près de Frœschwiller, dans une plaine entourée de bois, dit-il, dans *Sac au dos,* il avait vu des lueurs rouges filer dans des bouquets de fumée blanche, et il avait baissé la tête, tremblant, ahuri par la canonnade, effaré par le sifflement des balles. Il avait marché, mêlé aux régiments, dans de la terre grasse, ne voyant aucun Prussien, ne sachant où il était, entendant à ses côtés des gémissements traversés par des cris brefs, puis les rangs des soldats placés devant lui s'étaient tout à coup retournés, et, dans la bousculade d'une fuite, il avait été, sans savoir comment, jeté à terre. Il s'était relevé, s'était sauvé, abandonnant son fusil et son sac, et à la fin, épuisé par les marches forcées subies depuis huit jours, exténué par la peur et affaibli par la faim, il s'était assis dans un fossé. Il était resté là, hébêté, inerte, assourdi par le vacarme des obus, résolu à ne plus se défendre, à ne plus bouger. »

Sans doute, ce tableau n'est pas fait pour provoquer des enthousiasmes; il nous laisse loin des prétendues sublimités de l'épopée napoléonienne, des gestes de convention et de parade. Voilà vraiment à quoi se résume l'action militaire: un pataugeage abrutissant dans de la boue; c'est ce qu'on appelle aller se couvrir de gloire, et l'humanité n'a pas lieu d'en être très fière. Tel est le brillant résultat auquel nous ont conduits les découvertes modernes aidées des lumières de la science, les admirables perfectionnements de l'armurerie, les mélinites et les poudres sans fumée, les canons à tir rapide, les mitrailleuses gigantesques, les fusils à longue portée, les balles dum-dum et autres merveilles de précision et de génie, produites par milliers au Creusot, à Saint-Etienne, à Rottweil et à l'usine Krupp; et une telle page littéraire est, pour le pays qui l'a produite, un avertissement significatif.

Il est prudent, pour lui, de renoncer promptement à la guerre, et de ne plus compter sur l'enthousiasme de soldats qui savent analyser, aussi impartialement, leurs impressions.

Huysmans ne manifesta plus ensuite ses tendances antimilitaristes. Sa conversion au catholicisme qui, dans les dernières années de sa vie, le plaça au sein d'un parti dont tous les membres étaient imbus de patriotisme guerrier, le rendit hésitant à manifester son opinion d'une façon précise. Il m'avoua souvent son étonnement de trouver parmi les disciples de Jésus un culte si véhément pour le sabre, mais il n'osait se prononcer sur une question qu'il n'avait jamais étudiée à fond, et qui lui paraissait encore nébuleuse et intangible; et la hardiesse de mes affirmations sur ce sujet l'effrayait quelque peu.

En 1889 parut un livre qui fit époque dans les annales de l'antimilitarisme. La vie de caserne avait enfin provoqué la nausée. La pustule creva, puante, malpropre, événement fatal, inévitable, depuis longtemps attendu, mais qui surprit la gent militaire, point du tout préparée à une attaque aussi rude.

Dans *Sous-Offs*, Lucien Descaves décrivit des scènes vraiment abjectes, entra dans d'incomparables détails de mœurs.

L'œuvre, conçue dans la forme du roman naturaliste, pouvait rivaliser avec les productions les plus réputées de ce genre; elle les surpassait, d'ailleurs, par une plume travaillée et un coloris puissant. Elle souleva cependant des protestations et fit un scandale violent.

La bourgeoisie, qui avalait consciencieusement la pâture excrémenticlle que Zola lui distillait dans un style informe, et qui se délectait à se voir dépeinte dans son ordure spéciale, riant de sa propre laideur, ne put tolérer qu'on appliquât le même procédé à l'armée. Elle n'admit pas que celle-ci fut atteinte des mêmes vices qu'elle-même, malgré l'exactitude indiscutable des scènes de la vie de caserne qui s'y trouvaient décrites.

Les antimilitaristes exultèrent. Ils crurent voir, dans *Sous-Offs*, le livre de propagande, le livre sauveur, le livre d'avenir, le premier jalon dans la voie de la suppression des frontières et de l'abolition des patries. Ils se trompaient, cependant.

Quoique très avancée en apparence, cette œuvre recouvrait un fond de bourgeoisie caractérisé. L'auteur décrivait les abus de l'armée, mais il était patriote, militariste dans l'âme. Il rêvait, non de supprimer cette armée, mais de la purifier, de la rendre splendide et puissante, de la voir participer à d'immenses combats.

Son idéal était le même que celui d'un général austère et intègre, qui serait convaincu que la guerre est nécessaire, que sa patrie surpasse toutes les autres patries et que les forces militaires doivent être de plus en plus considérables.

Il n'avait pas puisé à la source chrétienne, ce qui est tout dire; et l'on n'a pas suffisamment considéré ce qu'il y avait de monstrueux, dans cette dédicace de *Sous-Offs* : « A tous ceux dont la Patrie prend le sang, *non pour le verser*, mais pour le soumettre aux tares de la sophistication..... »

Non pour le verser!

Avons-nous bien lu? Est-ce assez explicite? La Patrie, suivant M. Descaves, peut verser à loisir le sang de ses hommes; nous n'avons alors aucun reproche à lui adresser, aucune protestation à faire entendre; elle fait son devoir, elle est absoute de tout crime. Elle eût sacrifié des milliers de soldats tous les jours, que jamais M. Descaves n'eût songé à s'en plaindre; et pour qu'aucun doute ne fût permis sur ce que sa phrase laisse sous-entendre, il a eu soin de préciser, dans la deuxième partie de son livre (Chap. VI), que « l'engeance militaire fût sortie *ennoblie* et *lavée* des pourpres magnificences d'une hécatombe épuratoire! » C'était donc bien la pensée qu'exprimait sa dédicace, qu'il confirme encore en nous parlant de ce qu'il appelle « une chose épouvantable et SACREE; la guerre! »

Cette fois, on croirait entendre de Maistre traduit par Joseph Prud'homme. La guerre qui lave, la guerre sacrée! Voilà bien la religion laïque, la rhétorique d'école communale de l'électeur français qui s'étant proclamé, en ricanant, l'ennemi de toute chose sacrée, se prosterne avec platitude devant la dernière idole qui soit restée debout, l'idole du sang, du meurtre national.

Le livre de Lucien Descaves a vieilli. La caserne nous répugne comme à lui ; mais la guerre nous répugne encore davantage. Les « pourpres magnificences » ne nous enthousiasment plus. Nous avons peu de sympathie pour une politique du sabre, qui, sous prétexte *d'ennoblissement* et de *lavage*, nous plongerait dans les horreurs sinistres d'une épopée.

En vingt ans, la « chose épouvantable et sacrée » de M. Lucien Descaves est devenue, aux yeux des générations modernes, une chose simplement malpropre, une tare, une lèpre, dont l'humanité doit se débarrasser rapidement.

L'auteur des *Sous-Offs* est, dit-on, entré depuis, comme Huysmans, dans la société chrétienne et, en même temps, est redevenu militariste ; singulière contradiction chez un écrivain sincère, animé d'intentions philanthropiques, doué d'un sens compréhensif et ému de la misère des humbles et des pauvres !

Parmi les penseurs qui ont tenté de purifier l'idée chrétienne de sa souillure militariste, nous citerons encore Tolstoï qui, tout en manifestant son horreur de la guerre, eut cependant la faiblesse d'être patriote, d'aimer par dessus tout la sainte Russie, et dont la voix hétérodoxe ne pouvait être que difficilement écoutée ; puis Péladan, curieuse figure florentine du XIXe siècle, qui vitupéra contre l'armée et la patrie, mais sans cohésion, en maint livre mystagogique ;

Alfred Jarry, catholique impressionniste et déliquescent qui sut être, en même temps, antipatriote véhément; Retté, et quelques autres.

Tels sont les seuls, parmi les chrétiens, qui aient osé affirmer la supériorité de la miséricorde humaine sur le préjugé patriotique.

Nous ne parlerons pas du nombre, déjà considérable, d'antimilitaristes que l'époque actuelle a vu surgir. Ils sont nos adversaires sur le terrain religieux. La haine du Christ est unie, chez eux, à la haine de la patrie, et ils croient cette union obligatoire, sans reconnaître que l'idée antipatriotique est une idée éminemment chrétienne, dérobée à l'Eglise, et qu'en toute loyauté ils devraient restituer au Galiléen leur ennemi. La tourbe anarchiste et les bas-fonds de la canaille populaire ont compromis la cause de l'antimilitarisme, qui s'est trouvée exploitée par une presse ignoble, indigne d'une mission si haute, et avec laquelle nous n'avons rien de commun; et cet anticléricalisme sectaire des propagateurs de l'internationalisme n'a pas peu contribué à éloigner d'eux, et de leur opinion, quantité de catholiques qui se fussent immédiatement ralliés à la vérité, si l'on eût respecté la personnalité inattaquable de leur Fondateur, et rendu hommage à la poésie sublime de sa religion d'amour.

Il importait donc de replacer sous l'égide du Christ une idée éminemment chrétienne.

Au moment où l'antimilitarisme explose de toutes parts comme l'opinion de l'avenir, à laquelle la victoire est assurée d'avance, l'Eglise ne pouvait manquer d'être représentée dans cette manifestation suprême. Elle ne pouvait se dérober, laisser récolter par d'autres que par ses enfants, ce que le Christ a si magnifiquement semé.

Ce livre servira donc de témoignage que le souvenir de sa mission divine n'a pas été totalement perdu. Il ajoute un anneau à la chaîne qui nous lie aux glorieux penseurs qui ont préparé le triomphe de l'internationalisme, aux Pascal, aux La Bruyère, aux Vigny, dont nous ne pouvons renier la pensée.

L'antimilitarisme doit être chrétien.

C'est par l'Eglise que doit être réalisée l'œuvre définitive de la suppression des frontières, des armées et de la guerre.

Tel est le vœu que doit formuler tout catholique sincère, qui désire vraiment voir s'accomplir un jour la réalisation complète de l'Evangile.

XVII

Aspera tum positis mitescent sæcula bellis

Ce vers immortel de Virgile est l'expression du plus ardent désir qui doit animer l'Eglise tout entière. Isaïe avait la même foi en l'avenir, et son esprit prophétique s'illuminait de la vision d'un temps futur « où les hommes, dit-il, forgeront de leurs glaives des socs de charrue et convertiront leurs lances en faulx ; où les peuples ne tireront plus l'épée contre les peuples, et ne s'exerceront plus aux combats. »

L'humanité s'achemine visiblement vers la réalisation de cette pacification trop longtemps attendue. Le prestige de la gloire militaire a heureusement diminué. Les masses populaires éprouvent une insurmontable répugnance pour la guerre. Les penseurs, les intellectuels, les lettrés, les artistes partagent peu à peu ce sentiment, se désintéressent de luttes stériles, sans nécessité et sans signification.

Les chrétiens seuls restent réfractaires à cette évolution.

Des congrès, pour la paix universelle, se forment, symptômes évidents du malaise général provoqué par le développement colossal du matériel militaire; mais l'Eglise n'a pas la gloire d'y être représentée. Le catholicisme rejette l'internationalisme, quoique les deux termes soient synonymes.

Cette situation, si défavorable à l'avenir de l'Eglise, ne peut se prolonger longtemps. Dès l'apparition de ce livre, les catholiques vont se scinder en deux castes : d'une part, ceux qui accepteront la guerre et le devoir patriotique, et d'autre part ceux qui ne voudront tuer sous aucun prétexte; à ceux-là seuls, appartiendra la vérité.

Si le Christ eût aimé la guerre, le sang et le carnage, je ne serais pas avec le Christ. Si, pour être chrétien, il eût fallu être militariste, je ne serais pas resté chrétien. S'il est licite à un catholique de haïr un autre chrétien parce qu'il est étranger et qu'il parle une autre langue, c'est que le Christ, alors, n'a pas sauvé les hommes; et le vrai philosophe doit chercher une autre lumière.

Le catholicisme possède en lui tous les éléments pour parvenir à la perfection sociale. Il ne doit s'élever que sur ses propres forces; il ne peut s'appuyer sur le pouvoir des Etats, sur la puissance militaire, mais seulement sur les préceptes de son Divin Fondateur. Tout appel à des procédés humains doit être considéré comme une félonie vis-à-vis de la doctrine idéale du Christ; ainsi l'Eglise n'a pas autorité pour prescrire l'amour de la Patrie.

Le misérable axiome : *Si vis pacem para bellum*, cher à tant de politiciens, exprime l'idée la plus déshonorante pour l'humanité.

S'il est vrai, comme le prétendent nos adversaires, que l'ordre, la paix, la tranquillité et la concorde ne puissent être maintenus, dans le monde chrétien, que par l'entretien perpétuel des armées et la menace constante d'une guerre prochaine, renonçons alors au christianisme. C'est un idéal trop élevé pour les hommes, un rêve irréalisable, entrevu en un jour de splendeur unique, d'illusion sublime où l'on crut le monde à jamais sauvé ; mais, au moins, n'enseignons pas ce que nous ne savons et ne voulons pas pratiquer ; ne nous disons pas chrétiens lorsque nous ne le pouvons être ; ne revendiquons pas une gloire qui ne nous appartiendra jamais.

Nous qui avons accepté d'être les héritiers du Christ, nous serons responsables de ce que nous avons fait de son héritage.

Ah ! nous l'avons crucifié bien souvent, le Maître ! Nous avons fait servir son nom à toutes nos passions inavouables, à toutes nos ambitions, à tous nos calculs politiques ! Du XVIe au XVIIIe siècles, nous l'avons accolé à la farce scandaleuse des prébendes, des bénéfices, des abbayes à commendataires ; nous lui avons imposé la turpitude d'un abbé de Choisy, habillé en femme, recevant les félicitations de l'archevêque de Paris, d'un abbé de Grécourt, rimant des poésies obscènes, puis inhumé dans le chœur de saint Gatien de Tours, d'un cardinal de Bernis, archevêque d'Albi, chantant des strophes à Lison, après une tournée pastorale, de toute une bande de fades libertins qui traînèrent le camail violet et la pourpre romaine dans les ruelles des marquises et débitèrent, sous l'habit clérical, les élucubrations d'un insolent scepticisme, sans que l'Eglise songeât à se purifier elle-même, à réformer ses mœurs, à rejeter de son sein ceux qui la déshonoraient, à accomplir elle-même la révolution salutaire qu'il était de son devoir de provoquer, et qu'elle laissa réaliser maladroitement par la bourgeoisie vaniteuse.

Aujourd'hui nous embrigadons le Christ dans le patriotisme; et l'Eglise ne proteste pas davantage contre cette iniquité, tandis que des hommes, indignes d'accomplir cette œuvre, préparent la réaction contraire, qu'ils rendront odieuse à leur tour en la mêlant de violences.

L'effigie du Christ, de cet Homme-Dieu éternellement cloué sur une croix, nous la voyons partout, sur les autels, sur les tombeaux, dans nos missels; nous la plaçons dans nos demeures; nous la portons sur nos poitrines, nous la couvrons de baisers en égrenant nos rosaires; mais combien peu comprennent son effrayant symbolisme!

Oui, il fut véritablement Dieu, celui qui se laissa ainsi supplicier pour racheter les hommes! En étendant les bras comme pour étreindre le monde, il semble nous dire, lui l'Innocent suprême : « *Ce que vous leur avez vu faire, ne le faites jamais plus!* » Geste sublime, devant lequel nous nous inclinons respectueusement à notre tour après tant de siècles et tant d'illustres Confesseurs.

C'est en lui que consiste cette Rédemption si mal définie, et dont la plupart des chrétiens ne possèdent qu'un concept imparfait. Le Sauveur eût pu accomplir sa mission rédemptrice sans souffrir; il l'a voulu cependant, afin d'être le signe vivant et éternel de tout ce que les hommes portaient, avant lui, et portent encore, malgré lui, d'instinct ténébreux en leur cœur.

En se livrant précisément à la brutalité du soldat, il a tenté d'ouvrir leurs yeux sur les erreurs du vieux monde, de les délivrer du militarisme qui opprimait l'univers entier de sa tyrannie effroyable; il a proclamé la supériorité de la pensée, de l'intellect triomphant, sur la force physique. En s'offrant comme le dernier holocauste, il a voulu toucher le cœur des hommes, les rappeler à la douceur, pacifier leurs rapports sociaux, extirper de leurs mœurs ce qui leur fermait les portes de l'éternité bienheureuse.

On n'a jamais apprécié la portée de ce coup de lance qui transperça son cœur au Golgotha et qui lui fut donné par un *soldat*. Il témoigne de l'antagonisme de deux puissances opposées, qu'on voudrait en vain faire concorder vers un même but. L'armée est l'ennemie évidente de Jésus. Elle est le plus sûr moyen d'anéantissement de son œuvre. Chaque prouesse militaire est un coup de lance donné à la vitalité du catholicisme.

Ainsi considérée, la mission du Christ apparaît d'une envergure extraordinaire.

C'est auprès de ce divin Maître, auprès de sa croix salutaire, que nous avons appris à nous libérer de l'erreur patriotique, à détester le soldat, l'uniforme, l'épée homicide et la consigne sanguinaire.

L'effort magnanime et généreux contre les patries, contre la guerre, contre le geste brutal et le principe de la vengeance nationale, doit être placé sous son égide. Lui seul peut libérer le monde de cette lèpre qui le souille; et si c'est une nouvelle gloire pour lui de s'affirmer, une fois de plus, en cette circonstance, comme le Sauveur et le Rédempteur du monde, c'est aussi pour nous-même une singulière fortune de révéler aux hommes la puissance de cette doctrine, de cet Evangile, de cette *bonne nouvelle* qui, après 1900 ans, porte encore de tels fruits de vie, et recèle en son sein le germe de temps nouveaux, la formule d'une civilisation à venir, les préceptes de toute une évolution future!

J'ai hâte de terminer ce livre, las d'avoir remué la honte militaire de tant de siècles. A Athènes, il m'eût valu la ciguë; il m'attirera probablement les persécutions de ceux de mes contemporains qui ne veulent la paix à aucun prix. Mais en l'écrivant, j'ai conscience de m'être rendu l'interprète du Christ auprès des générations futures; je suis certain d'avoir commenté sa pensée et traduit son langage; et je sais qu'aucun de ceux qui le liront, ne saurait, désormais, aller à la guerre sans en éprouver un remords, et sans être poursuivi de l'obsession de mes paroles.

Je suis fier de n'avoir jamais, en ma vie, adhéré au préjugé patriotique; je puis dire comme le Psalmiste : « J'ai marché dans la voie pure et je laverai mes mains parmi les innocents ! Seigneur, ne confonds pas ma vie avec celle des hommes sanguinaires dans les mains desquels sont les iniquités! »

Que les catholiques veuillent bien considérer ces pages comme une épître ardente que je leur adresse, dans le même esprit de dévouement et de foi que celui des apôtres, lorsqu'ils adressaient les leurs aux églises naissantes.

Je me soucie peu de ce qu'ils penseront de moi et encore moins de ce que penseront nos adversaires. J'obéis à ce que je considère comme un impérieux devoir : Ouvrir aux chrétiens la dernière porte de salut qui leur reste pour sauver l'Eglise, s'ils ne veulent pas faire mentir le Christ qui l'a proclamée impérissable.

Je leur répéterai la parole de saint Paul : « Mes frères, je considère comme rien d'être jugé par vous ni par quelque homme que ce soit, et je ne me juge pas moi-même, car ma conscience ne me reproche rien; mais ce n'est pas en cela que je suis justifié; celui qui me jugera, c'est le Seigneur. »

J'attends avec quiétude ce jugement suprême. Vienne le Maître me demander compte de mes paroles. Je lui présenterai ce livre. Et qui donc voudrait prétendre qu'il me répondra : « Tu as mal parlé. Tu devais, en mon nom, t'efforcer de conserver l'existence des patries, des frontières, des divisions humaines ; tu devais soutenir la cause des armées, des guerres, chanter la gloire des combats, t'affirmer partisan de la violence et de la force, te déclarer l'ami du sabre, du fusil, des canons, des obus, des mitrailleuses, des balles dum-dum, des torpilles et des contre-torpilles ; tu devais empêcher, au nom de Bethléem, de Nazareth et du Golgotha, l'abolition de la guerre et retarder le plus possible, pour me complaire, la réalisation de la paix et le règne de la fraternité universelle ? »

Jesus Christus, heri et hodie, ipse et in saecula!

Paris, Mars 1889 Décembre 1909.

Imp. P. CHACORNAC, 11, Quai St-Michel, Paris.

www.ingramcontent.com/pod-product-compliance
Ingram Content Group UK Ltd.
Pitfield, Milton Keynes, MK11 3LW, UK
UKHW012010240726
13965UKWH00001B/288